国家出版基金项目
NATIONAL PUBLICATION FOUNDATION

奚广庆 著

马克思主义与中国道路二十二讲

Twenty-two Lectures about Marxism and

China's Path

山东人民出版社·济南

国家一级出版社 全国百佳图书出版单位

图书在版编目（CIP）数据

马克思主义与中国道路二十二讲 / 奚广庆著. -- 济南：山东人民出版社，2024.5
ISBN 978-7-209-15048-4

Ⅰ.①马… Ⅱ.①奚… Ⅲ.①马克思主义－发展－研究－中国 Ⅳ.①D61

中国国家版本馆CIP数据核字（2024）第092054号

马克思主义与中国道路二十二讲
MAKESI ZHUYI YU ZHONGGUO DAOLU ERSHIER JIANG
奚广庆　著

主管单位　山东出版传媒股份有限公司
出版发行　山东人民出版社
出 版 人　胡长青
社　　址　济南市市中区舜耕路517号
邮　　编　250003
电　　话　总编室（0531）82098914
　　　　　市场部（0531）82098027
网　　址　http://www.sd-book.com.cn
印　　装　山东临沂新华印刷物流集团有限责任公司
经　　销　新华书店

规　　格　16开（160mm×230mm）
印　　张　21
字　　数　240千字
版　　次　2024年5月第1版
印　　次　2024年5月第1次
ISBN 978-7-209-15048-4
定　　价　48.00元
　　　　　如有印装质量问题，请与出版社总编室联系调换。

目　录

导　言

在当今时代，伟大的中国道路，已经成为世界和平、发展、合作、共赢的一面光辉的旗帜。党的百年奋斗经验阐明："方向决定道路，道路决定命运。党在百年奋斗中始终坚持从我国国情出发，探索并形成符合中国实际的正确道路。中国特色社会主义道路是创造人民美好生活、实现中华民族伟大复兴的康庄大道。"正如习近平总书记所说的，中国共产党和中国人民之所以能够开拓和推进伟大的中国道路，"归根到底是马克思主义行，是中国化时代化的马克思主义行"。

一百多年来，中国共产党人坚持把马克思主义基本原理同中国具体实际相结合、同中华优秀传统文化相结合，坚持运用辩证唯物主义和历史唯物主义，对中国之问、世界之问、时代之问、人民之问作出符合中国实际和时代要求的正确回答，形成了符合客观规律的科学认识，创造了与时俱进的理论成果，在中国化时代化马克思主义的指引下，夺取了中国革命、建设、改革的伟大胜利，开辟和推进着前无古人的中国道路。伟大的中国道路，是中国特色社会主义道路，也是中国式现代化的发展道路，不仅开辟了实现中华民族伟大复兴的正确道路，而且使马克思主义、科学社会主义在新世纪焕发出强大的生机和旺盛的活力，具有深远的历史意义和重要的世界意义。这是我们必须长期坚持并不断加以丰富和发展的。

实践没有止境，理论创新也没有止境。党的十八大以来，"中国特色社会主义进入新时代"，这是马克思主义发展的重要中国篇章，开辟了马克思主义中国化时代化新境界，也是在马克思主义的指导下党和人民坚持和发展伟大中国道路的巨大胜利。

"中国道路"这个马克思主义的崭新命题，坚持唯物史观，立基于中国实践、中国思维、中国逻辑、中国话语之上，融入当今时代潮流与世界变革进程，在传统的经典论述中找不到，和形而上学的历史观、西方中心论史观也格格不入。我们要用中国人的世界观、方法论来研究和阐述这个新命题的科学内涵与重大意义。习近平指出："解决中国的问题，提出解决人类问题的中国方案，要坚持中国人的世界观、方法论。"①在21世纪，我们需要把握好科学世界观和方法论来深刻理解与坚持伟大的中国道路。

恩格斯阐明："每一历史时代主要的经济生产方式和交换方式以及必然由此产生的社会结构，是该时代政治的和精神的历史所赖以确立的基础，并且只有从这一基础出发，这一历史才能得到说明。"②习近平新时代中国特色社会主义思想是一个科学的思想体系，是当代中国的马克思主义，它从历史基础、世界条件、文明源流、丰富内涵和重大意义等方面，系统深刻地阐明中国共产党带领中国人民开拓和推进中国道路，即中国特色社会主义道路、中国式现代化道路的历史必然性、发展规律性和世界历史性，是伟大中国道路的社会理论形

---

① 《习近平谈治国理政》（第二卷），外文出版社2017年版，第341页。
② 《马克思恩格斯选集》（第1卷），人民出版社2012年版，第385页。

态，为我们从历史基础和理论逻辑的结合上深入理解和自觉坚持伟大的中国道路提供了最强大的思想武器。

伟大的中国道路，即中国特色社会主义道路、中国式现代化道路，是中国共产党领导中国人民在中国化时代化马克思主义指引下的伟大实践创造和理论创新。一个多世纪以来，中国共产党人不忘初心、牢记使命，团结带领中国人民，为谋求民族独立、人民解放、国家富强和人民幸福进行了艰苦卓绝的斗争。十月革命一声炮响，给中国送来了马克思列宁主义。中国的先进分子运用这个科学的宇宙观观察国家命运，在一个半殖民地半封建的东方大国，寻求探索自由解放之路，开展了不屈不挠的革命斗争。1949年，中华人民共和国成立，实现了中国从几千年封建专制政治向人民民主的伟大飞跃，开拓了实现美好生活、谋求民族复兴的中国道路。在党的十一届三中全会以来取得的实践和理论成就的基础上，十八大以来，在以习近平同志为核心的党中央坚强领导下，中国人民独立自主、自信自立、守正创新，坚定走自己的路，坚持和发展中国特色社会主义，推进中国式现代化，遵循历史发展规律，以勇于变革、勇于创新、永不僵化、永不停滞的精神状态和奋斗姿态，全面深入进行改革开放新的伟大革命和党的自我革命，破除阻碍国家和民族发展的一切障碍，实行历史性变革，取得历史性成就，形成新的发展理念和方略，大踏步赶上时代，在中国特色社会主义道路上创造了一个又一个彪炳史册的人间奇迹和历史性成就，国际地位实现前所未有的提升，党的面貌、国家的面貌、人民的面貌、军队的面貌发生了前所未有的变化。中华民族以崭新姿态屹立于世界的东方，开辟了现代中国富强民主文明和谐美丽发展的新局面。

在这个承前启后、继往开来的新时代，中国共产党领导中国人民坚持自强不息、锐意进取、变革创新、敢为人先，推进伟大斗争、伟大工程、伟大事业、伟大梦想，继续推进中国特色社会主义伟大实践；斗志昂扬决胜全面建成小康社会，全面建设社会主义现代化国家，团结奋斗，不断创造美好生活，逐步实现全体人民共同富裕，奋力推进中华民族伟大复兴，在世界百年未有之大变局中，因势利导，坚持斗争，不断为人类作出更大贡献，谱写新的气吞山河的壮丽史诗；使中国迎来从站起来、富起来到强起来的伟大飞跃，科学社会主义在21世纪的中国焕发出强大生机活力，也给当代世界上独立自主开拓发展道路的国家和民族提供了全新选择，为解决人类问题贡献中国智慧和中国方案，中国特色社会主义展现出更加强大的生命力。坚持中国道路取得的这些历史性成就，使全党全国各族人民更加坚定道路自信、理论自信、制度自信和文化自信，坚持新理念新思想新战略，使得为中国人民谋幸福、为中华民族谋复兴的奋斗使命达到一个新境界。

恩格斯阐明："现代社会主义力图实现的变革，简言之就是无产阶级战胜资产阶级，以及通过消灭一切阶级差别来建立新的社会组织。"[1]马克思主义—科学社会主义是现代社会主义全面深刻变革的理论表现。

进入20世纪，现代资本主义全球体系的建立、帝国主义的形成以及对不发达国家的野蛮掠夺，推动马克思主义发展为世界性运动与思潮。西方工人阶级通过现代社会主义变革，按照他们的国情在走自

---

① 《马克思恩格斯选集》（第3卷），人民出版社2012年版，第323页。

己的路。在世界东方广大后发展地区，俄国、中国等一批不发达国家的共产党人高擎马克思主义大旗，建立先进政党，团结带领广大人民群众开拓了一种东方不发达国家的新型现代社会主义变革运动。他们通过革命手段夺取国家公共权力，创建并运用人民当家作主的社会主义新制度，进行全面、持续、不断深入的改革创新，吸取人类社会发展先进成果，融入人类社会追求人的全面而自由发展的新世界的伟大洪流。中国共产党人在取得革命胜利和建设成就的基础上，抓住经济全球化和新科技革命的时代机遇，总结历史经验，促进人民觉醒，以解放思想、实事求是、与时俱进、人民至上、独立自主、胸怀天下的思想理念为指导，毅然开展了改革开放的伟大变革，取得中国式现代化伟大成就，开创了中国特色社会主义道路、理论、制度和文化，形成新时代中国特色社会主义。一种发展中国家现代社会主义变革新形态矗立在世界东方，开拓出现代社会主义变革的新境界。

新实践呼唤现代社会主义新思想。党的十八大以来，以习近平同志为核心的党中央，根据新的时代条件和国内外发展要求，坚持马克思主义科学世界观、方法论，继承和发展中国共产党马克思主义中国化时代化伟大理论成果，以全新的视野深化对共产党执政规律、社会主义建设规律、人类社会发展规律的认识，进行艰辛的理论探索，系统回答了新时代坚持和发展什么样的中国特色社会主义、怎样坚持和发展中国特色社会主义，建设什么样的社会主义现代化强国、怎样建设社会主义现代化强国，建设什么样的长期执政的马克思主义政党、怎样建设长期执政的马克思主义政党等重大时代课题，形成习近平新时代中国特色社会主义思想这个马克思主义中国化时代化的重大理论创新成果，成为党和人民拓展推进中国道路、发展中国特色社会主义事业的光辉旗帜和百战百胜的武器。

习近平新时代中国特色社会主义思想的独特优势，就是植根于中国大地，与人民同呼吸、共命运、心连心，依据科学社会主义理论逻辑，把握中国社会发展历史逻辑，传承历史悠久、博大精深的中华优秀传统文化，开掘中国人民伟大创造精神、伟大奋斗精神、伟大团结精神、伟大梦想精神，为拓展伟大的中国道路、推进中国特色社会主义壮丽事业提供强大的前进定力和精神动力。党的十九大报告铿锵有力地阐明："大道之行，天下为公。站立在九百六十多万平方公里的广袤土地上，吸吮着五千多年中华民族漫长奋斗积累的文化养分，拥有十三亿多中国人民聚合的磅礴之力，我们走中国特色社会主义道路，具有无比广阔的时代舞台，具有无比深厚的历史底蕴，具有无比强大的前进定力。"在中国化时代化马克思主义的指引下，中国道路适应当代中国社会经济形态发展新要求，不断推进中华历史文明和现代社会发展相协调，实行创造性转化、创新性发展，铸就中华文明新辉煌，在惊涛骇浪、纷繁复杂的当代世界，我们信念坚定，攻坚克难，为万世开太平，给人类文明进步带来新动能。一个汇集人类发展最新成果的崭新文明升起在世界东方的地平线。

坚持中国特色社会主义，走自己的路，是推进现代社会主义变革的划时代创新。按照传统的关于世界历史发展"五阶段公式"的观点，有人曾经以为中国搞社会主义不够格，甚至是"伪马克思主义"。马克思指出："历史是不能靠公式来创造的。"①恩格斯指出："无论如何应当声明，我所在的党并没有任何一劳永逸的现成方案。

① 《马克思恩格斯选集》（第1卷），人民出版社2012年版，第244页。

我们对未来非资本主义社会区别于现代社会的特征的看法，是从历史事实和发展过程中得出的确切结论；不结合这些事实和过程去加以阐明，就没有任何理论价值和实际价值。"[①]习近平阐明："只有把科学社会主义基本原则同本国具体实际、历史文化传统、时代要求紧密结合起来，在实践中不断探索总结，才能把蓝图变为美好现实。"[②]在社会现代化、经济全球化的时代，走向社会主义的道路是多样化的，建设社会主义的模式也是多样化、多元化的。各国人民都要独立自主地顺应时代潮流，抓住国家社会的主要矛盾，探索自己的发展道路和方略。在世界多极化、经济全球化、社会信息化、文化多样化深入发展，世界大发展大变革大调整时期，中国共产党领导中国人民解放思想、坚定自信、变革创新、勇辟蹊径，推进全面深化改革，实行全方位开放战略，积极参加与推动经济全球化，充分利用世界市场与资源，坚持科教兴国，发展高新科技，推行和平、发展、合作、共赢的国际战略，成功实现新世纪现代社会主义变革道路的创新。我们坚持中国特色社会主义，坚定地走自己的路，成为21世纪现代社会主义变革的领军者。

习近平同志在《在纪念马克思诞辰200周年大会上的讲话》中对我们坚持中国特色社会主义、走中国自己的路进行了深刻总结："坚持用马克思主义观察时代、解读时代、引领时代，用鲜活丰富的当代中国实践来推动马克思主义发展，用宽广视野吸收人类创造的一切优秀文明成果，坚持在改革中守正创新、不断超越自己，在开放中博采

① 《马克思恩格斯选集》（第4卷），人民出版社2012年版，第582页。
② 《习近平谈治国理政》（第三卷），外文出版社2020年版，第76页。

众长、不断完善自己，不断深化对共产党执政规律、社会主义建设规律、人类社会发展规律的认识，不断开辟当代中国马克思主义、21世纪马克思主义新境界！"

恩格斯指出："每一种特定的经济形态都应当解决它自己的、从它本身产生的问题；如果要去解决另一种完全不同的经济形态的问题，那是十分荒谬的。"①社会主义者如果长期违背唯物史观，脱离自己国家的国情民意去建设社会主义，结果必定陷入困境，遭受惨败。中国共产党人坚持科学的世界观、方法论，深刻总结历史经验，立足中国社会发展实际，弘扬中华民族伟大创造精神，观照世界发展大势，吸取人类文明优秀成果，清醒科学地回答不发达国家的历史之问、时代之问、人民之问，提出发展中国家发展道路、理念、体制、方略的中国方案，发展了中国特色社会主义，开拓了伟大的中国道路，深化了对共产党执政规律、社会主义建设规律和人类社会发展规律的认识。在探索与发展马克思恩格斯现代社会主义变革的全新课题上，中国共产党人交出了合格答卷，开拓了新时代中国特色社会主义，站立在21世纪世界历史发展滚滚洪流的潮头。

习近平总书记在党的二十大上指出，新时代十年来，我们坚持马克思列宁主义、毛泽东思想、邓小平理论、"三个代表"重要思想、科学发展观，全面贯彻新时代中国特色社会主义思想，全面贯彻党的基本路线、基本方略，采取一系列战略性举措，推进一系列变革性实践，实现一系列突破性进展，取得一系列标志性成果，经受住了来自政治、经济、意识形态、自然界等方面的风险挑战考验，党和国家事

---

① 《马克思恩格斯选集》(第4卷)，人民出版社2012年版，第313页。

业取得历史性成就、发生历史性变革,推动我国迈上全面建设社会主义现代化国家新征程。

十八大以来,党带领中国人民进行伟大斗争、建设伟大工程、推进伟大事业、实现伟大梦想。在全面建成小康社会、开启全面建设社会主义现代化国家新征程的历史奋斗中,我们党确立了习近平同志党中央的核心、全党的核心地位,确立了习近平新时代中国特色社会主义思想的指导地位。"两个确立"是党在新时代取得的重大政治成果,反映了全党全军全国各族人民的共同心愿,对新时代党和国家事业发展、对推进中华民族伟大复兴历史进程具有决定性意义。

我们全面加强党的领导,明确中国特色社会主义最本质的特征是中国共产党领导,中国特色社会主义制度的最大优势是中国共产党领导;系统完善党的领导制度体系,全党增强"四个意识",确保党中央权威和集中统一领导,确保党发挥总揽全局、协调各方的领导核心作用。我们对新时代党和国家事业发展作出科学完整的战略部署,提出实现中华民族伟大复兴的中国梦,以中国式现代化推进中华民族伟大复兴,不断丰富和发展人类文明新形态。

我们经过接续奋斗,实现了小康这个中华民族的千年梦想,我国发展站在了更高的历史起点上,打赢了人类历史上规模最大的脱贫攻坚战,全国832个贫困县全部摘帽,近一亿农村贫困人口实现脱贫,960多万贫困人口实现易地搬迁,历史性地解决了绝对贫困问题,为全球减贫事业作出了重大贡献。

我们提出并贯彻新发展理念,着力推进高质量发展,推动构建新发展格局,发展新质生产力,制定一系列具有全局性意义的区域重大战略,我国经济实力实现历史性跃升。从党的十八大至党的二十大的十年，我国国内生产总值从 54 万亿元增长到 114 万亿元，我国经济总量占世界经济的比重达 18.5%，提高了 7.2 个百分点，稳居世界第二位；人均国内生产总值从 39800 元增加到 81000 元。

我们全面深化改革，打响改革攻坚战，许多领域实现历史性变革、系统性重塑、整体性重构，中国特色社会主义制度更加成熟、更加定型，国家治理体系和治理能力现代化水平明显提高。我们实行更加积极主动的开放战略，形成更大范围、更宽领域、更深层次的对外开放格局。我们坚持走中国特色社会主义政治发展道路，全面发展全过程人民民主，社会主义民主政治制度化、规范化、程序化全面推进，社会主义协商民主广泛开展，社会主义法治国家建设深入推进，中国特色社会主义法治体系加快建设，社会公平公正正义保障更为坚实，法治中国建设开创新局面。

我们确立和坚持马克思主义在意识形态领域指导地位的根本制度，新时代党的创新理论深入人心，社会主义核心价值观广泛传播，中华优秀传统文化得到创造性转化、创新性发展，文化事业日益繁荣，意识形态领域形势发生全局性、根本性转变。

我们深入贯彻以人民为中心的发展思想，在幼有所育、学有所教、劳有所得、病有所医、老有所养、住有所居、弱有所扶上持续用力，人民生活全方位改善。党的二十大报告指出，我国人均预期寿命已增长到 78.2 岁，居民人均可支配收入从 16500 元增加到 35100 元，基本养老保险覆盖 104000 万人，基本医疗保险参保率稳定在 95%。人民群众获得感、幸福感、安全感更加充实、更有保障、更可持续，共同富裕取得新成效。

我们坚持绿水青山就是金山银山的理念，坚持山水林田湖草沙一体化保护和系统治理，全方位、全地域、全过程加强生态环境保护。我们的祖国天更蓝、山更绿、水更清。

我们贯彻总体国家安全观，国家安全领导体制和法治体系、战略体系、政策体系不断完善，国家安全得到全面加强。我们确立党在新时代的强军目标，贯彻新时代党的强军思想，贯彻新时代军事战略方针，坚持党对人民军队的绝对领导，中国特色强军之路越走越宽广。

我们全面准确推进"一国两制"实践，坚持"一国两制"、"港人治港"、"澳人治澳"、高度自治的方针，香港、澳门保持长期稳定发展良好态势。

我们全面推进中国特色大国外交，推动构建人类命运共同体，坚定维护国际公平正义，倡导践行真正的多边主义，旗帜鲜明反对一切霸权主义和强权政治，毫不动摇反对任何单边主义、保护主义、霸凌行径。

我们深入推进全面从严治党，坚持打铁必须自身硬，从制定和落实中央八项规定开局破题，提出和落实新时代党的建设总要求，以党的政治建设统领党的建设各项工作，开展了史无前例的反腐败斗争，取得压倒性胜利并全面巩固。经过不懈努力，党找到了自我革命这一跳出治乱兴衰历史周期率的第二个答案。

新时代十多年的伟大变革，进一步谱写了马克思主义在中国的灿烂篇章，在党史、新中国史、改革开放史、社会主义发展史、中华民族发展史上具有里程碑意义。马克思主义阐明科学社会主义不是一成不变的教条。社会主义并没有定于一尊、一成不变的套路。中国共产党始终走在时代前列，始终成为全国人民的主心骨和坚强领导核心。党领导中国人民信心百倍地推进中华民族从站起来、富起来到强起来的伟大飞跃，仅用几十年时间就走完发达国家几百年走过的工业化历程，创造了经济快速发展和社会长期稳定两大奇迹。马克思主义在21世纪的中国焕发出新的蓬勃生机，中国式现代化为人类实现现代化提供了新的选择，中国共产党和中国人民为解决人类面临的共同问题提供了更多更好的中国智慧、中国方案和中国力量。

中华人民共和国七十多年的奋斗实践，中国改革开放四十多年的奋斗实践，特别是新时代十多年伟大变革的奋斗实践告诉我们，中国共产党带领中国人民把马克思主义基本原理同中国具体实际相结合、同中华优秀传统文化相结合，不断把握历史发展的本质和发展规律，对中国发展、改革、稳定形成了符合客观规律的科学认识，创造了与时俱进的理论成果，推进和开拓了中国式现代化的伟大事业。正如习近平同志所阐明的，坚持党的全面领导是坚持和发展中国特色社会主义的必由之路，中国特色社会主义是实现中华民族伟大复兴的必由之路，团结奋斗是中国人民创造历史伟业的必由之路，贯彻新发展理念是新时代我国发展壮大的必由之路，全面从严治党是党永葆生机活力、走好新的赶考之路的必由之路。我们必须长期坚持并不断丰富发展习近平新时代中国特色社会主义思想，深入学习、自觉贯彻习近平总书记关于"五个必由之路"的论述，不断谱写马克思主义中国化时代化新篇章，坚持和发展中国特色社会主义，夺取全面建设社会主义现代化国家、全面推进中华民族伟大复兴事业的胜利。

马克思主义是中国道路的理论基础和指导思想

十月革命一声炮响，给中国送来了马克思列宁主义。中国共产党人掌握这个科学宇宙观，结合中国实际，开掘中国智慧，焕发中国精神，探索出中国人民独特的解放发展道路，夺取了革命、建设、改革开放和建设现代化国家的伟大胜利，创立了史无前例的中国特色社会主义。习近平同志指出："中国共产党是用马克思主义武装起来的政党，马克思主义是中国共产党人理想信念的灵魂。"[①]从《共产党宣言》发表到今天，170多年过去了，人类社会发生了翻天覆地的变化，但马克思主义所阐述的一般原理整个来说仍然是完全正确的。马克思主义学说的伟大胜利，彰显了马克思主义学说的无比威力。"共产党人要把读马克思主义经典、悟马克思主义原理当作一种生活习惯、当作一种精神追求，用经典涵养正气、淬炼思想、升华境界、指导实践。"[②]我们坚信，中国特色社会主义新时代，是中国人民谋幸福、中华民族谋复兴取得伟大成功的时代，也是马克思主义在中国大地发展创新、引领思潮取得更大胜利的时代。

① 《习近平谈治国理政》（第三卷），外文出版社2020年版，第74页。
② 《习近平谈治国理政》（第三卷），外文出版社2020年版，第75页。

第一讲

马克思主义思想体系
和历史运动的世界性发展

一、马克思主义在思潮涌动、海纳百川中传播创新发展起来

马克思恩格斯关于人的解放和自由发展的学说，是人类思想发展史在19世纪中叶取得的最伟大成果。他们创造出这样的世界历史性成就，原因是多方面的，而以广阔的视野、时代的眼光、开放的思维吸取人类社会思想发展的优秀成果，是一个重要的方面。除了德国古典哲学、英国古典政治经济学和法国空想社会主义学说这些重要来源，马克思恩格斯还系统研究了欧洲资产阶级时代经济、政治、社会、文化发展变革的历史，以及经济学、政治学、历史学、社会学、伦理学等各个方面的研究成果。在第一国际时期，他们把当时欧洲工人运动的许多流派——蒲鲁东派、布朗基派、工联派、拉萨尔派、巴枯宁派等——聚集一堂，相互交流切磋，共同推进工人运动。晚年，他们研究欧美各国政治学、经济学、社会学、人类学、历史学的最新成果，研究各国工人运动理论纲领策略，研究关于东方国家，比如俄国的、印度的各种著述文献。1881年，马克思还阅读了法国传教士撰写

的《中华帝国志》。正是由于坚持以人民为本、与时俱进、视野宽广，他们的学说才能够不断创新发展，保持强大生命力、创造力、影响力，成为欧美社会主义工人运动最强大的思想武器和最及时有效的指南。

科学性、实践性、人民性、批判性、创新性和开放性是马克思主义的内在本质和发展逻辑。进入20世纪，随着国际资本统治的全球化，反对世界垄断资本主义的斗争，从欧美的社会主义工人运动，到不发达国家的十月革命、中国革命，到广大殖民地世界的民族解放运动，都如火如荼地开展起来。作为改变世界历史运动主体的广大人民和先进分子，纷纷向马克思主义寻求改造社会、解放人类的科学真理。一批又一批马克思主义党人在世界各地脱颖而出，并成长起来。他们遵循马克思主义理论本质和发展规律，吸收人类文明思想成果，把握时代、分析国情、提出思想、制定路线、凝聚人心、引领民众，在推动人民解放运动多姿多彩开展起来的同时，也创立了名目繁多的马克思主义思潮与流派。

马克思主义在全球的传播、发展与创新，奏响了社会思潮发展的壮丽凯歌。

在时代进步与实践创新的推动下，思想文化领域的变革、创新也日益活跃起来。20世纪二三十年代兴起了西方马克思主义，二战后更进一步产生新马克思主义，形成繁多的思潮与流派，如卢卡奇思想、葛兰西主义、法兰克福学派、奥地利马克思主义、北美马克思主义、人道主义马克思主义、弗洛伊德主义马克思主义、新实证主义马克思主义、批判的马克思主义、实践派马克思主义、存在主义马克思主义、现象学马克思主义、结构主义马克思主义、马克思主义批评学派、布达佩斯学派、解放神学马克思主义、分析的马克思主义、生态学马克思主义等，异彩纷呈、繁花似锦、蔚为壮观。

各种各样的社会主义思潮萌发开来，和平民主社会主义、总体性社会主义、职能社会主义、基金社会主义、白劳德主义、左翼改良主义、劳工社会主义、格瓦拉主义、市场社会主义、自治社会主义、欧洲共产主义、生态社会主义、21世纪社会主义等，记录着全世界劳动大众争取解放世界、促进人的全面发展的探索奋斗历程。

这是马克思主义在全世界传播发展的新常态：跌宕起伏，汇成洪流，追求共同又独立自主，遍布世界又形式多样，适应时代又立足本国，既有尖锐的批判又有强劲的建构，继承历史成果又创新时代思维，大胆回答现实难题又深入探究理论课题，主义相通又没有中心，大江东去波涛滚滚又泥沙俱下鱼龙混杂，等等等等，不一而足，为人民追求美好生活的斗争奔走呼喊。

19世纪80年代，恩格斯在评论美国工人党纲领时说道："哪怕有不足之处，只要是真正工人阶级的纲领就行。"[①]就是说，对待马克思主义与社会主义思潮发展的新形态新形式，要坚持与时俱进、实事求是、变革创新、开放包容的思维与态度。这里最重要的是找到马克思主义思潮的最大公约数，那就是：大家都坚持马克思主义的基本原则和基本方法，适应时代要求，扎根本国大地，代表人民意愿，促进社会公平正义，推进改变世界、解放人类的历史进程。

有的理论家不顾时代变化，套搬19世纪的公式、概念，把自己的话语作为最高判断标准，封闭僵化、自我孤立，自家人不认识自家人，把西方马克思主义、新马克思主义、各国特色的社会主义统统打

---

① 《马克思恩格斯选集》（第4卷），人民出版社2012年版，第277页。

入反马克思主义、反社会主义的范畴，干扰马克思主义的创新，阻碍社会主义运动开展，这在理论和实践上都是不成立的。

20世纪马克思主义发展与创新的这一光辉篇章和珍贵遗产，具有重要的历史地位、实践价值与理论意义。

新思潮，用马克思主义这个关于现实的人及其历史发展的科学，引领劳动人民冲破和摆脱统治阶级思想体系的精神奴役，取得思想的解放、创造性的焕发、创新力的涌流；引领劳动人民组织团结起来，推进人类解放、社会变革、国家发展、世界进步的历史运动，在许多国家取得了人民革命的胜利，开拓了建设社会主义美好社会的崭新道路。

新思潮，使马克思主义在许多国家和地区与时代发展同进步，与社会实践相结合，与人民群众共命运，探索出马克思主义在不同时代、不同地方的发展路径与现实形态，创造了民族化、时代化、大众化的众多成果，为马克思主义如何深入民心、指导各国人民进行斗争积累了宝贵经验，取得了广大人民争取实现美好生活的新成就。

新思潮，是马克思主义思想体系的科学性与真理性、巨大生命力和强大精神力量的现实展现，马克思主义真理的明灯不断地照射到世界各个地方，凝聚起日益浩大的队伍，推动人类解放事业不断胜利前进，极大地增强了人民为实现理想社会而奋斗的坚强信念与坚定信心。

新思潮，是总结运动实践、人民斗争经验，吸取各国思想智慧成果进行理论创新的科学结晶，包含着珍贵的思想文化财富，为新世纪马克思主义的传播、研究、发展、创新提供了丰厚的社会基础和思想文化资源，推动马克思主义理论创新达到了新水平。

二、当代世界马克思主义思潮的广泛兴起与磅礴喷涌

我们的时代，是一个现代资本主义从崛起、发展到衰落灭亡的漫长历史时代；既是国际资本主义生产方式不断变革创新推向世界、盘剥压迫各国人民的历史进程，也是被国际资本剥削、奴役、掠夺的各国人民不断采取反抗、变革、改造、改良等各种方式来取代国际资本世界统治与基本制度的历史进程。马克思主义深刻阐明的这个世界历史发展必然趋势，这个历史变革斗争博弈过程，正在当代世界广泛激烈地开展。马克思主义仍然是照耀全世界人民进行改变世界、解放人类历史变革的伟大明灯。

人类进入21世纪20多年了。世界之变、时代之变、历史之变正以前所未有的方式展开。一方面，和平、发展、合作、共赢的历史潮流不可阻挡，人心所向、大势所趋决定了人类前途终归光明。另一方面，恃强凌弱、巧取豪夺、零和博弈等霸权霸道霸凌行径危害深重，和平赤字、发展赤字、安全赤字、治理赤字加重，人类社会面临前所未有的挑战。世界又一次站在历史的十字路口。我们所处的是一个充满挑战的时代，也是一个充满希望的时代。一场构建人类命运共同体的崭新斗争走进人类历史。在国际资本建立的全球体系下开展的改变世界、解放人类的历史斗争，在21世纪和平、发展、变革的新时代，正以前所未有的新方式、新形态、新战略在全球范围内蓬勃强劲地展开。

发达国家的科技创新日新月异，生产方式的变革、经济结构的调整、政治社会的改良、文化教育的发展在蹒跚曲折中前行。那里人

民群众的抗争、变革、改革、改良现代资本主义制度体制与祸害的思潮、团体和运动，正在100多年运动的基础上此起彼伏、不断革新、创新形式、探索路径，攀登新的目标。

发展中的社会主义在变革创新的征程上深入强劲推进。中国特色社会主义在世界东方崛起，改革开放与现代化发展取得世界性历史成就。40多年里，中国经济总量、人均收入飞速攀升，已经发展为世界第一大制造国和世界第二大经济体，为全球减贫事业作出重大贡献。以中国共产党领导为最本质特征的中国特色社会主义发挥着巨大优势和重要作用，成为推动经济社会发展、建设人民民主、促进公平正义、实现人民共同富裕的巨大力量和根本保证。马克思主义中国化时代化不断取得成功，使马克思主义以崭新形象展现在世界上，使世界范围内社会主义和资本主义两种意识形态、两种社会制度的历史演进及其较量发生了有利于社会主义的重大转变。中国人民在中国共产党的领导下进入中国特色社会主义新时代，使科学社会主义焕发出巨大生机与活力，不仅显现着中华历史文明的创新创造成果，更放射出马克思主义真理的灿烂光芒，为人类世界的和平发展、合作进步提供了中国智慧、中国方案、中国力量，成为推动人类发展进步的重要力量。

广大发展中国家，特别是新兴市场经济国家，要抓住时代机遇，充分利用世界各种发展成果和资源，探索新的发展道路和变革方略，展现新的发展前景。新兴市场经济国家和发展中国家群体性崛起，正在从根本上改变世界版图，成为国际政治、经济、社会发展的重要力量。人们看到，"金砖国家"大胆利用经济全球化时代和西方主导的世界市场，积极吸取人类社会发展的积极成果，开拓了一种以人民为本、以发展为核心、注重公平正义、坚持减贫扶贫的非资本主义的新型现代化道路、体制，取得了很多实际成就。

时代变化、实践创新，是思潮喷涌的源泉。21世纪世界大发展、大变革、大调整、大合作的历史进程，人类认识世界、改变世界、解放世界的宏伟历史运动，成为马克思主义思想体系发展、创新、传播的强大的新动能和丰富的新滋养。在新时代，世界各国在发展国家、变革社会、改变世界、致富人民方面取得巨大的成就，在解决世界发展、变革、合作难题中积累了宝贵的经验，创造出许多新思想、新观点、新理念、新方略，以人为本、包容发展、变革创新、和平合作、开放互鉴、文明对话、环境友好等现代理智思维成为共识，构建人类命运共同体日益成为人类社会的普遍追求。这些独具时代特点的历史运动与思想智慧成果，推动当代世界马克思主义党人积极传播、创新、发展马克思主义。当代中国马克思主义已经屹立于世界的东方。马克思主义思潮的磅礴喷涌，在当代世界展现出昂扬的雄姿。让我们满怀自信，不断解放思想、与时俱进、变革创新，张开双臂去迎接21世纪马克思主义创新发展的新时代。

我们要以习近平新时代中国特色社会主义思想为指导，坚定理论自信，放宽观察视野，开阔包容胸怀，关注、学习、研究当代世界马克思主义思潮异彩纷呈的成果，推进理论创新、理论建设，发展与创新马克思主义，让它在新时代放射出更加灿烂的真理光芒。

三、正确对待国外马克思主义研究思想成果

20世纪一段时间里，国际共产主义运动中曾流行一种教条的、封闭的、僵化的政治理论思维，把马克思恩格斯的科学世界观公式化、

教条化，认为社会主义变革道路只有十月革命一条，社会主义体制只有斯大林模式一种，工人政党形式只有苏共一个，苏共是马克思主义的唯一代表，搞起了一种"唯我独马、唯我独社"的社会霸权主义。苏共对世界马克思主义各种思潮、对各工人政党适应时代变化和本国情况进行的理论探索和实践创新采取一种拒绝排斥的政策，将其打成机会主义、现代修正主义、民族共产主义、反社会主义、反马克思主义。整个第二国际社会民主主义被打成"叛徒""工贼""国际资本的代理人"。从南斯拉夫共产党的自治社会主义，到东欧社会主义国家市场社会主义，再到西欧几国的欧洲共产主义，都被打成现代修正主义、反社会主义。连中国共产党的新民主主义、中国特色社会主义也被怀疑为民族共产主义。实践表明，这种封闭、僵化、教条的霸权思维，阉割了马克思主义的批判性、变革性、创造性和与时俱进的品格，抑制了马克思主义政党的变革创新精神和开拓创造思维，使世界社会主义运动发展遭受挫折、陷入困境，以致苏联、东欧社会主义崩溃。

今天，我们需要继续厘清这种霸权思维的影响。马克思主义思想是任何人都不能够垄断的。马克思主义已经成为人类世界共同的精神财富和广大劳动人民争取解放、发展、自由的最锐利的思想武器。世界上一切为社会主义、人民解放、民族独立而斗争的人，都在学习、研究、传播、应用马克思主义，形成数以万计的思潮、团体和运动，产生难以数计的思想成果。不论是成功的经验，还是失败的教训，都包含认识社会、改造世界、创造历史的丰富思想理论成果，是实现人类解放事业的宝贵财富。坚持与发展马克思主义，推进解放世界的斗争，必须懂得马克思主义思潮的丰富性、多样性、创新性，尊重各国马克思主义党人的实践开拓和思想创造，不能刻板划一、求全责备、定于一尊、一概排斥，也不能全盘照搬、囫囵吞枣，一定要放宽思想视野，包容各种探索创造，积极吸收一切有益思想成果，发展与创新马克思主义。

马克思主义是引导全世界劳动人民和全人类实现彻底解放的科学。要带领亿万人民去完成争取人类自由解放、最终实现人的全面而自由发展的新社会这样艰巨而复杂的世界历史任务，需要世界各国人民坚持不懈地奋斗。各国先进政党只有依据马克思主义原则与方法，适应时代发展要求以及各个国家与民族的具体实际，创造出穿着民族服装、采取民族形式、融入民族思想文化之中的理论路线和战略策略，才能够形成浩浩荡荡的人民解放斗争的历史洪流。19世纪80年代，恩格斯在谈到来自德国的社会主义者参加美国工人运动时指出："它必须完全脱下它的外国服装，必须成为彻底美国化的党。"[①]中国共产党总结自己的经验，坚持推进马克思主义中国化时代化。不允许各国马克思主义党人扎根本国大地，依据时代条件创造具有民族特色的思想、理念、路线、战略，开创新的斗争路径和形式，无异于取消马克思主义生存发展的源泉与社会主义的根基，切断其同本国人民紧密联系的血脉。历史证明，这是一种倒行逆施，等待他们的只能是丧失生机活力，处于孤家寡人的境地，落入彻底失败的下场。

金无足赤，人无完人。我们对各类马克思主义思潮和代表人物，在思想理论上都必须实事求是、合乎实际地理解与对待。1957年，毛泽东在莫斯科共产党和工人党代表会议上深刻阐明："有些人似乎以为……好像一进了共产党，就要是百分之百的马克思主义才行。其

---

① 《马克思恩格斯选集》（第4卷），人民出版社2012年版，第276页。

实有各种各样的马克思主义者：有百分之百的马克思主义者，有百分之九十的马克思主义者，有百分之八十的马克思主义者，有百分之七十的马克思主义者，有百分之六十的马克思主义者，有百分之五十的马克思主义者，有的人只有百分之十、百分之二十的马克思主义。"①这就是说，对待马克思主义者，对待马克思主义思潮，对待各国人民认识世界、改造世界的历史成果，必须坚持唯物辩证法，把握最大公约数，采取实事求是、相互尊重的态度，展现海纳百川的胸怀。相反，如果采取形而上学的思维，脱离实际地求全责备，在现实的世界里，就看不到马克思主义思潮的涌动、传播、发展，看不到马克思主义党人的深厚群众基础和广泛社会影响，就会丧失对马克思主义发展的信念与信心。那种按照旧时代的思维形成的社会主义"低潮"、马克思主义"沉寂"观念的人，需要进行新的思考，形成新的认识，开展新的行动。

　　怎样正确对待外国的马克思主义研究成果与怎样正确对待别国政党理论和路线的问题，是一个问题的两个方面。各国马克思主义党人共同为改变世界、解放人类的历史事业而奋斗，应该开展交流，促进团结，但必须坚持独立自主、相互尊重、完全平等的原则。邓小平指出，各国党的国内方针、路线是对还是错，应该由本国党和本国人民去判断。最了解那个国家情况的，毕竟还是本国的同志。欧洲共产主义是对还是错，也不应该由别人来判断，不应该由别人写文章来肯定或者否定，而只能由那里的党、那里的人民，归根到底由他们的实践作出回答。中国共产党人反对搞"老子党"和大国沙文主义那一套，

---

① 《毛泽东文集》（第七卷），人民出版社1999年版，第331页。

那样一种错误有害的霸权主义路线和政策。"我们历来主张世界各国共产党根据自己的特点去继承和发展马克思主义，离开自己国家的实际谈马克思主义，没有意义。所以我们认为国际共产主义运动没有中心，不可能有中心。我们也不赞成搞什么'大家庭'，独立自主才真正体现了马克思主义。"①各国的事情，一定要尊重各国的党、各国的人民，由他们自己去寻找道路，去解决问题，不能由别的党来充当"老子党"，去发号施令。我们反对人家对我们发号施令，我们也决不能对人家发号施令。这应该成为一条重要的原则。任何大党或老党都不能以最高发言人自居。各国政党都要尊重对方的选择和经验，对别的党、别的国家的事情不应该随便指手画脚。只有这样，才能够加强友谊与合作，不断发展与其他党的关系。习近平同志阐明，中国尊重各国人民自主选择发展道路的权利，维护国家公平正义，反对把自己的意志强加于人，反对干涉别国内政，反对恃强凌弱。坚持尊重世界文明多样性，以文明交流超越文明隔阂，以文明互鉴超越文明冲突，以文明共存超越文明优越。中国共产党的这些思想和原则，也适用于研究和对待当代世界马克思主义思潮。中国共产党人、中国学人，要深入理解、认真坚持这些思想和原则，关注国外马克思主义的研究成果，要贯彻尊重别人、相互平等的原则，坚决摒弃一切以最高发言人自居、对别人指手画脚、肆意指责的错误有害的态度和做法。

---

① 《邓小平文选》（第三卷），人民出版社1993年版，第191页。

第二讲

马克思恩格斯关于人类未来社会的预想

在21世纪，马克思和恩格斯开创的关于人类解放和全面自由发展的伟大学说，已成为当代人类社会的共同思想财富与崇高追求。在中国共产党的领导下，中国人民坚持科学社会主义基本原则，成功开拓中国发展道路，创造发展奇迹，中国特色社会主义蓬勃发展。历史进程与时代进步，都呼唤我们学习、继承与发展马克思恩格斯关于人类社会发展的不朽学说，不断推进为人民谋幸福、为民族谋复兴、为世界谋大同的伟大事业。

一、科学社会主义理论的创立

马克思和恩格斯是在19世纪40年代，即欧洲工业革命、科技创新和资本主义生产方式取得巨大成功的时代登上世界历史舞台，并不断推进欧洲社会主义工人运动和人类社会发展进步事业的。最初，马克思主要进行历史的、政治经济学的、哲学的和社会主义的研究，并开展工人运动鼓动工作，恩格斯则开展工人运动、社会主义和政治经济学的研究。恩格斯发表了《政治经济学批判大纲》，写作了《英国工人阶级状况》一书，阐明新兴工人阶级的历史地位和历史使命。他把共产主义学说通俗地在工人群众中进行传播教育，先后写作了《共产主义信条草案》《共产主义原理》《共产主义者和卡尔·海因岑》等文章，批判与澄清非科学的思潮，阐述共产主义理论和方法。这些论著为科学社会主义"完备的理论和实践的党纲"——《共产党宣言》的问世奠定了深厚的基础。《共产党宣言》名副其实地是马克思和恩格斯两人共同创作的。

1848年欧洲革命失败后，马克思和恩格斯都旅居英国。恩格斯在曼彻斯特经营自己的公司，同时进行社会主义与工人运动研究，从经济上资助马克思一家。1870年从曼彻斯特迁居伦敦后，恩格斯又全身心地投入理论研究和工人运动实践。鉴于马克思致力于《资本论》的写作又身体欠佳，恩格斯除了支持马克思写作《资本论》（马克思逝世后又整理出版《资本论》第二、第三卷），还担负着繁重的科学社会主义理论研究工作。他完成了马克思主义第一部百科全书式著作《反杜林论》，以批判的形式，对他们的共产主义世界观、辩证方法、经济理论和社会主义学说作出系统连贯的阐明。在此基础上编著的《社会主义从空想到科学的发展》一书，简洁、通俗、凝练地阐述了科学社会主义的哲学、经济学基础和基本观点，被马克思称作"科学社会主义的入门"①。恩格斯在和法国工人党领导人的通信中说，考虑到一般工人群众不可能阅读《资本论》那些大本子，专门编著了这本小册子。这本书在广大工人和劳动群众中得到非常广泛的传播，产生了极为深刻的影响，今天看来，是真正的"科学社会主义理论读本"。

① 《马克思恩格斯选集》（第3卷），人民出版社2012年版，第743页。

马克思逝世后，恩格斯一人担任国际社会主义工人运动的导师和顾问。此后12年里，他与时俱进地分析电力革命时代资本主义的新发展、新矛盾、新变化，阐明社会主义工人运动的新条件、新任务、新策略，总结科学社会主义的新进展、新成果，给世界工人阶级和劳动群众实现解放全人类历史使命的伟大事业留下了宝贵的思想遗产。恩格斯称颂马克思为"第一小提琴手"，这当然是真实的。同时，恩格斯的贡献是巨大的，不可缺少的。可以说，没有恩格斯的创造性工作，科学社会主义理论和实践就不是现在这个样子。应当实际地、历史地把他们的思想与事业作为一个紧密联系的有机整体来学习与研究、继承与弘扬。忽视恩格斯的贡献不符合历史实际，形而上学地把他们分离开来、对立起来，更是有害的。马克思和恩格斯留下的宝贵思想财富，具有跨时代的、世界历史性的价值。在21世纪的今天，回顾20世纪世界社会主义运动的蓬勃发展进程和严重挫折教训，研究发展和完善中国特色社会主义的辉煌征程与面对的严峻挑战，环视全世界各个地区劳动人民与有志之士争取人类解放和自由发展的崭新斗争，重新学习和深入研究马克思恩格斯关于建设未来新社会的科学构想，具有重大的意义。

二、没有关于未来新社会一劳永逸的现成方案，要把社会主义看成是经常变化和不断改革的社会

马克思和恩格斯毕生坚持辩证唯物论的思想路线，研究和构想未来新社会的建设与发展，他们都认为没有关于未来新社会一劳永逸的现成方案。《共产党宣言》阐明，人们的观念、观点和概念，一句话，

人们的意识都要随着生活条件、社会关系、社会存在的改变而改变。因此，他们关于建设未来新社会的构想并不是一幅设计好的社会变革的蓝图和定于一尊的方案。恩格斯说："我们对未来非资本主义社会区别于现代社会的特征的看法，是从历史事实和发展过程中得出的确切结论；不结合这些事实和过程去加以阐明，就没有任何理论价值和实际价值。"① 又说："我们没有最终目标。我们是不断发展论者，我们不打算把什么最终规律强加给人类。关于未来社会组织方面的详细情况的预定看法吗？您在我们这里连它们的影子也找不到。当我们把生产资料转交到整个社会的手里时，我们就会心满意足了。"② 在恩格斯看来，他们的理论、观点、设想和论述都不是要背得烂熟的教义，也不是要句句执行的绝对命令，更不能当作可以到处套用的现成公式。这些也为我们打破对经典理论公式化的思维树立了学习的楷模。马克思1875年写作的《哥达纲领批判》，是他就德国社会民主工党的《哥达纲领草案》和党的领导人交换意见的通信。在批判拉萨尔关于社会主义将实现不折不扣的劳动所得的错误观点时，马克思提出了他对未来共产主义社会发展阶段的设想。这当然是非常卓越的理论探索，不过当时没有发表。1891年，恩格斯把它公开出版，并写了一个简短的序言。出人意料的是，他的序言只字未提《哥达纲领批判》关于共产主义社会发展阶段及其主要经济特征的论述。其实，这符合他没有任何关于未来新社会一劳永逸的现成方案的根本思想。恩格斯说过："所谓'社会主义社会'不是一种一成不变的东西，而应当和任何其他社会制

---

① 《马克思恩格斯选集》（第4卷），人民出版社2012年版，第582页。
② 《马克思恩格斯文集》（第4卷），人民出版社2009年版，第561—562页。

度一样，把它看成是经常变化和改革的社会。"①关于未来新社会的分配方式，他指出："分配方式本质上毕竟要取决于有多少产品可供分配，而这当然随着生产和社会组织的进步而改变，从而分配方式也应当改变。……合理的想法只能是：（1）设法发现将来由以开始的分配方式，（2）尽力找出进一步的发展将循以进行的总趋向。"②

这里他没有把社会主义的分配方式先验地设定为按劳分配，而是强调应当根据那时的社会生产和社会组织的具体情况来确定。学习研究恩格斯的这些深刻论述，人们就会明白，所谓《哥达纲领批判》是建设共产主义的伟大纲领，是科学社会主义的理论蓝图，是社会主义的定义和最后结论，按照《哥达纲领批判》把当代中国社会发展阶段界定为"过渡时期"、否定当代中国社会主义性质的观点，都是对马克思和恩格斯的理论以及关于未来新社会构想的教条化、公式化的理解，是与科学社会主义的理论逻辑、基本原则格格不入的，必须坚决加以校正。

在21世纪深刻剧烈变动的世界，恩格斯的这些科学思想，帮助人们应对社会主义实践面临的新挑战、新课题，为创造性开拓人类解放和发展新战略、新路径提供了强大思想武器。在分析20世纪世界社会主义运动遭遇困境的原因时，邓小平深刻指出，我们对马克思主义、社会主义的理解发生了问题。也就是说，"马克思去世以后一百多年，究竟发生了什么变化，在变化的条件下，如何认识和发展马克思主义，没有搞清楚"③。从马克思、列宁那里为今天产生的问题寻找现成答案，这不是真正的马克思列宁主义。1990年，胡乔木同志反

---

① 《马克思恩格斯选集》（第4卷），人民出版社2012年版，第601页。
② 《马克思恩格斯选集》（第4卷），人民出版社2012年版，第599页。
③ 《邓小平文选》（第三卷），人民出版社1993年版，第291页。

思20世纪世界社会主义运动的曲折发展时也指出，关于社会主义本身的概念在一百多年时间，特别是近十多年间已经发生了重大的变化。科学社会主义理论，或者说社会主义基本原理绝不是也不可能是一次完成的，现在也没有完成，只是已有很大进步。[①]对于挫折和失误，不能够只说到具体体制中的弊端，要从理论上说明这种具体体制是从哪一种社会主义设想或理想中产生出来的，这样才能够对改革开放作出正确的理论阐明。

20世纪国际共产主义运动中发生的对科学社会主义教条化、公式化的理解，是20世纪世界社会主义遭受挫折的一个理论原因，也造成了对科学社会主义理论的误读。今天，我们尤其需要学习和研究马克思恩格斯的科学思想，深刻全面总结成功经验和失败教训，从"句句照办"的思维中解放出来，突破阻碍国家和民族发展的一切思想和体制障碍，极大地释放党与人民实践创新的伟大力量，把科学社会主义的理论逻辑和中国社会发展的历史逻辑辩证统一起来，植根中国大地，反映中国人民意愿，适应中国和时代发展进步要求，发展和完善中国特色社会主义，同时对科学社会主义理论加以发展。

三、东方落后国家能够跨越资本主义制度的"卡夫丁峡谷"走向社会主义

马克思和恩格斯关于建设未来新社会的构想，是遵循人类社会发展规律、严格依据历史事实和发展过程提出来的。社会有机体的发

① 《胡乔木文集》（第二卷），人民出版社2012年版，第693页。

展是一个自然历史过程。社会基本矛盾推动人类社会形态不断从低级阶段向更高级阶段发展，资本主义必然为社会主义所代替。而实现从资本主义走向社会主义的历史演进的条件是，资本主义生产方式造成的社会生产力的高度发达，社会财富的极大丰富和普遍交往的世界发展。他们还强调，实现消灭阶级和阶级差别的现代社会主义变革的一个历史前提是，社会生产力的发展甚至对我们现代的条件来说也是很高的阶段。因为只有在这样很高的社会生产力水平上，才能使得阶级与阶级差别的消除成为真正的进步，使得这种消除持久巩固，并且不致在社会的生产方式中引起停滞，甚至衰落。所以，解放和发展生产力是建设社会主义的本质要求和根本任务。建设社会主义必须以此为中心来确定纲领、战略和政策，来设计制度、体制和机制。

历史和现实都让我们体认到马克思恩格斯这个科学观点巨大而持久的实践价值和理论力量。唯物史观认为，每一种特定的经济形态都应当解决它自己的、从它本身产生的问题；如果要解决另一种完全不同的经济形态的问题，那是十分荒谬的。不能够跨越生产发展的阶段去制定建设未来新社会的纲领和政策。但是资产阶级打造的这个世界体系，经济、政治发展是极不平衡的。不同地区、不同国家民族、不同生活条件下的变革道路和方式不是千篇一律的，没有定于一尊的模式。社会历史发展是必然性和偶然性的统一、规律性和选择性的统一、客观性和主体性的统一。所以和马克思一样，恩格斯也认为，在资本主义生产方式已经确立并向世界广泛推进的时代，那些东方落后国家如果取得人民革命胜利，在发达国家工人阶级革命胜利并给予帮助的条件下，充分吸取资本主义创造的一切积极成果，同时充分利用自己国家民族形成的人民风尚，缩短向社会主义社会发展的过程，就可能跨越资本主义制度的"卡夫丁峡谷",成功走上社会主义发展道路。

有论者认为,马克思和恩格斯上述关于东方落后国家建设新社会的构想已经失效。一是其历史前提,即发达国家工人革命取得胜利并给予帮助,并没有出现;二是苏联社会主义的失败表明它走不通。因此,不发达国家只有完全经历资本主义发展阶段才能够建设社会主义。这种认识还是一种公式化思维,没有深刻理解科学社会主义理论逻辑,完全忽视世界现实条件的变化和现实社会主义的丰富实践。

20世纪的世界历史实践让人们看到,欧美资产阶级把资本主义的生产方式和社会文明不断推向世界的各个角落,改变着世界的面貌。特别是19世纪最后30年,电力革命、内燃机创新和大型交通工具的发展,使得世界各国的交流达到十分便捷和相当快速的程度。如恩格斯所说:"近三十年在全世界表明,即使在至今还是纯农业的国家里,现代工业的巨大生产力也可以在多么短的期间里移植过去,并且牢牢地扎下根子,而且随这一过程而来的现象到处都在重现。"①进入20世纪,在由欧美资本主义统治的、盘剥广大落后国家的世界经济体系里,一些东方落后国家逐渐形成现代工人阶级及其政治团体。他们接受先进的思想体系,建立新型的革命政党,制定正确的纲领与策略,利用社会矛盾和战争动荡造成的社会危机发动革命并取得胜利。取得政权后,这些东方落后国家加入资本主义世界经济体系之中,吸取其文明成果,利用其技术、资金、人才等资源,并学习其先进经营管理方式,建立起一套推动社会生产力发展、促使人民生活不断提高和实现共同富裕的经济、政治、社会制度和体制。这样,东方

---

① 《马克思恩格斯全集》(第36卷),人民出版社1974年版,第429页。

落后国家在西方主导的世界经济体系之内，在自己国家内生的先进革命势力的领导下，开创了不需要发达国家工人革命胜利及其帮助，跨越资本主义制度的"卡夫丁峡谷"而直接走上社会主义的发展道路。历史发展证明，这是资本主义时代人类社会发展的一种历史必然性，是人类现代社会发展变革的一条新道路。

苏联社会主义之所以失败，就在于它没有遵循工业化、现代化时代经济社会发展的规律，没有搞清楚在苏联条件下建设社会主义需要解决的和能够解决的问题。在社会主义建设中，苏联忽视生产力发展和人民共同富裕这个本质要求，脱离了自己国家社会、经济、文化落后和不平衡的情况，搞了一个脱离国家发展实际的、高度集权的、僵化低效的体制，抑制了人民群众和广大干部的积极性和创造性。经济上，产业结构失衡，经济发展缓慢，人民生活改善较小，甚至连生活必需品都出现短缺，没有建立起国家发展所必需的强大有力的经济基础，使社会主义发展长期陷入困境，乃至走向崩溃。而中国之所以能够成功，就在于我们坚持了实事求是，及时总结了经验教训，开创了符合时代进步要求、符合自己国情和人民意愿的社会主义发展道路与崭新制度。

中国遵循东方国家社会发展的历史逻辑，总结历史经验，坚持从中国发展实际出发，解决中国实行社会主义应当解决的、从中国本身产生的问题。我们曾经按照别人的模式进行建设而遭遇挫折。党的十一届三中全会后，我们党解放思想、实事求是，系统思考和解决在中国建设什么样的社会主义和怎样建设社会主义的问题，建设、完善和发展中国共产党领导的中国特色社会主义基本政治制度和基本经济制度以及相应的社会体制，实行以经济建设为中心的改革创新战略，发展市场经济，实行全方位开放战略，融入经济全球化，学习和利用当代世界的先进科学技术、经营管理方式等一切有益的东西。当前，中国已发展成为世界第二大经济体，2020年国内生产总值突破100万亿元，全面建成小康社会取得伟大历史性成就，决战脱贫攻坚取得决定性胜利。可以说，中国特色社会主义是马克思和恩格斯关于东方落后国家在特定条件下可以跨越资本主义制度的"卡夫丁峡谷"直接进入社会主义这一重大理论的实践证明和伟大胜利，是科学社会主义学说在当代的继承、丰富和发展。在新时代，我们坚定地走中国特色社会主义道路。

四、弘扬人类文明发展优秀成果，实现全人类解放和发展的历史使命

马克思和恩格斯都是从人道主义者和革命的民主主义者转变为共产主义者的。科学社会主义是在批判地吸收资产阶级人道主义这个人类文明重要成果的基础上形成发展起来的。恩格斯晚年把他们的历史观明确地概括为"关于现实的人及其历史发展的科学"[①]。依据这样的历史观和对资产阶级人道主义的批判继承，他们把高于资本主义旧社会的未来新社会界定为人的全面而自由发展的社会形式。《共产党宣言》宣告："代替那存在着阶级和阶级对立的资产阶级旧社会的，将是这样一个联合体，在那里，每个人的自由发展是一切人的自由发展的条件。"[②]1894年，恩格斯在一封书信中写道，只有《共产党宣言》

---

① 《马克思恩格斯选集》(第4卷)，人民出版社2012年版，第247页。
② 《马克思恩格斯选集》(第1卷)，人民出版社2012年版，第422页。

的这段话最合适地表达了未来社会主义新世纪的基本思想。在《社会主义从空想到科学的发展》中，恩格斯对未来新社会的根本特征作出这样的概括："人终于成为自己的社会结合的主人，从而也就成为自然界的主人，成为自身的主人——自由的人。"①在《家庭、私有制和国家的起源》这部重要著作中，他引用美国民族学家摩尔根《古代社会》一书中对未来文明时代的评断来表述他对未来新社会根本特征的看法："管理上的民主，社会中的博爱，权利的平等，教育的普及，将揭开社会的下一个更高的阶段，经验、理智和科学正在不断向这个阶段努力。这将是古代氏族的自由、平等和博爱的复活，但却是在更高级形式上的复活。"②我们要学习和贯彻恩格斯这些光辉的思想，继承与弘扬人类文明发展的一切先进成果，建设富强民主文明和谐美丽的社会主义现代化强国。

中国共产党人一贯高举以人为本的伟大旗帜。早在延安时期，我们就继承了中国历史上以人为本的文明遗产，提出以群众路线作为党的根本路线。在21世纪，我们适应国家发展变革和时代进步要求，提出"三个代表"重要思想，以人为本的科学发展观，坚持以人民为中心的发展新理念。党的十九大从坚持和发展中国特色社会主义的高度深刻阐明："必须坚持人民主体地位，坚持立党为公、执政为民，践行全心全意为人民服务的根本宗旨，把党的群众路线贯彻到治国理政全部活动之中，把人民对美好生活的向往作为奋斗目标，依靠人民创造历史伟业。"③我们一定要始终与人民心心相印、

① 《马克思恩格斯选集》（第3卷），人民出版社2012年版，第817页。
② 《马克思恩格斯选集》（第4卷），人民出版社2012年版，第195页。
③ 《习近平谈治国理政》（第三卷），外文出版社2020年版，第16—17页。

与人民同甘共苦、与人民团结奋斗，实现中华民族伟大复兴的中国梦。以习近平同志为核心的党中央，还针对党建的实际，富有成效地开展了深入扎实的党的群众路线教育实践活动。马克思和恩格斯关于人类解放和发展的伟大学说，指引我们夺取了革命、建设和改革的伟大胜利。我们将在具有许多新的历史特点的伟大斗争中继承和发展这个光辉学说，在人类先进文明发展融合的大道上，发展和完善中国特色社会主义。

科学社会主义的实践经验和理论成果告诉我们，人民性是马克思主义的本质属性，人民的创造性实践是理论创新的不竭源泉。坚持人民至上、实现人的解放和发展，是科学社会主义的核心理论观点和根本价值追求。进入21世纪，世界科技发展日新月异，和平、发展、合作已成为时代潮流，经济全球化、政治多极化、文化多样化、社会信息化深入发展。在世界发展变革进步潮流的推动下，各国劳动大众为摆脱贫穷落后，实现公平正义，争取人的解放与发展，维护世界永久和平，在世界的各个地方、各个领域开展着多姿多彩的、广阔浩荡的、不屈不挠的斗争。劳动大众、追求人类进步的人们，都会从马克思恩格斯关于建设未来新社会的科学构想里获取精神力量和思想智慧。我们坚信，在21世纪，它必将成为吸引人、凝聚人、感召人、激励人的力量和旗帜，有力地推动人类进步事业的发展。

五、正确认识旧国家留下的祸害，保持工人政权的"社会公仆"本质

这里我们来学习讨论一下恩格斯关于工人阶级夺取政权后如何防

止它从社会公仆变为社会主人的战略思想。

进入19世纪90年代，德国社会民主党利用普选权这个最新武器，在合法地夺取国家权力而斗争方面取得了不俗的进展。工人党何时能够取得政权的问题，成为恩格斯和党的领导人交流讨论的一个重要议题。于是恩格斯开始思考工人阶级政党夺取国家公共权力后怎样巩固与发展的问题。1891年，他在《法兰西内战》一书的导言中尖锐地指出，国家再好也不过是无产阶级在争取阶级统治的斗争中获胜后所继承下来的一个祸害；胜利了的无产阶级也将同公社一样，不得不立即尽量除去这个祸害的最坏方面，直到在新的自由的社会条件下成长起来的一代有能力把这国家废物完全抛掉。为了对付旧国家留下的祸害，防止国家和国家机关由社会公仆变为社会主人，他提出要学习巴黎公社的两个做法。第一，它把行政、司法和国民教育方面的一切职位交给由普选选出的人担任，而且规定选举者可以随时撤换被选举者。第二，它对所有公职人员，不论职位高低，都只付给跟其他工人同样的工资。这样就能可靠地防止人们去追求升官发财了。①恩格斯深刻地阐明，防止由社会公仆变为社会主人，防止追求升官发财，是工人政党取得国家公共权力后社会主义政治建设的核心课题和最根本原则。

20世纪一些社会主义人民政权的蜕变和崩溃，竟然被恩格斯这些重要论述所言中。俄国十月革命的胜利，让俄国无产阶级在世界历史上第一个执掌了国家公共权力，建立了苏维埃人民政权。在最初的年代，列宁极为重视人民政权建设与巩固的事业，建立了工农检察

---

① 《马克思恩格斯选集》（第3卷），人民出版社2012年版，第55页。

院，完善和加强了党的监督制度与监察机构，制定了党政官员的薪酬制度，等等。在列宁逝世之后，苏联共产党领导人对旧国家留下的祸害逐渐放松了自警、自省、自律，没有从理念、制度、法规、领导体制、治党建党等方面来认真解决和有效预防国家政权变为社会主人的问题。同时，民主集中制遭到破坏，选举制度被削弱，个人集权、职务终身、干部任命、指定接班人等有害体制确立起来，干部逐步形成高薪特权，在待遇方面与普通群众的距离拉大。这样，苏共领导集团逐渐蜕变为一个丧失社会主义信念、完全脱离群众、追求升官发财、具有既得利益的官僚特权阶层，成为高踞人民之上的社会主人。正是这个官僚特权阶层把苏联的社会主义彻底埋葬，而让自己成为盘剥广大人民的新权贵和统治阶层。这一历史实践充分证明，深刻理解和自觉坚持恩格斯关于防止工人政权变为社会主人的思想和战略，对新生的社会主义制度来说，具有生死存亡的重大意义。

恩格斯关于"国家祸害"的思想是十分深刻的科学论断，而他所提出的两个解决方法更具有重大的指导意义，但是不能局限于巴黎公社在一个城市较短时间里取得的经验与做法。发展中社会主义国家的政治实践表明，这是一个复杂而艰难的历史难题，需要多代人付出坚持不懈的努力去解决。

恩格斯关于"分工的规律就是阶级划分的基础"①的观点，为我们反思与总结苏联、东欧国家政权变质的历史教训，研究和解决如何认识和对待"国家祸害"、国家公职人员和社会精英蜕变的问题提供了理论基础。按照唯物史观的基本观点，在社会生产还不是十分发

---

① 《马克思恩格斯选集》（第3卷），人民出版社2012年版，第813页。

达的历史阶段，社会分工和分层是必然的、必要的，是保证社会、经济、政治、国际交往有效管理与发展，科技文化创新繁荣，社会生活有序稳定进步的必需条件。当代历史实践更是证明，20世纪以来世界经济、政治、文化、科技的快速发展，是和社会各个领域精英阶层的创造创新与勤奋工作密不可分的。没有他们，这一切成就是不可能取得的。对不发达社会主义来说，在世界信息化、全球化、金融化、智能化的时代，在一个很长的历史时期里，不仅不能消除这种分工和这个阶层，还要依据国家发展进步的需要，采取正确有效的法规政策，既充分发挥他们的才能智慧，推进国家经济、政治、文化、科技的发展，又要保证国家公共权力的"社会公仆"本质和社会主义性质。

中国共产党人遵循恩格斯的科学思想，吸取苏联崩溃的历史教训，深刻认识到我国还处在中国特色社会主义的初级阶段，共产党作为执政党所面临的考验、挑战和风险，坚定不移地探索出一系列全面调动社会精英和全体人民正能量的，既保持共产党领导的人民政权的固有本质又推动经济、科技、文化、社会发展的有效体制、机制、政策和做法，比如人民代表大会制度，中国共产党领导的多党合作和政治协商制度，社会主义初级阶段公有制为主体、多种所有制经济共同发展的基本经济制度和按劳分配为主体、多种分配方式并存的分配制度，党的领导、人民当家作主和依法治国有机统一的基本方略，科教兴国、人才强国的战略，尊重劳动、尊重知识、尊重人才、尊重创造的方针，引导科学文化精英坚持为人民服务、为社会主义服务，实行礼法共治、依法治国和以德治国相结合的治国理政原则，等等。特别是把从严治党、党要管党提到战略的高度加以坚持深化，坚持进行党的自我革命，加强马克思主义中国化时代化最新成果教育，开展理想信念和群众路线教育，落实以人为本、执政为民的宗旨，提高拒腐防变和抵御风险能力，全面加强党的建设，深化干部人事制度改革，加强反腐倡廉，进行标本兼治，同时加强科学民主依法执政，把权力关进制度与法律的笼子。

这些思想和警示，已经成为中国共产党的完备有效战略和生动鲜活实践，闪耀着科学社会主义的灿烂光芒。我们的路还很长，充满艰难险阻。但我们有信心有决心，变革创新、攻坚克难、不懈奋斗，永远保持党的先进性、纯洁性和政府的"社会公仆"本质，让新时代中国特色社会主义旗帜高高飘扬在世界的东方。

第三讲

坚持整体性研究和把握马克思主义思想体系

　　马克思主义是一个科学的、人民的、实践的、不断发展的、开放的理论。习近平同志深刻阐明："马克思主义博大精深，归根到底就是一句话，为人类求解放。"我们需要对马克思主义进行分门别类的理论研究，但最重要的是，必须以科学系统的思维、与时俱进的时代视野、宽广开阔的世界眼光，进行整体性的学习和研究，把握马克思主义思想体系的本质与精髓、主题与要义，正确坚持其立场、观点和方法，来武装我们的头脑，指导我们的实践。

　　我们党在改革开放的新实践中，重新认识"什么是马克思主义，怎样坚持和发展马克思主义"，把马克思主义的发展在中国、在新时代推向新阶段。在这项理论建设工程中，我国理论界开展了关于马克思主义的定义，科学理解马克思主义的三个来源和三个组成部分，推动马克思主义整体研究和教学等问题的研究和讨论，并从学术层面深化了对马克思主义的科学认识，具有重要的意义。我们要进行总结和概括，把马克思主义的研究和教学提升到新时代的水平。

一、关于马克思主义理论的界定

苏共在1938年提出："马克思列宁主义的理论是关于社会发展的科学，关于工人运动的科学，关于无产阶级革命的科学，关于共产主义社会建设的科学。"①1950年，又作出新的概括："马克思主义是关于自然和社会的发展规律的科学，是关于被压迫和被剥削群众的革命的科学，是关于社会主义在一切国家中胜利的科学，是关于共产主义社会建设的科学。"②实践经验和理论研究表明，这些界定是有重要价值的，但是需要依据时代变化与世界发展深化认识，进行概括提炼。

在新时期，我国许多马克思主义研究者联系历史经验，适应实践开拓和理论创新的需要，进行了新的概括。高放提出，马克思主义是国际无产阶级领袖和导师马克思和恩格斯创立的无产阶级和全人类解放的科学。③段若非认为，马克思主义是关于世界发展普遍规律的科学，特别是关于社会历史发展普遍规律的科学，更特别是关于资本主义发展和转变为社会主义以及社会主义和共产主义发展普遍规律的科学。④1990年11月12日笔者在《人民日报》发表的《"主题转变论"质疑》一文作了这样的概括："马克思主义是关于世界发展规律特别是关于无产阶级和全人类解放历史运动规律的科学。"中国学人这些

---

① 联共（布）中央特设委员会编：《联共（布）党史简明教程》，中共中央马克思恩格斯列宁斯大林著作编译局译，人民出版社1975年版，第390页。

② 《斯大林文选（1934—1952）》（下册），人民出版社1962年版，第559页。

③ 高放：《马克思主义与社会主义新论》，黑龙江人民出版社2007年版，第54页。

④ 《段若非文集》，红旗出版社1992年版，第340页。

新的界定各有千秋，但都是按照解放思想、实事求是的原则，不拘泥于前人的概括，深刻研究马克思主义的历史和现实而进行的新思考。

2018年5月，习近平同志《在纪念马克思诞辰200周年大会上的讲话》中全面总结了100多年来世界马克思主义实践发展和理论探索的丰富成果，作出鲜明、深刻、简洁、科学的概括：马克思主义是"人民实现自身解放的思想体系"，"马克思主义博大精深，归根到底就是一句话，为人类求解放"。这一概括把我们的认识提到新的时代高度。这里对习近平同志概括的理论根据和历史基础做些阐述。

第一，这个界定符合马克思恩格斯的本意。马克思恩格斯把自己的理论叫作共产主义。他们开始下的定义是，共产主义是无产阶级解放的条件的理论概括，关于无产阶级运动的条件、进程和一般结果的理论。①

30多年后，恩格斯再次使用"共产主义世界观"的概念，并阐明："完成这一解放世界的事业，是现代无产阶级的历史使命。深入考察这一事业的历史条件以及这一事业的性质本身，从而使负有使命完成这一事业的今天受压迫的阶级认识到自己的行动的条件和性质，这就是无产阶级运动的理论表现即科学社会主义的任务。"②共产主义、共产主义世界观、科学社会主义，是马克思恩格斯对自己理论的最好称谓。我们给马克思主义下定义，应当严格地以他们对共产主义、科学社会主义的界定为依据。忽视马克思恩格斯的这些基本概念，脱离了它的主题，把实现这个主题的具体手段和方式放在不适当

---

① 《马克思恩格斯选集》(第1卷)，人民出版社2012年版，第291、413页。

② 《马克思恩格斯选集》(第3卷)，人民出版社2012年版，第817页。

的位置，会造成许多不好的后果。"马克思主义是关于无产阶级和人类解放的科学"的定义，廓清了人们认识的误读，复原了马克思恩格斯思想的本来面目，抓住了马克思主义的真谛，完全符合马克思恩格斯理论的精髓。

第二，这种界定凸显了马克思恩格斯理论的本质和主题。马克思从一开始就强调："哲学家们只是用不同的方式解释世界，而问题在于改变世界。"①"一步实际运动比一打纲领更重要。"②恩格斯说过，共产主义不是教义，而是运动。作为科学家，这在马克思身上远不是主要的，"马克思首先是一个革命家"③。又说，"我们决不想把新的科学成就写成厚厚的书，只向'学术'界吐露"，我们的共产主义理论"意味着深入理解无产阶级所进行的斗争的性质、条件以及由此产生的一般目的"。④列宁也说过："做出'革命的经验'是会比论述'革命的经验'更愉快、更有益的。"⑤邓小平强调，我们改革开放的成功，不是靠本本，而是靠实践，靠实事求是。这些都告诉我们，马克思主义不是一般的学理，而是无产阶级解放运动的理论表现，是工人阶级和全体人民解放斗争的思想武器。坚持马克思主义，就是各国马克思主义政党运用它的基本原则和方法，根据时代的变化和社会的发展，不断探索解决新问题的答案，开拓运动的新道路，不断给人民带来利益和幸福，把无产阶级解放世界的伟大事业推向前进，同时形成

---

① 《马克思恩格斯选集》(第1卷)，人民出版社2012年版，第140页。
② 《马克思恩格斯选集》(第3卷)，人民出版社2012年版，第355页。
③ 《马克思恩格斯选集》(第3卷)，人民出版社2012年版，第1003页。
④ 《马克思恩格斯选集》(第4卷)，人民出版社2012年版，第203页。
⑤ 《列宁选集》(第3卷)，人民出版社2012年版，第221页。

反映新实践的新理论。现代社会主义运动遭遇的挫折与失败表明，那种把马克思主义研究变成脱离人民解放的主题和运动发展实际的"著书立说"，尽管"成果"累累、体系完备、本子厚大、字句漂亮，但是和马克思主义的主旨背道而驰，不能提出真正体现人民利益和愿望，推动社会进步的理论、路线和政策，最终变为一堆毫无用处的废纸，极大地败坏了马克思主义的声誉。习近平同志深刻总结历史经验：我们要站稳人民立场、把握人民愿望、尊重人民创造、集中人民智慧，形成为人民所喜爱、所认同、所拥有的理论，使之成为指导人民认识世界和改造世界的强大思想武器。

第三，这个界定使马克思恩格斯的原初理论和后人对理论的发展创新在"全人类求解放"的主题上一脉相承，为人们的实践开拓和理论创新提供了广阔的空间，也凝聚着日益广大的变革力量。实践表明，各国马克思主义政党只有独立自主地从自己的实际出发，才能发展理论，创新策略，发展壮大。邓小平强调，独立自主才真正体现了马克思主义。我们党从来不拘泥于前人的具体结论和现成公式，而是强调掌握它的立场、观点和方法，强调实事求是、群众路线、独立自主。新时期，我们党就是遵循毛泽东思想活的灵魂的三个基本方面，即实事求是、以人为本（群众路线）、独立自主，坚持和发展马克思主义世界观、历史观，开辟了当代中国社会发展变革的新道路，即中国特色社会主义。这个马克思主义是人民实现自身解放思想体系的界定，为我们党的理论创新和实践开拓提供了最根本的论证和阐明：一切有利于无产阶级解放和人类解放的路线和政策，都是符合马克思主义的，为马克思主义所坚持和允许的；反之，则是背离马克思主义的。就是说，判断是不是坚持马克思主义的根本标准在于，一种理论和实践是不是推进了无产阶级解放和人类解放。具体到当代中国，最主要的就是坚持"三个有利于"，坚持"三个代表"重要思想，贯彻以人为本的科学发展观，坚持习近平新时代中国特色社会主义思想。因此，在中国坚持马克思主义，就是高举中国特色社会主义的伟大旗帜。任何否定中国特色社会主义的主义和观点，都是违背马克思主义的。我们应当深刻认识到，谁坚持无产阶级和人类解放这个主题，谁就是在坚持马克思主义。如果大家都遵循这个根本标准，谁也不垄断"正统"，戒除"唯我独马"、以我为中心，让各国党和人民根据自己的情况探索社会发展、人民解放的道路，为实现全人类解放的伟大目标而共同奋斗，就可以真正使世界社会主义运动广泛团结起来，日益壮大。足见科学理解马克思主义、正确把握马克思主义主题是多么的重要。

第四，这个界定确立了人类解放的主题，打开了中华民族的历史文明进入马克思主义理论体系的门径，展现出马克思主义中国化的广阔前景。中国学者指出，人类社会产生以来，不同时期的人都认识到自然和社会的压迫以及种种人类社会自身存在的问题，并为人类的解放提出了不同的方案和设想。近代中国在世界现代化进程中落伍了，但是中华民族几千年来的文明史也是争取人类解放的奋斗历史，为人类解放事业提供了许多宝贵的认识成果。在全球化时代，马克思主义只有形成与各国的历史文明和现实条件相结合的理论形态，才能成为各国人民争取解放和实现幸福的强大思想武器。人们看到，在经济全球化、信息化时代，我们党运用现代科学成果和思维方法，继承、开掘和升华这些历史遗产，赋予它们新的时代内涵和现代形式，把它们融入党的创新理论体系中，形成我国社会发展的新理念，开拓中国发展的现代道路，提出当代中国科学发展、和平发展的新战略新思路，并运用这些马克思主义中国化时代化的最新成果，不断丰富和发展当代中国马克思主义、21世纪马克思主义。

二、整体性地学习和研究马克思主义思想体系

在科学界定马克思主义的基础上，人们提出克服教条主义顽症、科学把握马克思主义理论体系、深入推进马克思主义理论整体研究和教育的课题。

要廓清对马克思主义理论体系的教条化理解。列宁关于马克思主义三个来源和三个组成部分的观点，是完全科学的、非常深刻的。他还指明："共产主义是从人类知识的总和中产生出来的，马克思主义就是这方面的典范。"[1]在列宁看来，每个组成部分都是马克思主义互相联系有机整体的一个部分，不能把各个部分从整个体系中绝对地独立出来，进行孤立的理解和研究。实际上，认识和解决任何一个无产阶级解放运动的实践问题，都必须运用马克思主义的整个理论体系。毛泽东提出的关于中国革命和建设的理论及政策，不是依据哪一个部分的理论，而是完整地运用和发展了马克思主义理论体系。邓小平提出中国特色社会主义理论和路线，也是运用和发展了马克思主义整个理论体系和全部成果。他反复强调，对马克思列宁主义、毛泽东思想，"应该准确地完整地理解它的体系"[2]，否则就会割裂和歪曲马

---

[1] 《列宁选集》（第4卷），人民出版社2012年版，第284页。
[2] 《邓小平文选》（第二卷），人民出版社1994年版，第67页。

克思主义。"三个代表"重要思想、以人为本的科学发展观，也都是完整地运用发展着的马克思主义指导新的实践而取得的重要成果。习近平新时代中国特色社会主义思想，更是马克思主义中国化时代化与21世纪当代中国马克思主义之集大成者。

但是，人们看到，在20世纪很长一段时间里，存在着机械地、教条地理解马克思主义的情况。一些理论工作者把它绝对化，把分学科的研究框架凝固化、封闭化，变成注重前人本本的学理研究，忽视了对运动发展和人民利益的需要的研究，忽视了对实践新经验和科学探索新成果的总结概括。这是20世纪马克思主义理论研究教条化的一个重要表现。在今天的中国，这种影响还不能说很好地消除了。第一，我们的马克思主义理论研究基本上还是按学科专业进行的。这就往往把研究学科化、专业化了，变成少数人在书斋进行的学理著述活动。所以，人们只看重著述多少，本本厚薄，难以走出学术圈子去深入研究和回答中国的实际问题。第二，由于这种研究已经成为一种职业，它在一定程度上也就地位化、利益化了。人们往往会为自己的学科争地位、争地盘、争编制、争项目、争资金，这就难免发生只注重自己的学科发展，甚至把自己的学科变成别人不得涉足的封闭领地，从而严重影响了根据实践发展的需要对马克思主义理论的整体研究。第三，这样的研究广泛地影响到马克思主义理论教育的实际效果。学科研究讲专精，而用这种学理的专精的东西，如大块的文章、厚厚的本子、枯燥的论述、繁复的引证等，来对广大学生进行正确的世界观、人生观、价值观教育，不利于引导学生掌握马克思主义立场、观点和方法，锻炼分析和解决实际问题的能力。中央作出的大力加强马克思主义一级学科建设的决定和部署，非常及时，完全正确。应当看到这个任务的艰巨和复杂，首先需要澄清上述种种误读，切实转变思想观念，提高理论认识。

根据马克思主义是"人民实现自身解放的思想体系"这一科学界定，有学者提出"科学社会主义是马克思主义的核心"的观点。这是对马克思恩格斯理论各个部分相互关系的科学阐明。马克思研究哲学、经济学都是为了阐明无产阶级解放运动的条件、性质和一般目的，即科学社会主义。科学社会主义是"行动的马克思主义"，是现实的无产阶级解放世界历史运动的理论、纲领和策略。每一个马克思主义政党，都要将哲学、经济学作为理论基础，制定出符合自己国家实际和时代要求的理论、路线和策略，从而使马克思主义真正成为指导人民群众进行伟大斗争的思想武器，把本国的革命、建设和改革不断引向胜利。同时，马克思主义的哲学和经济学必须从无产阶级解放运动的伟大实践中汲取智慧和力量，丰富和发展自己，才能更好地适应无产阶级解放运动发展的需要。认识了马克思主义的这一发展规律，我们才能真正克服脱离实际的教条主义学风，使理论研究更好地为中国特色社会主义的伟大事业服务。

马克思主义三个组成部分中，哲学、经济学由于具有相当的学理性，内容相对稳定；而科学社会主义由于具有很强的实践性，是"行动的马克思主义"，总是随着运动进程的需要，不断地发展变化，有时甚至是非常巨大的发展变化。一般说来，科学社会主义又表现为各国工人阶级政党的理论、路线、纲领、方针和政策，所以，在一些人看来，科学社会主义不是理论。在他们看来，没有厚本本就不是马克思主义理论。脱离具体历史条件而把有没有厚本本作为判断是不是马克思主义理论的标准，是一种教条主义的态度，是非常有害的。有论者说，马克思的《资本论》才是真正的理论著作。这当然完全符合实际，但这不是因为《资本论》的本子厚，而主要在于它对无产阶级解放和人类解放这个主题作出了非常系统的、科学的、经济的、社会的深刻阐明。

在当代中国，社会主义已经成为亿万人民活生生的实践。马克思的《资本论》是一部划时代的伟大著作，是我们必须坚持的科学理论指南，但是它不可能为今日中国的社会主义改革和发展提供现成答案。中国共产党是在马克思主义基本原则和基本方法指导下，深刻总结世界社会主义运动曲折发展及其宝贵启示，深刻总结中国社会主义发展的经验教训，解放思想、实事求是，与时俱进、变革创新，从中国国情和时代要求出发，独立自主地进行改革开放伟大革命，制定和贯彻了一整套能够解放和发展生产力、解放和激发整个社会活力的，能使社会主义中国尽快发展壮大起来，使中国人民尽快过上小康生活，实现共同富裕的，解决中国社会发展变革最迫切问题的理论、路线、纲领和政策，即中国特色社会主义道路、理论体系、制度和先进文化，就是当代中国的马克思主义，真正切合中国实际的马克思主义。只有中国特色社会主义道路、理论体系、制度和先进文化，才能把中国人民争取独立、解放、实现现代化和建设幸福生活的伟大事业不断推向前进，它再一次显示出马克思主义的伟大力量。

马克思恩格斯作为工人阶级的伟大理论家，和其他的哲学家、经济学家的根本不同在于，他们把人类哲学、经济学的成果再造为无产阶级和劳动人民实现解放的理论武器，科学地揭示和阐明了无产阶级解放世界历史使命的条件、性质和一般目的，制定了无产阶级解放运动正确的路线、纲领、战略、策略，即科学社会主义。马克思恩格斯的理论如果永远停留在哲学、经济学的层次，就没有符合无产阶级运动规律和需要的理论和纲领，没有科学社会主义，它也就不是马克思主义了，更谈不上指导世界社会主义运动的胜利发展。因此，马克思主义研究不能止于学理层次，一定要围绕无产阶级解放运动的历史主题，以当代中国的现实问题为中心，适应这个事业的需要，根据实践的发展和时代的变迁，概括新的认识成果，丰富发展创新，形成适应中国社会主义伟大实践的新理论、新观点；而不是相反，脱离当代中国和世界的发展变革，照搬前人和别人的结论、逻辑和模式，来判断和匡正我国的社会发展变革，或者鼓吹中国全盘西化，搞资本主义、自由主义的一套，或者无视和否定中国特色社会主义的伟大创造，指责中国发展社会主义市场经济是"走了资本主义道路"，搞了什么"新自由主义"之类。

建设中国特色社会主义，是一项前无古人的事业。马克思、恩格斯、列宁的本本里没有现成答案，别国也没有提供现成的模式。包括学者在内的中国人，都必须勇于在实践基础上进行理论创新，总结新经验，回答新问题，把它们系统地上升为科学理论，为我们的新斗争、新道路提供坚实的理论论证和思想支撑。这是一个十分艰难复杂的时代课题。我们依靠党的领导、以人民为本、改革开放、市场经济、创新共享、民主法治、社会和谐、绿色发展、共同富裕、"一国两制"、和平发展、人类命运共同体等这些新的社会发展理念，提出新的路线、新的方略、新的思想，指导新的实践，把当代中国社会不断推向新型工业化、信息化、城镇化、市场化、全球化的新时代。我们必须继续解放思想，针对新的实际，大胆开拓创新，破除不合时宜的思想观念和制度体制，勇于回答新问题，进行新创造，开拓新天地。我们必须运用我们党的创新理论体系，当代中国马克思主义的新思想、新观点、新理念，系统深入地研究概括当代中国的新经验、新理念、新体制、新道路，为解决实践新课题、迎接时代新挑战、满足人民新期待作出新的历史业绩。

三、从宽广的世界视野学习与研究马克思主义的丰富来源和生机活力

研究马克思主义的来源和形成发展史，是为了更好地把握马克思主义的理论体系及发展规律。马克思主义的形成过程，是马克思恩格斯为了探索无产阶级和人类解放的条件和道路，全面深入系统研究和吸取欧洲社会思想发展最高成果、总结工人运动经验的思想变革和理论创新过程。前人的各种社会思想理论成果，是马克思恩格斯共产主义世界观形成的来源，是新世界观创立不可缺少的基因。马克思和恩格斯并不是先创立一个完整的哲学、经济学体系再创建共产主义学说的，他们向唯物主义和共产主义的转变是同时完成的。从《1844年经济学哲学手稿》《德意志意识形态》《哲学的贫困》到《共产党宣言》，马克思主义都是整体推进和全面建设的。搞清楚马克思主义作为完整理论体系的形成过程和内在规律，是我们研究的出发点和落脚点。

马克思的《克罗茨纳赫笔记》等表明，对欧洲历史、欧洲近代史和社会问题的研究，在马克思恩格斯共产主义世界观形成过程中起了非常重要的作用。恩格斯说过，共产主义"不是从原则出发，而是从事实出发。共产主义者不是把某种哲学作为前提，而是把迄今为止

的全部历史，特别是这一历史目前在文明各国造成的实际结果作为前提"①。这告诉我们，一定要坚持实事求是，对马克思主义的来源作出符合历史实际的研究和阐明，才能深化对马克思主义精髓本质和发展规律的科学认识。

马克思恩格斯的理论在继承和发展欧洲社会思想优秀成果中形成，在不断研究欧洲的和整个世界的社会思想文化发展最新成果的基础上丰富和发展。比如《资本论》的写作，就是广泛深入地研究和利用了19世纪欧洲经济学、社会学的丰富成果。胡乔木说过，如果说在摩尔根发表他的科学著作《古代社会》以前，马克思恩格斯就不会形成他们关于古代社会的一整套观点，那么，在摩尔根以后，当许多学者对原始社会又有了许多新的研究和发现以后，我们也不能把这些新的研究和发现一概都当成是没有价值的，而不予理睬。如果采取这种一概否认的态度，我们就会变成教条主义者，而马克思主义也就不能说明新的问题了。②20世纪马克思主义发展的历史经验已经证明：自我封闭，对西方社会科学完全否定、一概拒绝，不是马克思主义的科学的态度，只能使马克思主义走向僵化和枯槁。马克思主义要发展，就要不断地用历史科学以及其他科学所提供的新成果来丰富自己。只有这样，马克思主义才能经常保持强大生命力，才能在各门科学研究方面保持它的指导地位。

20世纪以来世界历史的发展进程，从资本主义的演进到社会主义运动的发展历史，都极大地超出马克思恩格斯已有的具体设想。

---

① 《马克思恩格斯选集》（第1卷），人民出版社2012年版，第291页。
② 《胡乔木文集》（第三卷），人民出版社2012年版，第122页。

20世纪马克思主义运动在东方国家的兴起和发展表明，其推进无产阶级和人类解放运动的具体条件和历史过程与西方国家有很大不同，一定会形成反映东方国家历史文明、文化传统、社会特点、发展规律和历史道路的新理论、新观点、新理念。具有自己特色的东方社会，是世界历史文明发展的重要组成部分，拥有人类文明演进的丰富多彩的历史遗产。近年来，我国许多学者确凿地证明，中国封建社会和西欧封建社会的特征是根本不同的。马克思指明，资本主义是一个能够变化并且经常处于变化过程中的有机体。

20世纪的历史发展表明，对巨变中的现代资本主义需要深化认识，在全球化和信息化时代，在有些方面甚至需要重新认识。我们党对现代资本主义也进行了新的认识，至少应当把科学技术、市场经济、新阶段经营管理方式等从资本主义独有的特征中分离出来。中国共产党人在新时期提出的人民至上、实事求是、与时俱进、改革开放、市场经济、科学发展、民主法治、社会和谐、共同富裕、美丽中国、独立自主、和平发展、和谐世界等具有鲜明实践特色、民族特色、时代特色的社会发展观点和理念就是证明。美籍华裔学者洪朝辉教授曾阐明，改革开放以来，中国超常和超速的发展，导致流行的一些西方理论正在不断地被证伪。西方经典理论与中国发展现实的相互矛盾，表明中国的发展有其特殊路径，它是建立在中国特殊的混合经济、政治制度、文化传统和社会阶级结构基础上的。当西方经典理论难以解释这一新的现实时，学者就有责任发展理论、创新理论，而不是使现实的变化去迁就现有理论的框架与逻辑。唯物史观认为，人们的意识必须随着人们的生活条件、社会关系和社会存在的改变而改变。根据人类社会发展的这条基本规律，我们不能把当代社会发展新的历史事实和演进过程硬塞到前人和别人的发展逻辑之中，而必须在已有认识成果的基础上，进行新的研究、新的概括、新的探索，形成概括中国实际、反映中国逻辑、彰显中国风格、具有中国特色的新理论、新观点、新概念，阐明中国道路，讲好中国故事。只有坚持实事求是，与时俱进，马克思主义理论才能彰显其强盛的真理光芒。

因此，一项光荣而艰巨的使命摆在当代中国马克思主义理论工作者面前。这就是对中国人民当代的实践开拓、理论创新和中华民族的历史文化遗产，运用马克思主义的世界观、方法论，吸收借鉴人类文明发展的全部优秀成果，进行全面的深入的研究总结概括，将其上升为系统理论，建设完整的，具有中国特色、中国风格、中国气派的，科学阐明中国社会历史发展规律和独特道路的学术理论体系，把马克思主义的科学理论体系在新时代推进到更高的境界。

第四讲

坚持科学社会主义基本原则

中国共产党人以马克思主义作为根本指导思想是坚定不移的。科学社会主义的伟大旗帜高高飘扬在中国大地上。党的十八大报告阐明："中国特色社会主义，既坚持了科学社会主义基本原则，又根据时代条件赋予其鲜明的中国特色，以全新的视野深化了对共产党执政规律、社会主义建设规律、人类社会发展规律的认识。"我们党从博大精深的科学社会主义理论体系中提炼出"科学社会主义基本原则"，是对科学社会主义发展全部历史经验和理论创新的总结，是对科学社会主义根本特质和发展规律的时代把握，是对科学社会主义理论体系认识的重大深化。

中国共产党在科学社会主义历史上首次概括出"科学社会主义基本原则"，具有重大的理论和实践意义。习近平总书记指出："中国特色社会主义是社会主义而不是其他什么主义，科学社会主义基本原则不能丢，丢了就不是社会主义。"[1]我们必须深入学习和自觉坚持这个重大理论成果。

---

① 《习近平谈治国理政》(第一卷)，外文出版社2018年版，第22页。

一、科学社会主义基本原则形成的历史渊源

提出坚持"科学社会主义基本原则"的要求，是我们党100多年来为探索中国革命、建设和改革道路，正确理解和对待马克思列宁主义、科学社会主义，在新时代取得的独创性认识成果。1929年6月，毛泽东在中国共产党红四军第七次代表大会上，针对"马列著作就是要句句照办"的教条思维阐明，脑袋长在自己肩上，文章要靠自己作。苏联红军的经验要学习，但这种学习不是盲目的，要同中国革命的实际相结合。①在《反对本本主义》中，他又指出，"以为上了书的就是对的，文化落后的中国农民至今还存着这种心理。不谓共产党内讨论问题，也还有人开口闭口'拿本本来'。我们说上级领导机关的指示是正确的，决不单是因为它出于'上级领导机关'，而是因为它的内容是适合于斗争中客观和主观情势的，是斗争所需要的"，"马克思主义的'本本'是要学习的，但是必须同我国的实际情况相结合。我们需要'本本'，但是一定要纠正脱离实际情况的本本主义"。②

这是坚持科学社会主义基本原则的最早成果。延安时期，毛泽东批评一些同志不是为了革命的需要，而是抽象地、无目的地学习与研究马克思列宁主义，片面地引用马列个别词句的不正学风，提出学习与研究马克思列宁主义必须坚持理论和实际相统一的原则，采取有的放矢的态度。学习与研究马克思列宁主义的理论，是为着解决中

---

① 金一南：《伟大的古田会议精神是从哪里来的》，《国防参考》2014年第21期。
② 《毛泽东著作选读》（上册），人民出版社1986年版，第50—51页。

国革命的理论问题和策略问题，要在深刻领会马克思列宁主义的实质，领会其立场、观点和方法的基础上，有的放矢，找出能够射中中国革命理论和策略问题之利箭。不是照搬科学社会主义全部论述和公式，而是找出指导我们探索中国社会发展规律和正确道路的理论逻辑，以形成马克思列宁主义和中国革命实际运动相结合的理论和策略。1944年，毛泽东在同英国记者斯坦因的谈话中作了进一步阐明："各国共产党只有一件共同的东西，那就是马克思主义的政治思想方法。""我们必须严格地将观察、研究和解决社会问题的共产主义方法，同我们实际采用的新民主主义政策加以区别。在中国社会发展的现阶段，实现新民主主义政策是我们的近期目标。没有共产主义的思想方法，就不能正确地指导我们现在的社会革命的民主阶段；而没有新民主主义政治制度，我们就不能将共产主义哲学正确地运用于中国的实际。"[1]"我们信奉马克思主义是正确的思想方法，这并不意味着我们忽视中国文化遗产和非马克思主义的外国思想的价值。""中国人必须用我们自己的头脑进行思考，并决定什么东西能在我们自己的土壤里生长起来。"[2]可以看到，毛泽东的这些探索与思考，不仅奠定了新民主主义理论的思想基础，而且是坚持"科学社会主义基本原则"要求形成的历史源头。

在改革开放时期，邓小平继承和发展了毛泽东的理论探索。他总结世界社会主义的经验教训，进一步指出，搞社会主义一定要遵循马克思主义辩证唯物主义和历史唯物主义，也就是毛泽东同志概括的实

---

① 《毛泽东文集》（第三卷），人民出版社1996年版，第182页。
② 《毛泽东文集》（第三卷），人民出版社1996年版，第191、192页。

事求是。邓小平强调："科学社会主义是在实际斗争中发展着，马列主义、毛泽东思想是在实际斗争中发展着。我们当然不会由科学的社会主义退回到空想的社会主义，也不会让马克思主义停留在几十年或一百多年前的个别论断的水平上。"[1] 1985年，他还阐明，建设有中国特色的社会主义，要求我们努力针对新的实际，学习与掌握马克思主义基本原理。"提高我们运用它的基本原则基本方法，来积极探索解决新的政治经济社会文化基本问题的本领，既把我们的事业和马克思主义理论本身推向前进，也防止一些同志，特别是一些新上来的中青年同志在日益复杂的斗争中迷失方向。"[2] 这里邓小平第一次明确地提出要从马克思主义思想体系中提炼和把握它的基本原则与基本方法，强调学习马克思主义理论，最重要的是针对新的实际，搞清楚和掌握马克思主义的基本原则与基本方法，以正确指导我们的革命、建设和改革开放事业，并发展马克思主义理论本身。这是新时期我们党对马克思主义、科学社会主义认识上的重大升华，科学回答了在变化的条件下如何正确理解和对待马克思主义、科学社会主义这个根本问题。

可见，从毛泽东到邓小平，我们党一直采取有的放矢的态度学习和研究马克思主义、科学社会主义，不满足于理解马克思主义、科学社会主义的已有论述和现成公式，坚持把握马克思主义基本原则和基本方法，把握它的科学世界观和方法论，将其作为指导和探索中国革命、建设和改革的发展规律和历史道路的理论指南。

进入21世纪，我们党深入推进实践创新和理论创新，在"三个

---

① 《邓小平文选》(第二卷)，人民出版社1994年版，第179页。
② 《邓小平文选》(第三卷)，人民出版社1993年版，第147页。

代表"重要思想、科学发展观，特别是习近平新时代中国特色社会主义思想形成与发展过程中，针对那种教条化理解科学社会主义、否定中国特色社会主义是科学社会主义在中国继承发展的错误思潮，进一步探索科学社会主义理论逻辑和中国社会发展历史逻辑的辩证统一，全面推进中国特色社会主义实践，在党的十八大明确提出了坚持"科学社会主义基本原则"的要求。习近平总书记进一步阐明了坚持"科学社会主义基本原则"的科学内涵与重大意义，为发展和完善中国特色社会主义锻造了强大理论武器，为21世纪发展中国的马克思主义谱写了新的篇章。

二、科学社会主义基本原则的内涵

习近平总书记深刻阐明："中国特色社会主义，是科学社会主义理论逻辑和中国社会发展历史逻辑的辩证统一，是根植于中国大地、反映中国人民意愿、适应中国和时代发展进步要求的科学社会主义。"①这就告诉人们，科学社会主义基本原则，与科学社会主义基本原理作为各项观点、具体论断和现成公式等多种论述综合起来的思想体系不同，是在深入研究与总结科学社会主义全部实践经验与理论成果的基础上，从科学社会主义基本原理丰富繁博的论述中概括出来的科学社会主义的理论精髓和历史规律。这就是"科学社会主义基本原则"的理论内涵。

概括地说，这个基本原则首先是由马克思恩格斯提出的。他们认

---

① 《习近平谈治国理政》（第一卷），外文出版社2018年版，第21页。

为，社会有机体的发展是一个自然历史过程，社会基本矛盾推动人类社会不断由低级向高级社会形态发展，资本主义社会必然被社会主义社会所代替；东方落后国家可以走与西方不同的发展道路，在特定条件下，有可能跨越资本主义制度的"卡夫丁峡谷"而直接进入社会主义；社会主义不是一成不变的，而应当和任何其他社会制度一样，被视作经常变化和改革的社会。可以说，这三个方面是马克思恩格斯对人类社会发展必然趋势的基本构想，为后人建设社会主义新社会指明了正确方向。十月革命后列宁在实践中探索落后国家建设社会主义道路时，进一步提出了"新经济政策"和许多创造性思想，认为社会主义是多样的，一切民族都将走向社会主义，但走法不会完全一样；社会主义不可能是纯而又纯的，必须在实践中不断加深和校正对社会主义的了解和认识；建设社会主义是长期的过程，应当通过渐进的改革，利用市场、商品和货币关系，吸收资本主义的文明成果，不断发展。列宁的探索虽然时间很短，但从理论和实践上对科学社会主义作出了重要贡献。这些论断总结了马克思恩格斯的社会主义理论和列宁关于不发达国家建设社会主义的思想，完整地揭示了科学社会主义理论逻辑，提炼出发展中社会主义国家在世界发生巨大深刻变化的历史条件下，即在信息化、全球化时代，在西方发达国家主导的世界经济体系中进行社会主义变革和建设所必须坚持的基本原则，必须把握的社会历史逻辑。同时，各国还要结合本国实际和历史经验，概括出自己必须坚持的基本原则。习近平总书记在党的十九届六中全会上总结概括提出的坚持和发展新时代中国特色社会主义"十个明确""十四个坚持""十三个方面成就"的论述，极大地丰富和发展了科学社会主义基本原则。因此，对基本原则的理解不能一成不变、千篇一律，而要与时俱进、不断丰富和发展。

科学社会主义基本原则的最鲜明特点，就是创造性地理解与对待科学社会主义基本原理，突破对社会主义的传统理解，不是把科学社会主义理解为各项观点、论断和公式汇集叠加的包罗万象的体系，而是根据社会主义实践探索、理论创新和历史经验，舍弃了反映当时历史条件、社会情况和运动需要但不适合后来社会历史条件和时代变化的，被误读为"最后结论"和"唯一模式"而加以照抄照搬，给社会主义事业造成巨大损害的那些具体观点、论断与公式，提炼出贯穿科学社会主义各项基本原理的最根本的东西，找到具有普遍意义的社会主义思想最大公约数，即理论精髓和历史规律，作为"科学社会主义基本原则"，成为坚持与发展中国特色社会主义的理论指南。

三、提出科学社会主义基本原则的理论根据

深化对科学社会主义理论的认识，探讨科学社会主义基本原则的根据，应当遵循唯物史观，坚持理论和实际、逻辑和历史的有机统一。对科学社会主义，我国曾经出现脱离历史实践基础，把个别观点和公式绝对化的情况。理解科学社会主义基本原则，应当充分把握科学社会主义的根本特质和发展规律，重视科学社会主义发展中的历史积淀和实践创新的基础作用，很好地遵循我们党关于学习和研究马克思主义必须坚持"有的放矢"的基本原则。

科学社会主义基本原则，首先体现了科学社会主义的理论特质和根本精神。第一，马克思主义世界观认为，人们的观念、观点和概念，人们的意识，随着人们的生活条件、社会关系以及社会存在的改

变而改变。共产主义原理的实际运用，随时随地都要以当时的历史条件为转移。第二，从创立共产主义学说起马克思恩格斯就阐明，我们不是以空论家的姿态，手中拿了一套现成的新原理向世界喝道：真理在这里，向它跪拜吧。我们是从世界本身的原理中为世界开发新原理。共产党人的理论原理，绝不是以这个或那个世界改革家所发明或发现的思想、原则为根据的。共产主义不是教义，而是运动；它不是从原则出发，而是从事实出发。我们没有提出任何一劳永逸的现成方案。我们对未来非资本主义社会区别于现代社会的特征的看法，是从历史事实和发展过程中得出的确切结论；不结合这些事实和过程去加以阐明，就没有任何理论价值和实际价值。第三，马克思的世界观不是教义，而是方法；它提供的不是现成的教条，而是进一步研究的出发点和供这种研究使用的方法。恩格斯晚年说过，不要生搬硬套马克思和他的话，而要根据自己的情况像马克思那样去思考问题，只有在这个意义上，"马克思主义者"这个词才有存在的理由。[1]习近平总书记深刻阐明："我们坚持以马克思主义为指导，是要运用其科学的世界观和方法论解决中国的问题，而不是要背诵和重复其具体结论和词句，更不能把马克思主义当成一成不变的教条。"[2]这些就是形成和坚持科学社会主义基本原则的思想原则。

科学社会主义基本原则范畴的形成，更是基于对科学社会主义实

---

① 中共中央马克思恩格斯列宁斯大林著作编译局：《智慧的明灯》，人民出版社1983年版，第91页。

② 习近平：《高举中国特色社会主义伟大旗帜 为全面建设社会主义现代化国家而团结奋斗——在中国共产党第二十次全国代表大会上的报告》，人民出版社2022年版，第17页。

践创新的提炼和对历史进程的反省，是概括历史经验的重要成果。

在20世纪很长一段时期内，国际共产主义运动流行着一种教条主义思潮。在误读世界历史进程的迷思中，它把科学社会主义解释为一成不变的、刻板机械的、已经完成的、必须全面照搬的社会发展路线图和具体蓝图；认为社会主义道路、模式只有一种，并且把一切违反这种观点和模式的政党和派别打成修正主义、国际资本代理人，等等。这是20世纪世界社会主义运动遭受挫折、走入困境的重要思想原因。中国共产党人正是冲破这个思想牢笼和僵化模式，解放思想，实现了伟大觉醒，才开拓了改革开放的中国特色社会主义新路。

在20世纪80年代，邓小平反复阐明，什么是社会主义，如何建设社会主义，我们的经验教训有许多条，最重要的一条，就是要搞清楚这个问题。每个国家的基础不同，历史不同，所处的环境不同，左邻右舍不同，还有其他许多不同。别人的经验可以参考，但是不能照搬。过去我们中国照搬别人的，吃了很大苦头。中国只能搞中国的社会主义。[1]20世纪八九十年代世界社会主义运动遭遇的挫折表明，关于社会主义本身的概念在一百多年时间，特别是近十多年间已经发生了重大的变化。科学社会主义理论，或者说社会主义基本原理绝不是也不可能是一次完成的。共产主义的目标已经由近变远，社会主义的进程由短变长，由高变低。而在斯大林、毛泽东、赫鲁晓夫及其后很长一段时间都认为，向共产主义过渡是当前必须解决至少必须和可能立即准备解决的任务。[2]这也使我们没有或很少想到世界形势那些始料

---

① 《邓小平文选》（第三卷），人民出版社1993年版，第116、265页。
② 《胡乔木文集》（第二卷），人民出版社2012年版，第693—694页。

不及的变化。因此，必须从理论上说明具体体制是从哪一种社会主义设想或理想中产生出来的，这样才能够对我国后来的改革开放作出正确的理论阐明。就是说，必须从那些让我们陷入迷思的设想或理想中惊醒过来，在理论认识上来一个飞跃。上述这些，就是科学社会主义基本原则作为重大理论范畴形成的理论和实践、逻辑和历史的科学根据和思想渊源。

20世纪80年代以来，我国理论界围绕这个问题发生过尖锐的争论。一些论者把马克思《哥达纲领批判》关于未来社会发展的预想理解为关于社会主义的定义，当作裁决当今社会主义实践的绝对标准，不认可中国社会主义的实践。1981年4月，胡乔木同志作出理论上的回应：不能把马克思在《哥达纲领批判》中根据对未来社会的设想所做的描写当作定义，科学社会主义绝不能一字不差地按照马克思主义经典著作的论述去实现，马克思主义理论需要不断地总结科学社会主义运动的经验，不断补充、修改，个别原理要修改，更不要说具体提法了。[①]在纪念马克思诞辰200周年大会上，习近平阐明："社会主义并没有定于一尊、一成不变的套路，只有把科学社会主义基本原则同本国具体实际、历史文化传统、时代要求紧密结合起来，在实践中不断探索总结，才能把蓝图变为美好现实。"[②]

提出科学社会主义基本原则的理论范畴以来，有论者仍然认为马克思关于未来社会发展的预想是"科学社会主义理论蓝图"，认为中国现实的社会主义实践还处在《哥达纲领批判》界定的"过渡

---

① 《胡乔木文集》（第二卷），人民出版社2012年版，第463页。
② 《习近平谈治国理政》（第三卷），外文出版社2020年版，第76页。

时期"，不这样认识就是"严重错位"的。对于这种认识需要进行讨论：把《哥达纲领批判》关于未来社会发展的预想确立为科学社会主义基本原则，恰恰与科学社会主义基本理论和基本方法背道而驰。《哥达纲领批判》关于实现共产主义要经过两个历史阶段的科学预想是非常伟大的思想，但马克思并没有把对未来社会设想的描写当作定义。《哥达纲领批判》是马克思和德国社会民主工党领导人讨论党的纲领的内部通信，在批判拉萨尔关于劳动者在社会主义下将获得"不折不扣的"劳动所得的观点时论及未来社会发展问题，而不是专门的著述。恩格斯在论述社会主义分配方式时，强调的是分配方式本质上毕竟要取决于有多少产品可供分配，随着生产和社会组织的进步，分配方式也应当改变。社会主义社会是不断改变、不断进步的，对它的分配方式的合理想法只能是，设法发现将来由以开始的分配方式，尽力找出进一步的发展将循以进行的总趋向。①

而当代发展中社会主义国家的实践表明，在相当长的时期里，按劳分配只是分配方式的一种。恩格斯鲜明地指出，我们是不断发展论者，我们不打算把什么最终规律强加给人类。我们应当用这个深刻思想，来科学地理解和对待《哥达纲领批判》的观点，不可以无视后来科学社会主义实践与理论的创新，把它理解为社会主义的定义和最终完成。那种认为不把中国特色社会主义理解为《哥达纲领批判》的"过渡时期"就是对科学社会主义基本原则的"严重错位"的观点，不符合科学社会主义理论逻辑，也是对我们党创立的关于"中国特色社会主义初级阶段"伟大理论的偏离。这是不顾历史事实把走上社会

---

① 《马克思恩格斯选集》（第4卷），人民出版社2012年版，第599页。

主义道路70多年的中国社会硬塞回到1875年而提出的历史公式，是对之后世界社会主义实践创造的肆意剪裁和无端否定。这不是马克思主义的世界观。历史表明，如果不把唯物主义方法当作研究历史的指南，而把它当作现成的公式，按照它来剪裁各种历史事实，那它就会转变为自己的对立物。①列宁说过："现在一切都在于实践，现在已经到了这样一个历史关头：理论在变为实践，理论由实践赋予活力，由实践来修正，由实践来检验。"②马克思在《法兰西内战》中对巴黎公社的伟大讴歌、高度评价和深刻总结值得学习。科学社会主义者都应当像马克思那样遵循科学社会主义基本原则，把它和中国社会发展的历史逻辑统一起来，写出总结与讴歌中国人民伟大历史创举的著作。

四、坚持科学社会主义基本原则的重大意义

马克思说过："每个原理都有其出现的世纪。"③"科学社会主义基本原则"理论范畴的提出，是21世纪世界历史的迅猛发展、剧烈变革和崭新进程在人们思想观念上的显著表现。

坚持科学社会主义基本原则，最重要的现实意义是，为增强全党全国人民对中国特色社会主义的道路自信、理论自信、制度自信和文化自信提供了强大理论武器。中国改革开放和现代化建设事业进展迅速，成就巨大，是前无古人的崭新事业，但社会的思想理论准备相对滞后，人们对经典中论述未来理想社会的理解仍停留在字面上。那种

---

① 《马克思恩格斯选集》（第4卷），人民出版社2012年版，第595页。
② 《列宁选集》（第3卷），人民出版社2012年版，第381页。
③ 《马克思恩格斯选集》（第1卷），人民出版社2012年版，第227页。

主张"科学社会主义理论蓝图"的教条化思维、那种把科学社会主义各种具体论述和历史公式当作最终结论、把《哥达纲领批判》关于未来社会的预想当作社会主义定义和绝对标准的迷思，难免影响一些人的思想认识。习近平阐明，当代中国的伟大社会变革，不是简单套用马克思主义经典作家设想的模板。要按照科学社会主义基本原则来改造我们的学风，武装我们的头脑，提升我们的研究，深刻理解科学社会主义理论逻辑和中国社会发展历史逻辑的辩证统一。中国特色社会主义是植根于中国大地、反映中国人民意愿、适应中国和时代发展进步要求的科学社会主义，从理论源头和历史逻辑上与科学社会主义是一脉相承的，是在当代中国历史条件下和社会实践中对科学社会主义的继承、深化和发展。

坚持科学社会主义基本原则，将为中国共产党带领中国人民适应中国国情与时代要求，推进实践创新、理论创新，发展和完善中国特色社会主义，发展21世纪中国的马克思主义开拓新空间、新前景。每个科学社会主义基本原理，都是马克思主义理论逻辑与各国具体实际和时代特征相结合的成果，总是包含着反映那个时代历史条件的具体论述和既定公式。在20世纪，由于没有把科学社会主义基本原则与各种具体论断和公式加以区分，一些共产党人教条化地把科学社会主义具体论述和既定公式作为"理论蓝图"加以照搬，搞出了脱离实际的僵化模式，使社会主义发展陷入困境、遭受挫折。学习与掌握"科学社会主义基本原则"，就能够深刻理解历史教训，挣脱经典理论具体论断和既定公式的束缚，依据科学社会主义理论逻辑，抓住世界历史进程提供的机遇，创造性地继承、弘扬和提升中华优秀传统文化，吸取利用世界文明发展的优秀成果，勇敢地面对实践的新挑战、时代的新难题，坚持植根于中国大地、反映中国人民意愿、适应中国和时代发展进步的要求，不断发展和完善中国特色社会主义，推进21世纪中国马克思主义的发展。

科学社会主义基本原则，也为那些选择非资本主义道路的新兴经济体国家、发展中国家推动经济社会发展、实现公平正义、促进人的全面发展提供了思想支持。马克思恩格斯的社会主义思想，是根据19世纪欧洲的社会、经济、政治、文化发展情况和那时的世界历史条件提出来的。进入20世纪，由于时代进程的激变和俄国特定的经济、政治、文化条件，列宁在领导俄国人民进行社会主义革命和建设事业的过程中，创立了许多新的理论观点，去取代适应发达社会的思想观点，开启了欠发达国家社会主义实践的新征程。虽然在科学社会主义理论中找不到推进新兴市场国家、欠发达国家经济社会发展变革的现成答案，但科学社会主义在当代已经成为先进人群争取解放和发展的世界性思想旗帜，它的基本原则和理论逻辑对于这些国家开辟非资本主义的发展道路和模式，具有重要的借鉴与研究价值。这些国家将从中获得智慧启迪和思想力量，探索符合国情民意、追赶时代步伐的发展理念、特色道路和适宜战略，实现国家发展、经济繁荣、社会公正的目标。

放眼人类世界新千年，科学社会主义基本原则的历史意义更加深远。当今世界进入大发展、大变革、大调整、大融合的新时期。传统的由各种思想观点、具体论断和既定公式构成的繁复的科学社会主义原理体系，已经不能完全适应21世纪世界人民追求美好生活、争取人的解放与自由全面发展伟大运动的崭新使命。新世纪的社会主义发展进程，需要一种新的能够吸引、凝聚、鼓舞、引领亿万人民为争取

自由解放和美好社会而斗争的思想理论形式。科学社会主义基本原则
应运而生。它继承和总结一个半世纪以来各类思想成果和实践成就，
概括出基本原则与理论逻辑，找到社会主义思想认识的最大公约数，
搭建起一个共同认识的平台，让全世界为社会主义奋斗的人们加强沟
通、平等讨论、求同存异、搁置分歧、聚焦共识、协同共进，推动人
类社会争取和平发展、追求美好未来的进步事业。我们坚信，在当代
世界具有许多新的历史特点的伟大斗争中，科学社会主义基本原则将
在与各国国情相结合、与时代发展同进步、与广大民众共命运中，展
现出强大的生命力、创造力与感召力。

第五讲

推进对当代世界马克思主义思潮的研究

在21世纪的今天，一切为人类解放事业奋斗的人都在各自的国家和民族研究发展创新马克思主义，并在共同奋斗中互相学习，不断交流思想成果。习近平同志在中共中央政治局关于当代世界马克思主义思潮及其影响的学习会上，界定了"当代世界马克思主义思潮"的理论范畴和研究它们的基本原则。我们要以习近平新时代中国特色社会主义思想为指导，从发展和完善中国特色社会主义，实现中华民族伟大复兴，发展21世纪马克思主义和当代中国马克思主义的高度，积极对"当代世界马克思主义思潮"进行研究。

一、一个重大的学习研究任务

中国共产党人能够带领中国人民取得革命、建设和改革开放现代化事业的不断胜利，并不断推进马克思主义中国化、时代化，学习研究世界马克思主义发展的丰富成果是一个重要条件。毛泽东阐明，应当承认，每个民族都有它的长处，不然它为什么能存在？为什么能发展？我们的方针是，一切民族、一切国家的长处都要学，政治、经济、科学、技术、文学、艺术的一切真正好的东西都要学。但是，必须有分析有批判地学，不能盲目地学，不能一切照抄、机械搬运、食洋不化。应该是在中国的基础上面，吸取外国的东西。应该交配起来，有机地结合。①邓小平指出，关起门来，固步自封，夜郎自大，是发达不起来的。②世界在变化，我们的思想和行动也要随之而变。不要关起门来，我们最大的经验就是不要脱离世界，否则就会信息不灵，睡大觉，而世界技术革命却在蓬勃发展。③

中国共产党第十九次全国代表大会阐明，中国特色社会主义进入新时代，我们要进行伟大斗争，建设伟大工程，推进伟大事业，实现伟大梦想，建设富强民主文明和谐美丽的社会主义现代化强国。日益走向世界的中国，还要担负起为推进世界和平发展、破解人类社会发展难题、构建人类命运共同体的历史责任，不断贡献中国智慧、中国力量与中国方案。我们坚持和发展习近平新时代中国特色社会主义思想，首先要立足中国，做好中国的事情，推进马克思主义中国化、时代化。同时，我们也要放宽视野，吸取人类文明有益成果，研究当代世界马克思主义思潮，不断创新和发展21世纪马克思主义。

中国特色社会主义的一个重大创造，就是在发达国家主导的世界经济体系和经济全球化的进程中，利用世界市场和世界资源，吸取世界发展先进成果，建设发展社会主义，推动人类命运共同体构建。这就要求我们必须正确认识和及时把握当代资本主义的发展趋势、现实矛盾和历史特征，把握世界历史发展的脉搏和走向。当代世界马克思

---

① 《毛泽东著作选读》（下册），人民出版社1986年版，第740、752页。
② 《邓小平文选》（第二卷），人民出版社1994年版，第132页。
③ 《邓小平文选》（第三卷），人民出版社1993年版，第274、290页。

主义思潮最重要的方面，就是批判地揭露了当代资本主义的结构性矛盾、生产方式矛盾、社会阶级结构变化和制度体制的根本弊病，深入分析了当代资本主义的危机、演进过程、新的形态及本质。把握唯物史观，有分析有鉴别地关注和研究它们，对于我们深刻认识资本主义的发展变化、历史方位、矛盾形态、重要特点，加深对资本主义历史命运的理解，坚定共产主义理想信念，准确观察、解读、引领时代，正确判断世界政治经济力量对比与格局变化，制定正确的战略策略，都具有重大意义。

现在这方面还有很多需要研究的课题和不少短板。比如有的理论家曾把美国著名社会学家丹尼尔·贝尔（Daniel Bell）定为"资本主义辩护士"，否定他批判当代资本主义的研究成果。研究表明，贝尔对二战后发达资本主义国家经济社会发展变化及其危机与衰竭的系统深入研究分析，至今还是那个时代水平很高的成果。他吸收马克思的经济社会理论与方法，分析发达国家新的科技革命和管理革命，揭示了从制造业经济向服务型经济的转型、专业科技人员对企业主主导地位的取代，论述了社会分层的变动、科技精英的崛起、社会中间阶层的形成，甚至预见了互联网时代的到来。这些都深化了对资本主义现代特征和发展规律的认识，丰富了科学社会主义关于工人阶级和全人类解放事业的性质、条件、进程和阶段目标的理论。现在他的著述和观点已经成为世界社会科学界的通用概念和基本观点。他公开宣称自己"在经济上是社会主义的"。可以说，贝尔是一位穿着美国服装的社会主义研究家，绕开他的具有很大马克思主义性质的观点，难以对现代资本主义作出科学深入的认识。应当说，从世界范围看，这样卓著的马克思主义研究成果很需要开掘阐发。

习近平同志在批评马克思主义过时论、《资本论》过时论时说过很长一段话，指出国际金融危机发生后，不少西方学者也在重新研究马克思主义政治经济学，研究《资本论》，借以反思资本主义的弊端。法国学者托马斯·皮凯蒂（Thomas Piketty）撰写的《21世纪资本论》在国际学术界引发了广泛讨论。该书用翔实的数据证明，美国等西方发达国家的不平等程度已经达到或超过历史最高水平，认为不加制约的资本主义加剧了财富不平等现象，而且这一状况将继续恶化下去。作者使用的方法、得出的结论都值得深思。[①]这说明，应主动学习和借鉴国外马克思主义的研究成果。对那些学习与借鉴马克思研究方法和思路架构研究现代资本主义的著作，也应当将其作为马克思主义思潮的一种形态加以关注与研究。

二、研究的重要意义与复杂性

研究当代世界马克思主义思潮，有利于坚定对马克思主义的理想信念。中国人主要是在中国革命、建设，特别是在改革开放和社会主义现代化建设的伟大实践中，在马克思主义中国化、时代化、大众化的伟大成果中，形成对马克思主义的坚定理想信念的。同时，当代世界发展变革的历史事实和过程也充分显示出马克思主义的真理威力和社会影响力。在人类世界进入21世纪的时候，西方思想界把马克思评为"千年第一思想家"。美国学者、哈佛大学教授罗伯特·海尔布

---

① 习近平：《在哲学社会科学工作座谈会上的讲话》（2016年5月17日），新华社，2016年5月18日。

隆纳（Robert L. Heilbroner）在其著作《马克思主义：赞成与反对》一书中确认，要探索人类社会发展前景，必须向马克思求教，人类社会至今仍然生活在马克思所阐明的发展规律之中。2011年英国新马克思主义学者特里·伊格尔顿（Terry Eagleton）出版的著作《马克思主义为什么是对的》中，更以现代社会发展实践为依据，阐明马克思主义是一种全新的历史观，对资本主义的批判和争取社会主义在资本主义时代的指引没有过时，也不会过时。该书坚持与时俱进的观点，回答了马克思主义面对的复杂现实挑战和尖锐的曲解非议。该书在东西方学术文化界引起强烈反响，成为当时流行的力作。环顾全球，研究马克思主义思潮的发展，我们就会充分认识到，马克思主义对人类认识世界、改造世界、推动社会进步具有不可替代的巨大现实作用。

学习研究当代世界马克思主义思潮，是我们积极和各国人民一道推进全球治理体系的改革和建设，构建人类命运共同体，创造人类的美好未来，为解决世界发展问题提供中国智慧、中国方案的一个基本思想文化条件。推进国际合作共赢，提供中国智慧、中国方案，不能闭目塞听，老死不相往来，高高在上，强加于人。我们需要广泛深入关注国际社会思想文化的发展变化，了解各国社会思潮发展流变及学术文化研究成果。这是国情民意的重要晴雨表。不研究、不了解、不尊重别人的成果、思路、观点、诉求和话语，怎么和别人进行彼此尊重的交流、有效的沟通？怎样采取别人能够理解的方式、方法、话语来阐述中国的思想、观点、思路和方案？怎样不断加深理解、求同存异、增进共识、同舟共济？显然，关注和研习国外马克思主义的思潮发展和研究成果，是不可缺少的渠道和重要方式。

怎样更好地学习研究世界马克思主义思潮呢？这里，笔者以对美国著名社会主义学家丹尼尔·贝尔学术成果的评析与认识做些阐述。

2011年1月25日，美国社会学大师和社会科学界活动家丹尼尔·贝尔去世，享年91岁。作为社会主义思想史研究者，根据所掌握的材料，笔者认为，丹尼尔·贝尔在现代社会主义思想史上占有重要地位。

丹尼尔·贝尔是经济领域的社会主义者。在20世纪80年代中期首次阅读丹尼尔·贝尔的代表作《后工业社会的来临》时，笔者就为该书见解的独到新颖、方法的开拓创新、论证的深刻有力所震撼，真是让人对当代社会发展变迁的理解"豁然开朗"。后来又读过他的《资本主义文化矛盾》《当代西方社会科学》等著作，这些都给我留下深刻的记忆，让我产生探究的冲动。

丹尼尔·贝尔一生的学术思想和活动，可以说是恢宏深邃、缤纷多彩，它折射出20世纪后半期世界历史和美国历史激荡变迁的思想光影。他的主要著作，如《美国的马克思派社会主义》（1951年）、《意识形态的终结》（1960年）、《后工业社会的来临》（1973年）、《资本主义文化矛盾》（1976年），都是研究现代美国社会发展基本问题以及马克思主义和社会主义基本问题的。贝尔生前就被人们贴上了"社会主义"名牌。他对自己有个明晰的界定："本人在经济领域是社会主义者，在政治上是自由主义者，而在文化方面是保守主义者。"[①]在1970年的一次学术讨论会上，他表示愿意被人较客观地称作"后马克思主义者"，把他和他的苏联同行们一视同仁。[②]他还呼吁大家共

---

① ［美］丹尼尔·贝尔：《资本主义文化矛盾》，赵一凡、蒲隆、任晓晋译，生活·读书·新知三联书店1989年版，第21页。

② ［美］丹尼尔·贝尔：《资本主义文化矛盾》，赵一凡、蒲隆、任晓晋译，生活·读书·新知三联书店1989年版，第5页。

同探讨未来社会制度。可见在他的思想里，社会主义占有相当大的分量，应当进入当代马克思主义、社会主义思想发展史的研究视域。

为过去时代狭隘眼光所束缚，人们曾经抨击贝尔"反对马克思主义""为资本主义辩护"，把他视为资产阶级思想家，没有认识到他在世界社会主义思想史上的可贵贡献。今天，世界历史已经进入大发展大变革大调整的时期，让我们用与时俱进、变革开放的思维来考察贝尔的学术活动和成就，拂去偏见的尘埃，还其本来的面貌，并从中吸取思想智慧，以更深入地研究和理解当代世界发展变革的历史进程。

丹尼尔·贝尔是美国当代社会批判的领军人物。1919年5月，丹尼尔·贝尔出生在纽约曼哈顿下东区一个东欧犹太裔移民家庭。父母都是制衣工人。他出生后不久父亲就过世了，贝尔与母亲和兄弟姐妹一起生活，母亲一直在一家工厂工作。社会底层艰难竭蹶的生活经历，使他在15岁时就对马克思主义和社会主义表现出极大的热情。由于天赋和勤奋，他得以考取"无产阶级的哈佛"——纽约城市学院。那里活跃着一群共产主义者、社会主义者、斯大林派、托洛茨基派，经常有各派的激烈争论。他后来回忆说，在参加成人礼的时候，"我发现我不再相信上帝，我参加了社会主义青年团"。可以说，这是他一生思想和活动的历史源头和社会基础。

大学毕业后，贝尔先从事新闻工作，担任《新领袖》杂志主编，《幸福》杂志编委和撰稿人，具体了解和思考美国社会问题。之后在芝加哥大学和哥伦比亚大学讲授社会学，并对马克思主义和社会主义进行学术研究。他在1952年出版了《美国的马克思主义社会主义》，1960年出版了《意识形态的终结》，并以后者获得了哥伦比亚大学的博士学位。这些都给他的思想打上了深深的马克思主义的烙印。此后他接连出版了《极端右翼》（1964年）、《今日资本主义》（1971年）、《后工业社会的来临》（1973年）、《资本主义文化矛盾》（1976年）、《蜿蜒之路》（1980年）等一系列研究美国社会发展问题的著作。

贝尔后来主要在哥伦比亚大学（1962年起）和哈佛大学（1969年起）担任社会学教授。他一生都保持着"介入型"社会学者的风格，关注、研究和评述当代美国及世界社会、经济、政治、思想、文化的演进。他曾经和一些学者举行会议，抨击麦卡锡主义的反共极右思潮，并主编会议的成果结集出版。1965年，他和欧文·克里斯托共同创办了刊物《公共利益》及《国家利益》，在美国社会科学界声望极高。1972年全美知识精英普测时，贝尔以最高票名列二十位影响最大的著名学者之首。所以贝尔在他那个时代，是公认的美国当代社会批判和研究前沿的领军人物和学术大师。

贝尔是社会科学大师马克思的"追随者"。仔细研究不难发现，研究马克思思想是贝尔著述的一个重要部分。他把马克思列入"社会科学的大师"之中，称自己是"追随者"。贝尔注意运用马克思的基本概念和方法。他的《后工业社会的来临》等著作，都把马克思的资本主义理论作为研究分析的重要出发点，对马克思理论的论述远远多于对其他学人理论的论述。应当看到，在20世纪后半期这个科学技术日新月异、一日千里的时代，在美国这个学术创新成风的国家里，贝尔的研究旨归也在于理论创新，探讨社会发展的新问题。他大胆地提出，要通过对当代西方社会发展变革事实和进程的全面理论概括和学术批判，建立一个对发达资本主义在政治、经济、文化等方面进行综合研究的新体系。因此，他不像固守教条的学人那样，往往驻足于学理地解读前人的观点和公式，不断地说什么这个"没有变"，那个

"没有过时"之类。

贝尔对资本主义始终采取批判性态度和观点。他明确指出："论述资本主义的作家中，没有人把它看作一种'永恒的'社会制度。"[①]在《资本主义文化矛盾》一书的"初版序言"里，贝尔说道，他把过去在不同时期独立发表的文论重新组合在统一命题之下，使之成为连贯有序的理论，就是"来探究资产阶级社会的经济与文化危机，以及文化现代主义的衰竭"，"构成一个较为严整的理论体系"。[②]他主张变革美国的资本主义制度，让群体价值超过个人价值，成为经济政策合法的依据。他主张现代社会在经济上，最低限度要达到能够满足每个公民基本生活要求的家庭收入，反对富人将其财富转换成与之无关领域内的过分特权；在政治上，坚持把公众和私人区别对待，避免将一切行为政治化和对个人行为的毫无节制，以保障每个人的政治权利和私人生活各得其所。他主张循序渐进地推进这种经济平权和政治变革。他认为，虽然在历史上市场经济是和现代私有资本主义的兴起紧密相连的，但市场经济作为一种途径，不一定非要限制在哪种制度下不可。社会主义的市场经济是完全有可能的，而且在社会主义条件下市场运转的效率比在现代资本主义条件下要高得多。在现代资本主义条件下，市场的运转总是受到垄断统治和寡头独裁的妨碍。[③]所以，他没有像有的美国"左派"那样，说什么中国发展市场经济，走了新

---

① ［美］丹尼尔·贝尔：《后工业社会的来临——对社会预测的一项探索》，高铦、王宏周、魏章玲译，商务印书馆1984年版，第73页。

② ［美］丹尼尔·贝尔：《资本主义文化矛盾》，赵一凡、蒲隆、任晓晋译，生活·读书·新知三联书店1989年版，第42页。

③ ［美］丹尼尔·贝尔：《资本主义文化矛盾》，赵一凡、蒲隆、任晓晋译，生活·读书·新知三联书店1989年版，第279页。

自由主义道路。他尖锐而深刻地揭露和批判当代资本主义的文化：西方国家新教伦理和清教精神作为社会事实，早已被侵蚀蛀空了。它们仅仅作为苍白无力的意识形态蹒跚拖延至今。与其说它们是现实的行为规范，不如说是道德家用来劝世喻人，或是社会学家用来编织神话的材料。事实上，正是资产阶级经济体系——更精确地说是自由市场——酿成了传统资产阶级价值体系的崩溃。这是美国生活中资本主义矛盾产生的根源。[①]可见贝尔的社会学理论是一个揭露、批判和变革资本主义社会的学说。美国学者诺瓦克公开指责贝尔的"社会主义思想比例过大"[②]，就是一个有力的证明。应当看到，20世纪后半期的美国，弥漫着强烈的反共主义气氛，贝尔提出这些尖锐的批判性理论是有很大风险的，充分表现了他坚持真理、追求公平正义的胆识。

历史实践已经表明，丹尼尔·贝尔的"后工业社会"理论是对当代资本主义社会变迁的深刻理论认识和科学概括。早在1959年夏天，贝尔在一次学术讨论会上首次使用"后工业社会"的概念，提出了对后工业社会的初步预测。1962年和1967年，他又先后写作了《后工业社会：推测1985年及以后的美国》和《关于后工业社会的札记》。1973年正式出版《后工业社会的来临》。他运用自己建立的关于社会结构变化研究和预测的理论和方法，在广泛研究和继承包括马克思在内的前辈的认识成果，具体观察和深入分析美国等发达国家社会发展的事实和事变的基础上，指出：新的科技革命和管理革

---

① ［美］丹尼尔·贝尔：《资本主义文化矛盾》，赵一凡、蒲隆、任晓晋译，生活·读书·新知三联书店1989年版，第102页。

② ［美］丹尼尔·贝尔：《资本主义文化矛盾》，赵一凡、蒲隆、任晓晋译，生活·读书·新知三联书店1989年版，第6页。

命推动工业化国家从制造业经济转向服务型经济；专业和科技人员取代企业主而居于社会的主导地位；理论知识成为社会革新和政策制定的源泉，决策依靠新的"智能技术"，进而导致新科技精英的崛起、社会阶层的中间化以及社会分层原则的改变等，从而引导各个工业社会进入一种"后工业社会"。早在1967年，他就相当准确地预见到互联网时代的到来，写道：我们可能将看到一个全国性的计算机联网系统，人们在家中或办公室中登录这个巨大的计算机网络，提供和获取信息服务、购物和消费，以及其他诸如此类的行为。这些预测都在欧美发达国家和许多新兴国家成为有目共睹的社会现实。这是当代社会发展研究的一项举世公认的、彪炳史册的、具有世界历史意义的卓越成果，丰富和深化了对当代资本主义历史特征和发展规律的认识，为科学制定社会主义运动的战略和策略提供了重要的理论基础。

丹尼尔·贝尔在研究社会历史的理论和方法上，也有创新之举。比如，他认为，对社会进行分学科的研究很有意义，但是资本主义社会经过几百年的发展，社会不同领域形成根本性对立冲突，这就需要进行综合的总体的研究和预测，才能正确认识社会变革与结构调整的着力点和恰当路径。他力行开放的治学态度，不仅重视研究马克思的理论遗产，还广泛地研究并吸取了圣西门、韦伯、凡勃伦、桑巴特、熊彼特、加尔布雷思等前人的科学成果。这是他能够提出后工业社会预测理论的一个重要条件。丹尼尔·贝尔是大学教授，但他并没有止于象牙塔内的学术研究，而是随时关注社会的现实发展，及时提出新的观点主张。他参与主办的《公共利益》杂志，对当代美国社会政治发展的影响是得到充分公认的。不难看出，这些与马克思恩格斯唯物史观方法和思想风格是一脉相承的。

丹尼尔·贝尔在世界社会主义思想史上应享有一席之地。综上所述，笔者认为，丹尼尔·贝尔是一位对无产阶级和全人类解放事业的性质、条件、进程和一般目的考察研究作出自己贡献的学者，可以划入社会主义思想家的范畴。其实在美国，他生前已被划归具有社会主义倾向的"左翼"知识界。当然，他是以美国为舞台的、穿着美国服装的社会主义思想家，研究和理解他是不能套搬其他国家的社会逻辑和思维方式的。

三、研究要遵循的基本原则与方法

毋庸讳言，丹尼尔·贝尔不是马克思主义党人。他的著述中关于社会主义和马克思主义的一些观点、讨论和批评，我们不完全赞同。但是我们不能用过往时代的那些千篇一律的、求全责备的、片面狭隘的要求和标准来研究评判贝尔。这是研究世界马克思主义思想的重要原则。

世界各国马克思主义者的情况差别很大，总是有所不同，有各种不足。如果求全责备，就没有几个马克思主义者了。毛泽东说过，有些人似乎以为，好像一进了共产党，就要是百分之百的马克思主义才行。其实有各种各样的马克思主义者，不可以形而上学地简单理解。就是说，对马克思主义者不可以求全责备。在笔者看来，丹尼尔·贝尔的著述是带着很大的社会主义性质的，应该把他列为社会主义思想家。

科学社会主义是劳动阶级和全人类争取解放、走向人的全面自由发展的科学。实现这样广阔、复杂、艰巨、漫长的历史任务，只有联合一切体力劳动者和脑力劳动者共同进行奋斗，才能够取得进展和成功。因此，社会主义的队伍包括理论研究队伍，总是浩浩荡荡才行，总是越多越大越好。马克思恩格斯时代的第一国际、第二国际比较好地体现了这个精神。而那种一味追求纯洁、不容分歧和差别的方针，是不大对头的。实践证明，它戕害、分裂和削弱了社会主义的力量。在苏联时代，斯大林曾经把一些和他看法有些不同的杰出的社会主义思想家、革命家和改革家杀掉了。对世界社会主义运动中有创新思维、变革精神的思想家与革命家也加以排斥、批判、迫害，造成了很大的危害。苏联近70年的社会主义最终垮掉，惨痛的教训必须牢记。

当今世界社会变革和科技进步日新月异，改革开放社会主义开拓奋进，渐进改良民主社会主义广泛发展，新兴经济体国家左翼政治蓬勃兴起，更需要实践变革和理论创新，探索和解决层出不穷的新情况、新问题，形成新思想和新战略。因此社会主义的发展，应当采取更加包容、宽厚和理解的态度，给出更大的探索空间，允许提出不同观点和发生失误，这样才能一代一代地造就、涌现和凝聚充满创造精神的社会主义活动家、思想家，让批判和变革世界资本主义的历史运动广泛持续地、一波一波地不断前进。

20世纪很长一段时间里，谁是社会主义和马克思主义，都是由某个国家和国际组织说了算。事实表明，这不符合马克思主义的精神，"伤害"了马克思主义的世界事业。独立自主才真正体现马克思主义。孰对孰错，有用还是无效，只能由各国人民来判断，由历史实践来回答。马克思主义不是教义，从来不存在什么嫡传。所有马克思主义者在理解和掌握马克思主义上是完全平等的。任何人都不能以正统的马克思主义自居，肆意指责这个"违反马克思主义"，那个"背叛社会主义"，这不是真正的马克思主义的态度。我们必须改变这种陈旧方式，形成新的思维。马克思主义是现代世界文明发展的伟大思想成果，既是劳动阶级争取解放的锐利思想武器，也是全人类共同的思想精神财富。一切致力于劳动阶级和人类解放事业的人，追求社会发展真理的人，都可以学习、研究、传播、运用、丰富和推进马克思主义。社会主义作为反抗、批判和变革资本主义的运动，也是一个自然史过程，任何人都没有权力垄断它、独霸它，把别人排斥在这个历史进程之外。我们主张全世界的马克思主义者和社会主义者应当独立自主、彼此尊重、完全平等、自由讨论、相互沟通，互不强加于人，共同来深化对运动的理解和认识，团结奋斗，不断推动人类的解放事业。无论谁在这方面做了事情、有所贡献，都应当给他在历史上记下一笔。

我们从社会主义思想史上来研究丹尼尔·贝尔的学术历史，不只是要对他的思想给出恰当的评价，更要以胸怀天下的世界视野充分地展现马克思主义广泛的思想影响和巨大的历史力量。马克思主义和社会主义是世界性运动，其历史形式和发展进程丰富多彩，不断创新。我们考察和研究美国的社会主义，必须坚持从实际出发，搞清楚它的特色、特殊性，这样它就不是在世界历史之外了。有了这样的历史体察，我们才能坚定地深刻地认识和感受到马克思主义的伟大思想力量无所不在，更加自觉地、正确地学习研究世界各地马克思主义发展的丰富成果。

第六讲

坚持中国人的世界观和方法论

　　中国人独创性地走出了一条伟傲世界的发展道路。习近平同志指出，当代中国的伟大社会变革，不是简单延续我国历史文化的母版，不是简单套用马克思主义经典作家设想的模板，不是其他国家社会主义实践的再版，也不是国外现代化发展的翻版，不可能找到现成的教科书。[①]我们的成功独创，从世界观上说，在于坚持了中国人的世界观、方法论，即马克思主义世界观、方法论的中国形态，独立自主地遵循中国的发展逻辑、历史文明、社会实际、时代条件，吸取人类文明先进成果，探索自己的发展道路。习近平同志在党的二十大上深刻总结阐明，只有把马克思主义基本原理同中国具体实际相结合、同中华优秀传统文化相结合，坚持运用辩证唯物主义和历史唯物主义，才能正确回答时代和实践提出的重大问题，才能始终保持马克思主义的蓬勃生机和旺盛活力。不断谱写马克思主义中国化时代化新篇章，首先要把握好习近平新时代中国特色社会主义思想的世界观和方法论，坚持好、运用好贯穿其中的立场、观点、方法。当代中国学人的一项

---

　　① 《习近平谈治国理政》（第二卷），外文出版社2017年版，第344页。

重大使命，就是以中国化时代化的马克思主义为指导，系统深入地研究这个生动丰富的开拓实践，概括新经验，回答新问题，阐明中国这个东方大国发展变革的科学世界观、方法论。

一、中国道路的开拓对马克思主义历史观的创新发展

人们知道，现代社会主义起源于欧洲的资本主义时代，是资本主义生产方式历史成果及其基本矛盾运动的必然产物。建设社会主义必须吸取资本主义创造的一切先进成果，在资本主义造成的全球化世界及其演进的基础上，把科学社会主义基本原则和本国社会实际、历史文化传统、时代发展要求结合起来，在实践中不断探索总结，这样才能够成功地开拓出现代中国的发展道路。

20世纪现代资本主义有很多发展变化。欧美学界也一直在研究发达国家近年来的社会演进。法国经济学家皮凯蒂出版的《21世纪资本论》一书，用相当的笔墨来论述西方国家的社会福利体系，建设"社会国家"的进程，并将其界定为"发达社会国家"。但他对"社会国家"这一发展阶段是不是一个普遍的历史进程没有给出肯定回答："在贫穷国家和新兴国家是否也会出现类似的社会制度？答案只有天知道。""但无论如何，发展中国家究竟发展什么形态的社会制度对未来世界有着不可低估的重要意义。"① 看来，他重视非发达国家社会制度的变革，但并不主张把"社会国家"的发展逻辑强加给发展中

---

① ［法］托马斯·皮凯蒂：《21世纪资本论》，巴曙松、陈剑、余江等译，中信出版社2014年版，第387、389页。

国家。他的研究对于我们科学地理解发达资本主义的变化及其特征，认识发达国家反资本社会运动的社会基础，认识社会民主主义对发达国家社会变革的意义，探索当代世界社会主义的历史基础以及中国特色社会主义的世界历史环境等，都有重要的价值。

自20世纪80年代以来，中国学人在历史和逻辑的结合上，对中国特色社会主义的崛起与发展作了艰难的探索，并努力作出各种理论的阐释。欧美资本主义已经发展到社会资本主义阶段，这完全符合马克思关于资本主义发展逻辑的科学原理。我们应当研究国内外的各种理论成果，来深化对中国特色社会主义的研究。但由此把欧美社会资本主义的发展理解为未来世界发展的普遍"路线图"，认为所有国家都将走这条历史道路，从理论上看，还是一种西方中心论史观的表现。

根据笔者的研究，马克思恩格斯向来反对把他们关于欧洲历史的论述与概括理解为一种必须普遍遵守的刻板划一的历史哲学公式。马克思反对把他关于西欧资本主义起源的历史概述理解成一般发展道路的历史哲学理论；反对一切民族不管它们所处的历史环境如何，都注定要走这条道路的历史哲学。①马克思晚年根据人类学、历史学研究的最新成果，明确反对欧洲中心论史观，反对把西欧社会发展的概念、观点和公式强加给非欧洲国家，痛骂把印度的"村社"说成是"封建主义"的论者是"蠢驴"。他们还设想，在特定的条件下，东方落后国家可以跨越资本主义制度的"卡夫丁峡谷"，吸取资本主义创造的一切积极成果，走上自己的社会主义发展道路。②可见，按照马克思恩

① 《马克思恩格斯选集》（第3卷），人民出版社2012年版，第730页。
② 《马克思恩格斯选集》（第3卷），人民出版社2012年版，第825页。

格斯的历史哲学，各个国家和民族都应当独立自主地根据自己的社会条件、时代环境和历史文化传统来选择自己的发展道路，不能把西方的社会发展道路理解为人类社会发展必须普遍遵守的历史公式。

中国特色社会主义突破了这个历史公式，丰富了科学社会主义的理论逻辑。马克思恩格斯从没有把《哥达纲领批判》关于"过渡时期—共产主义初级阶段—共产主义高级阶段"这样的设想看作建设社会主义的路线图，也没有把对未来社会设想所作的描写界定为社会主义的最后定义和判断的最高标准。恩格斯指出，未来社会主义实行什么分配方式由那时的生产状况决定，我们不打算把什么最终规律强加给人类；关于未来社会组织方面详细情况的预定看法，你在我们这里连它们的影子也找不到。

因此，试图用《哥达纲领批判》关于未来社会设想的描写来否定中国社会变革的社会主义性质是错误的。1981年，中共理论家胡乔木给出明确的回答：不能把马克思在《哥达纲领批判》中根据对未来社会的设想所作的描写当作定义。科学社会主义绝不能一字不差地按照马克思主义经典著作的论述去实现。[①]邓小平更深刻地指明，马克思去世以后一百多年，究竟发生了什么变化，在变化的条件下，如何认识和发展马克思主义，没有搞清楚。绝不能要求马克思为解决他去世之后上百年、几百年所产生的问题提供现成答案。列宁同样也不能承担为他去世以后五十年、一百年所产生的问题提供现成答案的任务。真正的马克思列宁主义者必须根据现在的情况，认识、继承和发

---

① 《胡乔木文集》（第二卷），人民出版社2012年版，第463页。

展马克思列宁主义。①根据中国的新情况、新探索、新经验，中国特色社会主义先后提出《哥达纲领批判》里完全没有的理念和观点，比如社会主义初级阶段、不发达社会主义、社会主义本质论等，党的十八大更是提出了"科学社会主义基本原则"、东方大国社会主义等范畴，党的十九大划时代地指明"中国特色社会主义进入新时代"，形成"新时代中国特色社会主义思想"的论断。这些都独创性地发展了科学社会主义和马克思主义社会历史观。

二、当代世界社会主义发展的多样化、新趋势和新形态

当代世界发展的一个特征，就是抗议、反对和改造资本主义的社会思潮和运动已经发展成为一股不可阻挡的世界潮流。研究当代人类社会发展，不能无视这个基本历史事实。

不可否认，欧美资本主义开创了人类社会的现代化进程。当今发达资本主义国家在科技革命、经济发展、社会福利、文化发展等方面都居于世界领先地位，资本的全球扩张，西方主导的世界经济体系运行是推动世界经济社会发展的重要力量，现在还是为"资本主义灭亡、社会主义胜利"而奋斗的时代。资本的剥削掠夺本性和霸权野心没有改变，它把资本主义制度的基本矛盾和根本弊病推向世界各地，千方百计地压榨和控制落后国家与人民，这激发了反对资本主义社会思潮和斗争的发展，增强了反对资本主义运动的现实基础。因此，世界不发达国家总结争取独立解放发展的经验教训，

----

① 《邓小平文选》（第三卷），人民出版社1993年版，第291页。

抓住和平与发展成为时代主题、经济全球化发展和国际分工体系调整的机会，自主地、创造性地制定和实行从本国实际和禀赋出发的现代化发展新战略，从西方主导的世界经济体系中吸取与借鉴各种先进发展成果，大力发展本国经济，促进公平正义，扶贫减贫，改善人民生活，并积极改变现今的国际经济政治秩序。一种新的、不同于战争与革命时代苏联模式的、非资本主义的发展道路与社会形态出现了。一些国家的创新变革尝试取得初步成功，新兴市场国家和发展中国家群体性崛起。中国人民在中国共产党的领导下开创了中国特色社会主义的发展道路，成功走出了中国式现代化道路，创造了人类文明新形态，拓展了发展中国家走向现代化的途径，给世界上那些既希望加快发展又希望保持自身独立性的国家和民族提供了全新选择。显然这不是顺应而是违逆资本的全球扩张利益与需要的历史进程。这也是一种新的东西南北的世界博弈。可以预料，这一历史进程充满激流险滩、暴风骤雨，不会一帆风顺。但是这个崭新的、蓬勃发展的、以反西方资本盘剥为指向的社会运动和开拓创新，必将对世界人民争取实现自身解放运动产生更为深广的积极影响和推动作用，不断地改变着世界版图。

这些发展中国家争取解放、实现发展的新进程，由于历史条件、现实基础、文化传统和地缘环境的不同，不能不形成各具特色的、进程不很一致的制度形态和发展战略。世界社会主义发展也进入多样化、多元化、多谱系的新阶段。放眼世界，在经济全球化浪潮汹涌澎湃的新时代，随着人们思想解放程度的逐步提高和利益需求的多层次化，当代世界社会主义出现了多极化、多元化、多党化、多派化、多样化的新态势，难以再像往常那样，能够用一家一国的思想观念来号令天下、统一行动。国外社会主义学人也认为，抵制资本主义的群众开展的朝向社会主义的运动已经是全球性的，至少可以分为三大谱系：世界资本主义中心地带、世界资本主义半边缘地带、世界资本主义边缘地带。未来社会主义运动将在差异多样、聚焦目标、行动呼应中发展前进。显然，研究当代世界的演进与发展，认识资本全球扩张的趋势，必须突破资产阶级的自由主义世界观，以全新的时代思维、宽广的全球视野，对遍布全球的反对资本主义、追求美好理想社会的社会思潮、历史运动与社会形态作出通盘的评估与判断。

中国共产党人坚持社会主义发展多样性的观点，倡导独立自主的根本原则。社会主义并没有定于一尊、一成不变的套路。各国的情况千差万别，人民的觉悟有高有低，国内阶级关系的状况、阶级力量的对比很不一样，不能够用固定的公式去硬套。独立自主是现代社会主义发展的一个基本原则。全世界社会主义党人必须总结经验，破除僵化的世界革命战略，从和平、发展、合作成为时代潮流的大势出发，独立地去探索与开拓符合本国实际的发展战略与策略。我们坚定地贯彻习近平新时代中国特色社会主义思想，秉持平等互信、包容互鉴、合作共赢的精神，和各国各党各派发展广泛交流合作，共同构建人类命运共同体，推动人类世界发展进步。

三、中国特色社会主义创立的世界历史意义

马克思恩格斯根据19世纪中叶欧洲的社会历史条件、经济发展和思想文化成果，创立了科学社会主义。十月革命后，列宁提出："对俄国来说，根据书本争论社会主义纲领的时代也已经过去了，我

深信已经一去不复返了。今天只能根据经验来谈论社会主义。"①他指出，世界历史发展的一般规律，不仅丝毫不排斥个别发展阶段在发展形式或顺序上表现出特殊性，反而是以此为前提的。今天的变革不能不考虑俄国和东方各国的特殊性以及必然产生的新东西。列宁从俄国是一个小农国家的实际出发，提出利用市场、商品、货币和自由贸易的新经济政策，以及吸收欧美先进技术和管理方式的发展战略，设想了一条渐进的、迂回的、曲折的、缓慢的、全新的东方社会主义改革发展道路。这是科学社会主义由理论走向实践的一个卓越创造，而苏联的解体，恰恰是没有坚持和发展列宁这一光辉思想的结果。

中国共产党总结自己的经验，也深刻吸取苏联的教训，遵循科学社会主义理论逻辑，解放思想、实事求是、拨乱反正、与时俱进，开展了全新的探索。在中国共产党的领导下，我们把经济社会发展作为第一要务，抓住经济全球化的机遇，利用资本的全球扩展趋势，大胆加入WTO，进入发达国家主导的世界经济体系，学习、借鉴、吸取各种先进成果，运用世界两个市场、两种资源，推进国家新型工业化、城镇化、信息化、农业现代化，推进国家治理体系和治理能力现代化，发展社会主义市场经济、民主政治、法治体系、先进文化，培育和践行社会主义核心价值观，建设和谐社会和生态文明，构建开放型经济新体制，推进世界和平、发展、合作、共赢，全面加强党的执政能力建设，开拓了中国特色社会主义这个东方国家社会主义的新形态、新道路。一个发展中的社会主义大国屹立于世界的东方。

中国共产党人坚持用科学社会主义基本原则指导道路开拓和制

---

① 《列宁全集》(第34卷)，人民出版社2017年版，第466页。

度创新，20世纪80年代提出社会主义初级阶段理论。1982年，党的十二大正式提出"建设有中国特色的社会主义"的伟大命题。党的十三大提出党的基本路线。党的十四大提出发展社会主义市场经济体制。党的十五大制定了中国特色社会主义基本纲领。党的十八大作出科学总结：中国特色社会主义"从理论和实践结合上系统回答了在中国这样人口多底子薄的东方大国建设什么样的社会主义、怎样建设社会主义这个根本问题"。这是一个郑重的历史宣告：一个不同于西方国家的东方社会主义已经升起在世界的地平线。习近平总书记精辟阐明："中国特色社会主义，是科学社会主义理论逻辑和中国社会发展历史逻辑的辩证统一，是根植于中国大地、反映中国人民意愿、适应中国和时代发展进步要求的科学社会主义。"[1]

按照当代中国马克思主义，中国特色社会主义作为一个独立的社会形态，是不同于西方社会的东方社会主义道路与形态。从技术社会形态来看，中国成功推进和拓展了中国式现代化，已经进入现代化迅速发展的国家行列，社会主义的经济的物质的基础不断地强大起来。从人的发展历史形态来看，作为独立的社会主义共同体，中国和发达资本主义同处于人的发展历史的第二个形态，即对物的依赖的发展阶段上。由于和西方发达国家在发展逻辑、制度本质、文明源流和发展战略上存在重大的历史差异，中国以东方的方式为实现人民对美好生活的追求、人类的解放发展，为最终建立一个没有压迫、没有剥削、人人平等、人人自由的理想社会而奋斗。我们称之为中国特色社会主义。

---

[1] 《习近平谈治国理政》（第一卷），外文出版社2018年版，第21页。

　　发达资本主义的基本矛盾，是生产的社会性和生产资料占有的私人性之间的矛盾，是资产阶级和劳动阶级的对立与斗争。而中国社会的主要矛盾已经是人民日益增长的美好生活需要和不平衡不充分的发展之间的矛盾。我国有贫富差别，但不存在阶级分立，实行扶贫减贫、先富带后富的政策，新产生的社会阶层是社会主义的建设者。为适应这个主要矛盾的要求，中国共产党团结带领中国人民坚持变革创新，贯彻创新、协调、绿色、开放、共享的新发展理念，不断改革那些与改变国家落后面貌、推进现代化不相适应的观念、制度、体制和机制，不断推进国家治理体系和治理能力现代化，使我们的制度、体制、机制永葆勃勃生机和活力，不断推进社会主义经济、政治、文化、社会和生态建设的发展，不断推进社会主义核心价值观的建设。中国特色社会主义的发展具有强大的不竭动力。

　　发达资本主义生产与制度的本质，就是资本的剥削、增值与统治，它的基本制度就是保证资本的利润，保证资本收益率高于经济增长率。而中国特色社会主义的生产和制度本质是，人民至上，消除贫困，改善民生，维护公平正义，逐步实现共同富裕，实现人的全面自由的发展。我们坚持人民群众的主体地位，坚持以人民为中心的发展理念，不断建设、完善和实行一整套人民当家作主的制度、体制、机制，在发展中保障和改善民生，持续、全面地保证社会主义本质的实现。实践证明，这是中国人民走向富强民主文明和谐美丽国家的成功之路、光明之路。

　　在文明的源流上，发达资本主义是对欧洲社会历史文明的继承与发展，它所倡导的个体主义、自由主义、丛林法则、扩张主义的价值与理念，经过几百年的发展，日益陷入困境，呈现衰竭，表现出制度与文化危机的态势。而中国特色社会主义是5000多年中华历史文明发展的更高阶段。早在2500多年前，华夏大地就萌生出"大道之行也，天下为公"这个社会主义精神基因。几千年来，我们积淀了崇仁爱、重民本、讲辩证、守诚信、倡正义、尚和合、求大同这些具有时代价值与世界智慧的丰硕成果，成为滋养中国特色社会主义成长发展的精神力量、思想智慧与文化资源。中华优秀传统文化是中华民族的根与魂，是我们宝贵的文明资源和独特优势。我们应当破除把中华传统文化当作发展包袱的错误理念，坚持批判继承、守正出新、现代开掘、时代提升，让中华文明成为我国人民强大的文化血脉和精神家园，成为中国特色社会主义的不竭动力。从社会主义学的发展来看，这是我们当前研究的软肋，应当抓紧补上这个学术短板。中国特色社会主义就是社会主义深深植根于东方文明的肥壤沃土之中，结出的放射时代光彩、展现世界气魄的果实，为500多年来社会主义发展史揭开新的篇章。

在当今时代，中国特色社会主义的发展，以发达国家主导的世界经济体系和它们演进到社会资本主义阶段作为外部环境和世界条件。进入和利用西方发达国家主导的世界经济体系建设和发展社会主义，是中国共产党的伟大开创。发达国家有许多先进的东西，是建设社会主义必须学习和借鉴的。"不入虎穴，焉得虎子。"我们遵循人类历史发展规律，自主自觉作出全方位开放的历史选择，大胆而富有智慧地建立和完善开放型的经济体制，对资本世界与世界市场里通行的各种体制、规则、机制、方式等努力掌握熟悉，认真遵行信守，并尽量地缩小可能的消极后果。中国的对外开放战略，坚持科学社会主义基本原则，以国家利益和人民福祉为基点，坚守中国发展的主体性，绝不做国际资本的附庸。人们看到，我们取得的成功，甚至让西方一些人惊恐万状，发出了开历史倒车的咆哮。显然，把中国特色社会主义发展解释为资本全球扩展历史趋势的一种延续，是不符合实际的，也难以成立。

新的实践必然产生新的理论。习近平总书记指出，我们处在一个需要而又能够产生理论与思想的时代。中国学人应当弘扬"为天地立心，为生民立命，为往圣继绝学，为万世开太平"这样崇高的志向和传统，在当代许多具有新的历史特点的伟大斗争中，用新的高水平的系统性中国特色的学术成果，迎接挑战、面对难题，为发展和完善中国特色社会主义，"为人类对更好社会制度的探索提供中国方案"[①]，为实现中华民族伟大复兴作出学理上的贡献。

四、发展与完善中国特色社会主义的话语体系，讲好中国故事

作为崭新的独创的发展道路，中国特色社会主义需要阐明自己的理论逻辑、思想观点、精神风格和话语体系。但是学术理论、思想理念总是滞后的。历史惯性往往使人们按照旧理论去理解新进程，形成许多误读。我们需要加强研究，积极阐释，澄清混乱，拨开迷茫。

习近平同志指出，如果硬要把一些理论观点和学术成果套在各国各民族头上，用它们来对人类社会进行格式化，并以此为裁判，那就

---

① 《习近平谈治国理政》（第二卷），外文出版社2017年版，第37页。

是荒谬的了。①中国共产党的基本文献，中国特色社会主义理论体系，习近平新时代中国特色社会主义思想，对中国特色社会主义的理论逻辑、思想观点、精神风格和话语体系形成了严谨的科学的阐明和理论形态的表述。这是我们党运用和发展共产党人科学的世界观和方法论对当代中国伟大社会变革的理论概括和科学总结，是科学社会主义在新世纪最重要的理论成果。应当看到，在这方面，我们的学习和研究还不能够适应中国特色社会主义事业的需要。作为中国共产党人，作为党的理论工作者，应当深入系统研究和掌握党的文献所涵盖的基本理论、思想、观点、理念和话语，用这些最新成果进行学理探讨和学术阐明，讲好展现中国特色、中国风格、中国气派的中国发展故事，积极引领社会思潮，清除西方中心论史观的影响，增强对中国特色社会主义的自信和定力。

共产党人、社会主义学研究者在思考和解决中国的问题时，必须保持清醒头脑，运用当代思维，坚持中国人的世界观、方法论，坚守科学社会主义理论逻辑和中国社会发展历史逻辑相统一，打好筑牢中国特色社会主义的世界观、方法论基础。

五、中国人的世界观、方法论，是中国共产党人领导中国革命、建设和改革伟大历史实践的全部思想结晶和理论创新成果

党的十九大鲜明地提出，我们党要团结带领人民有效应对重大挑战、抵御重大风险、克服重大阻力、解决重大矛盾，必须进行具有许

---

① 《习近平谈治国理政》(第二卷)，外文出版社2017年版，第341页。

多新的历史特点的伟大斗争，建设伟大工程，推进伟大事业，实现伟大梦想。

新的伟大时代需要新的理论武器。习近平新时代中国特色社会主义思想，是当代中国马克思主义、21世纪马克思主义，是中华文化和中国精神的时代精华，是党和人民实践经验和集体智慧的结晶，是中国特色社会主义理论体系的重要组成部分，是全党全国人民为实现中华民族伟大复兴而奋斗的行动指南，也是我们批判和战胜各种封闭僵化的错误思维和改旗易帜的错误思潮，坚持和发展中国特色社会主义的科学理论基础和强大思想武器。

习近平同志阐明："解决中国的问题，提出解决人类问题的中国方案，要坚持中国人的世界观、方法论。如果不加分析把国外学术思想和学术方法奉为圭臬，一切以此为准绳，那就没有独创性可言了。如果用国外的方法得出与国外同样的结论，那也就没有独创性可言了。"[①]这个中国人的世界观、方法论，就是习近平新时代中国特色社会主义思想的哲学基础，就是中国形态的辩证唯物主义和历史唯物主义——解放思想、实事求是、与时俱进、求真务实，全面把握的辩证唯物主义和历史唯物主义，以全新的视野深化对共产党执政规律、社会主义建设规律、人类社会发展规律的认识。我们要坚定不移地高举中国特色社会主义伟大旗帜，夺取新时代中国特色社会主义的伟大胜利，为实现中华民族伟大复兴的中国梦不懈奋斗，一定学习好、坚持好、应用好中国人世界观、方法论这个新时代的重大理论创新成果。

西方资本主义开拓了现代科技创新、工业革命，创造了资本主义

---

① 《习近平谈治国理政》（第二卷），外文出版社2017年版，第341页。

生产方式和新的人类文明，促进了世界历史的进步。不发达国家实现现代化，建设美好社会，必须学习和吸取其创造的发展成果。但是西方中心论史观鼓吹欧洲资产阶级文明是世界历史发展的终结，西方国家的发展道路与发展模式是普世真理、唯一道路。所谓现代化就是全盘西化，不发达国家只能一字不差地照搬他们的发展模式，亦步亦趋地跟着他们走资本主义的发展道路。这是一种资产阶级掠夺全球和统治世界的霸道思想体系。历史事实不断打破他们的谎言。

　　早在20世纪初，德国社会学家奥斯瓦尔德·斯宾格勒（Oswald Spengler）就指出，西方文明永恒论是错误的、站不住脚的。20世纪中叶，英国著名历史学家汤因比也指出，西方否定其他人类历史文明、反对人类文明的多样性、鼓吹西方文明是世界文明永恒中心的观点是违背世界历史发展实际的。进入20世纪，在俄国、中国等兴起的人民革命和在亚非拉广泛开展的民族解放运动，都从理论和实践的结合上极大地冲击了资产阶级的世界观、历史观。毛泽东在1949年对西方资本主义的世界观、历史观进行了深入批判：很奇怪，为什么先生老是侵略学生呢？中国人向西方学得很不少，但是行不通，理想总是不能实现。多次奋斗，都失败了。国家的情况一天比一天坏，环境迫使人们活不下去。"西方资产阶级的文明，资产阶级的民主主义，资产阶级共和国的方案，在中国人民的心目中，一齐破了产。资产阶级的民主主义让位给工人阶级领导的人民民主主义，资产阶级共和国让位给人民共和国。这样就造成了一种可能性：经过人民共和国到达社会主义和共产主义，到达阶级的消灭和世界的大同。"①这是20世纪

---

① 《毛泽东选集》（第四卷），人民出版社1991年版，第1471页。

在中国这样落后的东方大国建设社会主义所面对的崭新历史课题。习近平同志指出："坚持独立自主，就要坚持中国的事情必须由中国人民自己作主张、自己来处理。世界上没有放之四海而皆准的具体发展模式，也没有一成不变的发展道路。历史条件的多样性，决定了各国选择发展道路的多样性。人类历史上，没有一个民族、没有一个国家可以通过依赖外部力量、跟在他人后面亦步亦趋实现强大和振兴。那样做的结果，不是必然遭遇失败，就是必然成为他人的附庸。"[1]

70多年来，党带领中国人民，坚持独立自主、改革创新，坚定不移地走自己的路，建立起中国共产党领导的社会主义基本制度，开辟了中国特色社会主义道路，胜利推进改革开放和现代化建设，迎来从站起来、富起来到强起来的伟大飞跃，使中国大踏步赶上时代。各种"中国崩溃论"已经愈唱愈衰。坚持中国人的世界观、方法论，我们结合时代条件，升华实践经验，弘扬中国精神，阐明中国逻辑，形成中国特色社会主义的发展理论、理念、思想、话语，而且在中国逐步把那些体现资本主义制度本质与阶级利益的发展道路与模式的思维、理念、逻辑、话语送进历史博物馆。

六、坚持中国人的世界观、方法论，把独创性的新时代中国特色社会主义推向新境界

坚持中国人的世界观、方法论，是我们夺取新时代中国特色社会主义伟大胜利的需要。我们党坚持中国人的世界观、方法论，坚持

---

[1] 《习近平谈治国理政》（第一卷），外文出版社2018年版，第29页。

解放思想、实事求是、与时俱进、变革创新、人民至上、独立自主的基本原则，深刻总结历史经验教训，在改革开放和现代化建设创新实践中，成功开拓了中国特色社会主义的崭新道路，正确回答了什么是马克思主义以及怎么坚持和发展马克思主义、什么是社会主义和怎样建设社会主义的根本问题，开拓和推进了中国特色社会主义。党的十九大，适应国内外形势巨大变化和我国各项事业发展要求，以习近平同志为核心的党中央，顺应时代潮流，坚定推进全面深化改革开放的伟大革命，创造了一个又一个彪炳史册的人间奇迹，从理论和实践的结合上系统回答了新时代坚持和发展什么样的中国特色社会主义、怎样坚持和发展中国特色社会主义的重大时代课题，建设什么样的社会主义现代化强国、怎样建设社会主义现代化强国，建设什么样的长期执政的马克思主义政党、怎样建设长期执政的马克思主义政党的重大时代问题，形成习近平新时代中国特色社会主义思想，中国特色社会主义进入新时代。

在这个世界和中国每时每刻都在发生变化的世纪，在这个世界大发展、大变革、大创新、大调整的时代，必须深入学习和努力坚持中国人的世界观、方法论，坚持好、运用好党的马克思主义立场观点方法，在新时代的伟大实践中，坚持人民至上、自信自主、守正创新、问题导向、系统观念、胸怀天下这"六个基本点"，我们才能抛弃僵化停滞的落伍思维，批判与拒绝一切改旗易帜的错误思潮，破除阻碍国家和民族发展的一切思想和体制障碍。中国共产党人必将登高望远、信念坚定，聆听人民呼声，跟上时代步伐，不断认识规律，不断推进理论、实践、制度和文化的创新，始终不渝地高高举起习近平新时代中国特色社会主义思想的伟大旗帜，使马克思主义在21世纪的中国不断展现更加辉煌的真理力量。

中国道路的时代条件
和现实依据

现代资本主义推进的一波一波的瓜分和掠夺整个世界的侵略扩张行动，打造了一个由他们主导的世界经济体系和历史时代，也使世界被剥削、被奴役、被压迫人民反对现代资本主义、争取自由解放的斗争在全球日益广泛、此伏彼起地发展起来。早在20世纪40年代，毛泽东就阐明，现代资本主义把我们的世界联成一气了，想分都分不开了。在这样的世界时代里，中国人民争取解放和发展的伟大斗争成为世界人民争取解放发展进步事业的一部分。中国共产党人以马克思主义观察时代、解读时代、引领时代，制定正确理论和战略，才赢得中国人民革命斗争和建设中华人民共和国伟大事业的胜利。这是我们党取得历史性成功的重要条件。中国共产党阐明，中国特色社会主义，既坚持了科学社会主义基本原则，又根据时代条件赋予其鲜明中国特色。这个论断阐明，我国社会主义鲜明的中国特色，是在时代条件这个广泛深厚的世界历史基础上形成和发展起来的，是与时俱进的，体现了一种世界历史的必然性。只有深入学习和研究这些最新成果，才能强有力地推进改革开放新的伟大革命，夺取新时代中国特色社会主义的伟大胜利。

第七讲

马克思恩格斯的科学时代观

一、马克思恩格斯对19世纪世界历史时代的科学认识

人类社会发展经历了许多具有显著特征并相互区别的历史时代。现代世界历史时代及其条件，包括世界的历史方位、发展态势、力量格局和未来走向等，是社会主义产生和发展的历史基础。马克思恩格斯第一个阐明了由工业文明开辟的、资本主义生产方式引领和主导的世界经济体系的历史时代——现代世界历史时代。《共产党宣言》明确界定："我们的时代，资产阶级时代。"[①] 这个世界历史时代，孕育形成了现代资产阶级的社会形态。新兴资产阶级创造了现代科技、工业文明和资本主义生产方式，发展了现代市场经济，形成了新的生产关系和交换关系，以及相应的社会关系与精神文化，开拓了世界市场，促进了人类世界的普遍交往，把一切民族，甚至最野蛮的民族都卷到文明中来。它按照自己的面貌为自己创造出一个世界，开辟了人类社会历史发展的一个新时代。

---

① 《马克思恩格斯选集》（第1卷），人民出版社2012年版，第401页。

　　这个历史时代也孕育造就了代表人类发展未来的社会主义思潮和运动。生产的社会性和占有的私人性的对立，是资本主义生产方式的基本矛盾。周期性经济危机是这个矛盾的必然表现。社会的进步要求变革占有的私人性，建立与生产社会化相适应的经济关系、社会制度与文化体系。资本家创造了工业进步和雇佣劳动制度，也创造了自己的掘墓人和社会变革的承担者——现代工人阶级。雇佣劳动制度的剥削与压迫必然引起无产阶级持续的反抗斗争，这一斗争构成社会基本矛盾的阶级表现。于是，在资本主义发展的基础上，反对资本主义的现代社会主义思潮和运动首先在资本主义的发源地——西欧国家形成发展起来。欧洲资产阶级通过在全球的扩张，建立了自己统治的世界经济体系，把广大落后国家变成自己的附属国和殖民地半殖民地，资本主义的剥削方式、矛盾冲突和精神文化扩展到世界的各个角落。在资本全球统治的条件下，反对和改造资本主义的思潮在世界各地广泛出现，形成了遍布全球的、不同层次的、多姿多彩的历史运动。在当代，它已经成为世界历史进程的一个重要组成部分。资本主义的灭亡和社会主义的胜利，都是历史的必然规律。

　　马克思恩格斯阐明，资产阶级历史时代创造了消灭一切阶级差别、建立新的社会组织这个社会主义变革所必需的先决条件。资产阶级通过对生产工具、生产方式和社会关系的不断变革、创新和改良，创造了高度发达的社会生产，极为丰富的社会财富，普遍发展的世界交往。这使社会生产力发展到甚至对今天的条件来说也是很高的程度，在人类历史上第一次使彻底消灭阶级和阶级差别、建立新的社会组织成为必要和可能，并必然地生长出担当这一历史使命的先进社群。因此，现代社会主义消灭阶级和阶级对立、建设自由人联合体的伟大变革，只有在资本主义创造的一切物质文明和精神文明成果的基础上才能取得成功。那些经济文化落后的国家取得革命胜利后要建设新的社会组织，必须吸取资本主义创造的一切优秀文明成果，并努力避免资本主义制度的弊病和可能的痛苦。

马克思恩格斯还阐明，生产的不断变革，一切社会状况不停的动荡，永远的不安定和变动，就是资产阶级时代不同于过去一切时代的地方。①资本主义时代的这个历史特点决定，现代社会主义变革的历史基础和先决条件不是凝固不变、千篇一律的，而是经常变化、不断深化、极不平衡的。现代社会主义必须与时俱进地推进变革创新，开拓前进。面对这样复杂多变的历史发展进程，认识发生某种滞后和失误难以避免，遭遇某种艰难曲折、反复重来是完全合乎规律的事情。这也是现代社会主义发展的必然。

马克思指出，经济的社会形态的发展是一个自然史过程。一个社会即使探索到了本身运动的自然规律，它还是既不能跳过也不能用法令取消自然的发展阶段。②资产阶级时代的经济政治文化发展水平、主要特征、国际力量格局和未来历史趋向的总和，构成了现代世界文明体系里各个民族国家生存和发展不可逾越的社会历史条件和国际环境。在将来某个特定的时刻应该做些什么，应该马上做些什么，这当然完全取决于人们将不得不在其中活动的那个既定的历史环境。③就是说，现代社会主义的历史变革和社会建设，只能在资本主义创造的历史基础上进行，不可能超越它。而在什么时候和什么情况下发生，能

---

① 《马克思恩格斯选集》（第1卷），人民出版社2012年版，第403页。
② 《马克思恩格斯选集》（第2卷），人民出版社2012年版，第83页。
③ 《马克思恩格斯选集》（第4卷），人民出版社2012年版，第541页。

够做些什么、做到什么程度和怎样做，归根到底，首先是由既定的历史环境和时代条件所决定的。脱离和忽视这个既定历史环境和时代条件，就无法确定正确的运动纲领、战略和策略，顺利推进现代社会主义事业。

二、正确认识时代条件事关现代社会主义成败进退

历史发展的进程和经验告诉我们，准确把握资本主义时代及其条件，是事关世界社会主义运动进退成败的重大问题，应当很好地研究总结。定义这个时代的马克思恩格斯，就是在对时代条件的认识过程中推动世界社会主义运动发展的。世界进入 19 世纪以来，新生的资本家阶级在西欧首先发展了新的生产方式，培育了现代工人阶级，奠定了社会主义运动兴起的社会历史条件。马克思恩格斯适应时代发展潮流写作了《共产党宣言》，为工人阶级的斗争制定了完备的理论和实践的纲领，把风起云涌的欧洲工人运动提升到一个新的水平。

但是运动的发展充满波折。1848 年的革命风暴席卷欧洲大陆，在这种情况下，马克思恩格斯误判了历史具体进程和时代条件，认为资本主义已经走到尽头，欧洲革命将会埋葬它。于是，他们两人满怀激情地回到德国，参加了革命斗争。但是，后来的无产阶级斗争遭受了失败。恩格斯晚年总结说，我们在 1848 年欧洲革命爆发时曾经认为伟大的决战已经开始，结局只能是无产阶级的最终胜利，但是，"历史表明，我们以及所有和我们有同样想法的人，都是不对的。历史清楚地表明，当时欧洲大陆经济发展的状况还远没有成熟到可以铲除资本主义生产的程度"，资本主义"在 1848 年还具有很大的扩展

能力"。①正是因为深刻反思了这个误判的教训，马克思在1859年发现了一条重要的历史规律："无论哪一个社会形态，在它所能容纳的全部生产力发挥出来以前，是决不会灭亡的；而新的更高的生产关系，在它的物质存在条件在旧社会的胎胞里成熟以前，是决不会出现的。"②就是说，资本主义生产方式的存亡是由其对生产力发展的客观作用决定的，而不是以人们的愿望为转移的。在唯物史观形成的基础上，他们揭示了资本主义经济运动的规律，完成了两大发现，这才全面地阐明了工人阶级解放事业的历史性质和时代条件，形成了科学社会主义学说。19世纪七八十年代以后，他们又根据欧洲股份公司的发展、交易所的形成、银行的新作用、经济危机的新特点、工人状况的改善、社会保障制度的建立、普选制的广泛推行、义务教育的普及等一系列发展变革造成的新的条件，指导欧洲社会主义工人运动制定新的社会民主的纲领、策略与斗争方式，从而掀起具有新的历史特点的斗争。

20世纪苏俄社会主义实践又提供了重要经验。19世纪末20世纪初，新技术革命的强劲兴起，现代大企业的蓬勃发展，把资本主义生产方式推进到新的阶段。现代世界形成了创新和垄断、变革和动荡、瓜分和战争、经济政治发展不平衡等新的特征，世界资本的迅猛扩张和激烈争夺造成其统治体系的许多断裂和薄弱环节。俄国、中国等一系列不发达国家的共产党人，敏锐地认识到世界矛盾的激化，抓住世界动荡与战争提供的历史机遇，采取正确的战略策略，领导人民夺取

---

① 《马克思格斯选集》（第4卷），人民出版社2012年版，第384—385页。
② 《马克思格斯选集》（第2卷），人民出版社2012年版，第3页。

革命胜利，建立人民政权，走上建设社会主义的道路，开始建设新社会的探索。然而，震撼世界的历经70多年的变革尝试，在20世纪90年代初却遭遇巨大挫折和失败。

对这个历史变故发生的原因已有很多研究，其中一个重要原因就是对时代及其条件变化发生了严重的误判。我们在很长一段时间内都认为，向共产主义过渡是当前必须解决，至少必须和可能立即准备解决的任务。对世界形势的判断则多着重资本主义总危机和资本主义国家的革命斗争，而没有或很少想到资本改良、革新与调整的情况。社会主义革命由高潮转入长时期的低潮，资本主义转入强大的攻势，是马克思主义历史上所始料不及的。

历史表明，对时代与时代条件判断失误是现代社会主义遭受重大挫折的一个理论根源。第一，一些共产党人忽视了马克思主义时代观和关于"两个决不会"的原理，没有科学地继承和发展列宁关于社会主义革命可能在一个和几个国家首先取得胜利的原理，因此过高估价苏俄革命胜利的历史意义，把苏维埃政权的建立错误地理解为资本主义进入垂死阶段的标志，通过暴力革命打出一个红彤彤新世界的时代已经到来，误断当代世界已经进入从资本主义社会向共产主义社会过渡的"大的历史时代"。这是错误地把消灭资本主义的主观愿望当作世界历史发展的客观进程。事实表明，它仅仅是冲击资本主义世界体系的一种历史尝试，资本主义的核心体系还强健地存在着、发展着。资本主义的生产方式当时是最先进的，是具有很大的生命力和扩张力的。

第二，一些共产党人忽视了现代资本主义在科技进步、制度改良、体制创新、文化创造、国际关系调整等方面的巨大潜力和能力，以及世界经济体系为西方国家所主导这些基本的历史事实，没有认识到走上社会主义道路的落后国家的历史方位仍是一种没有超越资本主义生产方式的"发展中的社会主义"，在社会生产力和历史文明的发展上还落后于发达国家。只有吸取资本主义创造的一切文明成果并进行长期的艰苦赶超，才能建成作为共产主义第一阶段的社会主义。把自己的全部理论、路线、战略和政策都建立在对世界历史时代的这种误判之上，并以此制定和推行一套超越历史阶段、脱离落后国家实际的、僵化而没有活力的、不讲效率和效益的社会变革战略和经济社会模式，企图通过世界革命很快消灭资本主义，并创建以推进世界革命为使命的国际组织——共产国际。尽管在一定阶段上取得了相当的成功，有十多个国家走上了建设新社会的道路，但是正如列宁阐明的，"劳动生产率，归根到底是使新社会制度取得胜利的最重要最主要的东西"[1]，以这样落后的、没有政治经济优势的模式和思维，与先进的发达的资本主义生产方式开展竞争和对抗，自然败下阵来。

第三，面对20世纪50年代以来国际形势的变化，赫鲁晓夫时代虽然提出了世界大战不是不可避免的观点，提出和平过渡、和平共处、和平竞争的政策，但是苏共并没有真正回到马克思主义时代观上来。他们没有正视西方发达国家通过一系列调整、革新、改良在科技进步、经济发展和人民生活水平提高等方面取得的巨大成就和优势，没有认识到资本主义生产方式仍然具有很大的生命力和扩张力，继续推行超越阶段的建设发达社会主义、向共产主义过渡的错误理论和战略，而没有根据时代条件赋予社会主义以鲜明的民族特色，创新社会

---

① 《列宁选集》（第4卷），人民出版社2012年版，第16页。

主义建设的理念、体制、战略与政策。

第四，按照唯物史观的原理，在发展中的社会主义国家，阶级对立消失了，但时代条件和经济社会发展水平决定了社会分层将长期存在。在一般劳动人民的旁边还不可避免地会长期存在一个不从事生产服务劳动的政治社会文化管理阶层和专门从事科学艺术创作与脑力劳动的社会阶层。苏共领导长时期不认识、不研究这个社会阶层差别的问题，没有从思想、制度、体制、政策和党的建设上做好有效的工作，几十年下来，党的领导层蜕变为一个官僚化的、具有既得利益的、脱离人民群众的特权统治阶层，从人民的公仆变为人民的主人，背叛马克思列宁主义和科学社会主义，最终把苏共和苏联的社会主义彻底埋葬。

上述历史实践表明，正确认识时代和时代条件是现代社会主义历史变革和社会建设的历史基石，忽视和脱离马克思主义时代观，不与时俱进地认识世界历史的时代条件，就不可避免地在战略上陷入"颠覆性错误"之中，即使一度取得很大胜利，最终也难免遭受惨败。

第八讲

中国共产党对时代认识的全面深化

一、在改革开放和现代化建设新时期党对时代条件的再认识

20世纪70年代末以来，中国共产党之所以成功开拓一条改革开放新道路，夺取中国特色社会主义的伟大胜利，一个重要原因就在于，以科学的世界观和方法论，全面总结前30年进退得失的历史经验，纠正"无产阶级专政下继续革命"的理论错误，挣脱对世界历史发展进程的误判，继承党在革命和建设时期形成的以世界发展的历史视野和时代眼光观察与解决中国发展道路的科学思维，清醒分析世界剧烈变化，正确界定时代条件，继承和发展了马克思主义及其时代观，从政治、思想、组织路线上全面进行拨乱反正，把社会主义建设事业的理论基石、发展道路、体制设计和国际战略建立在对中国历史方位、时代条件和人类文明先进成果的科学认识基础之上，形成中国特色社会主义新道路、新战略，实现了科学社会主义发展史上的战略转折。

在这个再认识过程中，邓小平首开先河。第一，早在1978年，他就指明现在还不是消灭资本主义的历史时代。他说："最近我们的同志出去看了一下，越看越感到我们落后。什么叫现代化？五十年代

一个样，六十年代不一样了，七十年代就更不一样了。"[1] "资本主义要消灭，这是一个很长期的斗争。各国的发展阶段不同，消灭资本主义，建立共产主义，这是一个很长的历史过程。"[2]第二，根据新的世界历史事实和认识成果，他对建设社会主义的时代条件和国际环境给出新的阐明，作出和平与发展成为当今时代主题的科学判断，指出要弄清楚什么是资本主义。在当代，发达资本主义国家在科学技术和社会生产力水平上是先进的。它们的物质生活水平比我们高得多。它们的经营方式和管理方法是先进的，反映了现代社会化大生产规律，应当学习和借鉴它们的文明成果。我们同西方发达资本主义国家相比，经济的科技的差距不止是10年，可能是20年、30年，有的方面可能是50年。第三，他阐明，在这种条件下，建设社会主义道路必须作出新的抉择。建设社会主义一定要根据自己的实际情况，采取多种形式，各有自己的特点，都是一个模式不行。怎么搞社会主义，现在的情况和过去大不一样了。我们走的是十月革命的道路，其他国家再走十月革命的道路就难了，因为条件不一样。[3]第四，我们对世界发展进程的基本认识就是，社会主义经历一个较长过程发展后必然代替资本主义，这是社会历史发展的总趋势，但道路是曲折的。资本主义代替封建主义的几百年间发生过多少次王朝复辟？所以从一定意义揭示出，某种暂时复辟也是难以完全避免的规律性现象。这些光辉的见

---

① 中共中央文献研究室：《邓小平思想年谱（1975—1997）》，中央文献出版社1998年版，第76—77页。

② 中共中央文献研究室：《邓小平思想年谱（1975—1997）》，中央文献出版社1998年版，第73页。

③ 中共中央文献研究室：《邓小平思想年谱（1975—1997）》，中央文献出版社1998年版，第415页。

解，成为中国坚持改革开放道路最重要的理论基石。

进入20世纪90年代以来，面对现代世界难以预料的剧变，以江泽民同志为核心的党的第三代中央领导集体在党的十四大、十五大和十六大报告中，在一系列关于国际问题的讲话中，特别是在2000年6月中央思想政治工作会议的讲话中，遵循唯物史观，从坚持和发展社会主义事业的高度，专门对世界发展和时代条件的变化，特别是对如何认识社会主义发展的历史进程、资本主义发展的历史进程问题，提出许多马克思主义的重要论断，给出深刻的阐明，化解了人们的许多迷惑，纠正了一些长时期流行的片面认识和误读。

江泽民深刻指出：第一，当今的世界已经发生巨大变化，仅靠从马克思主义的原著摘取只言片语来理解世界已不起作用了。世界变化很大很快，特别是日新月异的科学技术进步，深刻地改变了并将继续改变当代经济社会生活和世界面貌。在我们的时代，不论资本主义还是社会主义，优秀的文化都是人类的共同财富。过去我们对社会主义和资本主义的认识并不是都很深刻很全面，在有些方面还是很肤浅的，甚至存有某种片面性。要纵览世界历史进程，总结历史经验，深入搞清楚什么是社会主义，怎样建设社会主义。

第二，改革开放以来，国家的发展表明，资本主义还不像我们过去认为的那样完全到了"垂死阶段"。20世纪初，列宁曾经提出进入帝国主义阶段的资本主义是垄断的腐朽的垂死的资本主义。现在资本主义不仅没有在世界上消失，而且发达资本主义国家在生产力、科学技术等方面还有新的很大的发展。从经济、科技发展和物质文化生活水平来看，发达资本主义国家比我们这样的发展中社会主义国家要高得多。西方国家不仅财富不断增加，还出现了一些繁荣的现象。不能用几十年甚至100多年前的老观点来认识现实社会的发展，必须与时俱进、不断创新。

第三，资本主义在自身发展中会出现变化，这是马克思主义基本原理，必须研究和阐明资本主义的新变化，丰富和发展马克思主义理论。进入20世纪，特别是第二次世界大战以后，资产阶级为了维护资本主义制度的生存和发展，在其制度允许的范围内，对资本主义生产关系的某些环节、经济社会运行和管理机制做了不少的自我调节、改良和完善，在税收、福利政策、企业组织结构、加强对经济的干预以及限制过高收入和过度的垄断等方面采取了不少措施，调节并在一定程度上缓解了生产资料私有制对生产力发展的制约。西方国家吸取和利用当代科技发展的最新成果，为资本主义社会生产力的发展提供了新的空间。西方国家大力发展"新经济"，加速推动经济全球化，在旧的国际经济秩序继续存在的条件下，利用自己的经济、科技、军事优势，在世界市场上获取巨额利润，财富不断增加，为继续发展提供了重要条件。恩格斯关于股份公司经营的资本主义生产已经不再是私人生产，而在它支配和垄断的托拉斯那里也没有了无计划性的论述表明，我们必须重视对资本主义自我调节和发展的研究，作出有说服力的理论分析，进一步丰富和发展马克思主义理论。

第四，世界多极化趋势在曲折中发展，经济全球化趋势不断深化，以信息科技、生命科技为主要标志的现代科学技术日新月异，给国际政治、经济、文化关系带来了深刻影响，为人类社会进步提供了新的推动力量。[1]经济全球化是社会生产力发展的客观要求和必然结

---

① 《江泽民文选》(第三卷)，人民出版社2006年版，第239页。

果，是当今世界的一个基本经济特征，带来了全新的发展概念。它有利于资金、技术、人才等生产要素在全球范围内的流动和优化配置，推动世界生产力的发展，促进各国的交流和合作，引起世界的力量组合和利益分配方式的深刻变化，给世界带来新的发展机遇。同时，由西方主导的经济全球化是一把双刃剑，使广大发展中国家总体上处于不利地位，拉大了南北的发展差距，加大了世界发展的不平衡。这些变化需要我们很好研究，从容应对。①

　　资本主义的新变化新发展没有改变其性质，不可避免地会加剧其基本矛盾，绝不能因为其在具体演进中产生的一些繁荣现象而否定马克思主义基本原理。任何事物的产生和发展都有其规律性。客观规律的历史结局，从总体上来说，在其整个演化过程终结之前是不可能出现的，任何客观规律都是在历史的具体的演进中逐渐地、愈来愈深刻地发挥作用的。我们必须准备进行长期的、艰难的、曲折的、具有许多新的历史特点的斗争，来坚持和发展中国特色社会主义。

　　应当说，江泽民同志的这些论述，是进入21世纪以来中国共产党人对当今时代，特别是当代资本主义发展进程的最新认识成果，是对马克思主义世界历史理论和时代观最为重要的继承和发展，为社会主义中国加入世界贸易组织、深度融入发达国家主导的世界经济体系的重大历史抉择，提供了最透彻的理论说明。

　　党的十六大以来，从西方主导当代世界经济体系的实际，特别是2008年国际金融危机爆发的新情况出发，以胡锦涛同志为总书记的党中央，坚持党的基本理论和科学发展观，对当代国际发展大势和时

---

　　① 《江泽民文选》（第三卷），人民出版社2006年版，第159—161页。

代特征作出新分析、新判断，消除了人们的种种迷思。胡锦涛指出，当今世界正处在大发展大变革大调整时期，这场危机发生后，世界经济增长格局会有所变化，但经济全球化深入发展的大趋势不会改变；政府维护市场经济运行的职责会有所强化，但市场在资源配置中的基础性作用不会改变；国际货币多元化会有所推进，但美元作为世界主要货币的地位没有发生根本改变；发展中国家整体实力会有所上升，但发达国家综合国力和核心竞争力领先的格局没有改变。历史经验表明，每次重大经济危机都会伴随重大科技突破和产业调整，有力推动经济发展方式转变。因此，世界经济呈现新的特点：经济结构进入调整期，经济治理进入变革期，创新和产业转型进入孕育期，新兴市场国家力量进入上升期。也就是说，西方国家主导的世界经济体系进入新的发展、变化、调整的时期。我们应当正确分析、准确把握，提高应对能力，推进中国特色社会主义的发展。

党的十八大以来，中国特色社会主义进入新时代，中国同世界的关系发生了历史性变化，坚持和发展中国特色社会主义与世界发展变革的进程更加息息相关。在进入21世纪的第二个十年，世界大发展大变革大调整之际，正确认识世界格局和国际大势，应对历史机遇和风险挑战，是夺取新时代中国特色社会主义伟大胜利需要作出回答的时代之问。

习近平同志高瞻远瞩，站在世界历史和人类文明的高度，以正确的历史观、大局观、角色观，观察现实、回顾过去、总结历史规律、展望未来，作出了一个历史性、时代性、战略性的重大判断："放眼世界，我们面对的是百年未有之大变局。"[①] "当前，我国处于近代以来最好的

---

① 《习近平谈治国理政》(第三卷)，外文出版社2020年版，第421页。

发展时期，世界处于百年未有之大变局，两者同步交织、相互激荡。"①

习近平同志阐明，世界正处于大发展大变革大调整的时期。和平与发展仍然是时代主题。但是，当今世界面临的不平衡性不确定性突出，人类面临着许多共同的尖锐复杂挑战。新世纪以来，世界多极化、经济全球化、社会信息化、文化多样化深入发展，新一轮科技革命和产业革命加速推进，国际力量对比发生重大变化，经济全球化面临重要调整，全球治理体系进入深刻变革。新兴市场国家和一大批发展中国家快速发展，国际影响力不断增强，西方发达国家陷入种种困难，世界主导地位日益走弱，国际格局呈现相对均衡的态势。这已成为近代以来国际力量对比中最具革命性的变化。

继第一、第二、第三次科技革命之后，人工智能、大数据、量子信息、生物技术等新一轮科技革命和产业革命已蓄势待发，催生一大批新产业、新业态、新模式，科技发明和体制创新成为影响国际力量对比和国际秩序调整的重要因素，给世界以更大的发展潜力，又存在前所未有的不确定性，深刻影响着各国的前途命运和人民的生产生活。

冷战结束以来，新一轮经济全球化进程持续快速发展，促进了商品、资金、技术、人员在世界各国的大流动、大重组，形成了包括越来越多国家的全球产业链、价值链、供应链，使人类社会的生产力得到更高水平的发展。经济全球化新一轮的推进，也使不同地区、国家、行业、群体受到不同的促进与冲击。世界经济增长动能不足，贫富分化日益严重；保护主义、单边主义抬头，地区热点问

---

① 《习近平谈治国理政》(第三卷)，外文出版社2020年版，第428页。

题此起彼伏，恐怖主义、网络安全、生态污染、气候变化、移民难民等全球性问题在全球范围不断扩散，使世界和平赤字、发展赤字、治理赤字、信任赤字变得越来越突出。这是各国面临的共同威胁，使加强全球治理、推动全球治理体系变革成为世界和平发展的紧迫课题和各国的共同期待。

新中国成立特别是改革开放以来，中国持续快速发展的过程，也是中国大步走向世界的过程。随着经济实力、科技实力的发展壮大，我国国际地位显著提高，国际影响力明显增强。中国已经成为国际格局变化中一个决定性因素，成为世界巨大不确定性中的重要稳定力量。在世界大变局中，我们既要把握世界多极化加速推进的大势，又要重视大国关系迈入调整的态势；既要把握经济全球化持续发展的大势，又要重视世界经济格局深刻演变的动向；既要把握国际环境总体稳定的大势，又要重视国际安全挑战错综复杂的局面；既要把握各种文明交流互鉴的大势，又要重视不同思想文化相互激荡的现实。我们始终做维护世界和平的建设者、全球发展的贡献者、国际秩序的维护者，更好利用国际有利条件，推动新时代中国特色社会主义伟大事业。

习近平这些具有开创性的新理念新思想新战略，以一种马克思主义崭新的全球思维，深刻分析新世纪国际格局演变大势、世界发展变革的态势，阐明新时代中国特色社会主义的时代条件，为坚持和发展新时代中国特色社会主义奠定了坚实的理论和战略基石，是马克思主义中国化时代化理论创新的重要成果，也为争取世界和平、发展、合作更好未来提供了中国智慧、中国理念、中国方案。

上述表明，中国共产党创立中国特色社会主义的历史过程，也是我们党与时俱进地深化对当代世界体系、时代条件的认识过程。习近平总书记阐明："历史发展有其规律，但人在其中不是完全消极被动的。只要把握住历史发展大势，抓住历史变革时机，奋发有为，锐意进取，人类社会就能更好前进。改革开放是我们党的一次伟大觉醒，正是这个伟大觉醒孕育了我们党从理论到实践的伟大创造。"[①]我们坚持科学世界观、方法论，根据对时代条件的最新认识，赋予社会主义以鲜明的中国特色，既完善和发展了中国特色社会主义，又用新的认识成果丰富和发展了马克思主义及其时代观，不断开拓马克思主义中国化时代化的新境界。

二、中国共产党关于时代条件最新认识成果的价值和意义

这里对中国共产党关于当代世界时代条件的最新认识成果做些概括与解读。

当今时代，还是马克思恩格斯界定的人类世界发展变革的伟大时代。当代世界的信息化、全球化、金融化、福利化发展进程，是由发达国家所推动与引领的；西方发达国家在科学技术、经济发展、社会生活、文化水平、生态建设等方面处于领先地位，主导着当今世界的经济体系，是当代世界最发达、最先进、最富裕的经济体，是当代世界科技革命、生产方式变革、社会体系建设和文化文明进步的一个重要推动力。20世纪七八十年代以来，发展中社会主义国家和新兴市场经济国家，都是抓住信息化、全球化历史进程提供的机遇，在发达国

---

① 习近平：《论中国共产党历史》，中央文献出版社2021年版，第214页。

家主导的世界经济体系里，借鉴和利用它们的各种先进成果发展起来的。总体看来，新兴市场国家、发展中国家，当前都没有超越发达国家的生产方式，在未来相当长的历史时期里也不会超越，既定的国际经济政治格局在相当长的历史时期里也不会发生根本改变。同时，由资本主义制度的阶级本质所决定，它总是伴随着不平等不公正的弊病和掠夺衰朽的现象。资本主义社会不可克服的内在矛盾和制度本质决定了其经过很长历史时期之后最终必然走向消亡。社会主义是历史潮流，是不可阻挡的。

当代资本主义还在通过改良、改变、改善推动社会生产力的发展和社会文明进步。当代世界信息化、全球化、金融化、福利化历史进程的兴起，表明资本主义生产方式和制度体制还保持着创新的动力、改革的活力、调整的能力和社会包容力。在发达社会，现代劳动者阶级队伍以新的形式日益充实和壮大，倡导社会变革创新的社会阶层、代表人物和文化思潮滋生成长，持续地推动社会体制改良、自我扬弃、政策完善和文化创新，提升经济水平，改变社会面貌，提高人民生活，孕育着新社会因素。这一进程，在资本主义基本制度下，自然是此伏彼起、时强时弱，但从来没有中止。资本主义的基本矛盾依然存在，但采取了新的表现形式。日益壮大的批判和改变资本主义的历史运动，已经成为发达国家主导的当代世界历史进程的有机组成部分，形成改革开放社会主义、民主社会主义、市场社会主义、民族社会主义、生态社会主义、21世纪社会主义等多种形态、多种路径，改造与变革着资本主义。它昭示人类世界将经历复杂的、曲折的、反复的、漫长的较量博弈过程，开拓多种方式与路径，渐进地、不可阻挡地从资本主义时代逐步地走向以人的全面而自由发展为基本形式的新社会。在变革调整的时代潮流下，以往那种社会主义变革道路只有一条、社会发展模式只有一种的僵化观点，已经为历史实践所超越，独立自主的探索和创造屡屡涌出。这可能需要几代、十几代乃至几十代人很长时期的奋斗，当代社会主义对此要有充分的认识和长期的准备。

第二次世界大战后特别是冷战结束以来，国际力量格局和较量态势出现一些新的历史特征。西方国家在信息化、全球化、金融化、福利化浪潮中改革、调整、发展，发展中社会主义国家在改革开放道路上大胆开拓、日益壮大，新兴市场经济国家毅然崛起，发展中国家的发展变革正在走上快车道，国际力量格局发生着历史性的变动。和平与发展取代战争与革命成为时代的主题，和平、发展、合作、共赢成为强劲的时代潮流，各国相互联系和相互依存达到前所未有的程度，世界成为"地球村"，越来越成为你中有我、我中有你的命运共同体。要和平不要战争，要发展不要贫穷，要合作不要对抗的公众呼声和历史潮流，日益有力地推动着当今世界弘扬平等互信、包容互鉴、合作共赢精神，塑造新型国际关系特别是大国关系，维护世界和平发展稳定，实现国际社会公平正义，倡导人类命运共同体意识，促进人类文明进步，增进人类共同利益。这种史无前例的世界环境和发展走势，从马克思恩格斯到列宁毛泽东都未曾预料到，各国人民特别是非发达国家和地区的人民，从时代条件出发，抓住机遇，探索开拓自己解放和发展的新道路、新战略，取得了显著的成就，不断挑战和冲决世界现代化一种模式和一种道路的思维定式，蚕食着发达国家的经济政治特权，形成现代社会主义新的历史环境和国际基础。现代社会主义应当用一种与时俱进的全球性思维，提出新的思想、新的战略，去进行具有新的历史特点的伟大斗争。

周期性经济危机是世界资本主义基本矛盾发展的必然产物和无法摆脱的痼疾。经过100多年的摸索总结，危机已经成为资本主义的存在条件和调整发展的历史常态。资本主义总是利用危机推进科技创新、经济调整、结构转型，从而逐步化解矛盾，推动复苏，实现新的发展。2008年国际金融危机是资本主义基本矛盾激化的表现，更加推高了贫富差别两极分化的水平，同时助推着资本主义革新、调整和自我扬弃的历史进程，引起科技、经济、文化、社会、环境生态建设和国际关系的多重变革，激起关于资本主义变革形态和前景出路的无所顾忌的讨论和空前热烈的争辩。这为批判和改造资本主义社会运动的发展提供了新的机会和新的动力，也提出了新的挑战和新的课题。资产阶级的阶级本质决定了，面对严峻的挑战、危机和衰败，国际资本主义从思维、体制和文化上都没有做好准备。但是，断言2008年国际金融危机的爆发使世界资本主义体系已进入总危机阶段，出现了新的世界革命形势，并不符合当今世界的实际。现代社会主义应当坚定自己的信念，对当代世界这些重要事变，以科学的时代观来创新认识和清醒应对。

中国共产党关于当代时代条件的这些最新认识成果，以新的分析、新的观点丰富和发展了马克思主义，特别是它的世界历史理论和时代观。这些最新成果，是我们坚持和发展新时代中国特色社会主义的重要理论基石，也为正确认识人类争取解放、发展和自由的世界奠定了科学基础。

只有深入理解这些最新成果，才能够深刻认识中国特色社会主义是历史必由之路、发展成功之道。苏联社会主义轰然崩溃的外部原因，有西方和平演变的作用，但西方的策略为什么能够得手？从根本上说，就是苏联社会主义的制度设计和发展战略选择发生巨大偏差，社会缺乏生机活力，长期发展缓慢，生产效益低下，人民生活水平提高缓慢，不能体现社会主义制度的优越性。而发生这种错误却不能纠正的一个致命原因，就是苏共固守资本主义发展到垂死的总危机阶段的错误思想，对时代条件和所处历史方位作出误判，没有创造出有活力、有效率、实现人民富裕和追赶时代的制度体制和发展战略。虽然我国也发生过"文化大革命"严重的错误，但是与苏共到垮台时还没有觉悟过来不同，我们实事求是地总结挫折教训，果断地回到马克思主义时代观的轨道上来，按照时代进步要求和中国历史方位进行制度设计和发展战略选择，赋予社会主义以鲜明的中国特色。我国确立初级阶段的社会主义及其基本路线，实行改革开放，发展社会主义市场经济和中国特色社会主义基本经济制度，发展和完善共产党领导的社会主义根本政治制度和依法治国各项方略，让一切生产要素和社会活力竞相迸发，财富充分涌流，让发展成果更多更公平地惠及全体人民，等等。因此，中国取得举世瞩目的成就，成为世界第二大经济体，中国特色社会主义的伟大旗帜在拥有14亿多人的大地上高高飘扬。这些实践证明，根据时代条件赋予各国社会主义以民族特色，并与时俱进地丰富和发展它，是社会主义建设的一条发展规律，是建设社会主义的必由之路；违背这条历史规律，只能招致挫折与失败。深刻理解、自觉坚持这条历史规律，是不断完善和发展中国特色社会主义的成功之路。

只有深入理解这些最新成果，才能够深刻认识中国实行全方位开放型经济新体制建设和发展社会主义的战略举措。20世纪，由于违背马克思主义世界历史理论，社会主义阵营各国实行了拒绝学习资本主义先进成果的封闭的发展战略，这是社会主义陷入发展缓慢和人民贫穷困境的重要原因。中国共产党领导中国人民吸取这一历史教训，适应时代条件的剧变，抓住信息化、全球化、金融化的机遇，发挥自己的道路、制度、思想政治文化优势，特别是共产党领导的优势，大胆加入世界贸易组织，实行全方位开放战略，统筹国内、国际两个市场和两种资源，吸取发达国家先进科学技术、经营方式、管理方法等各种文明成果，广泛利用世界市场的资金、知识、技术、货物、人才等资源推进社会主义现代化建设，取得巨大的发展成就，在社会主义建设史上，首次开拓了发展中国家利用西方主导的世界经济体系建设社会主义的全新道路和战略，并极大地推进了科学社会主义理论与实践。然而有论者把我们这个建设社会主义的历史创举说成是向帝国主义自投罗网，成为国际垄断资本的代理人。这表明，一些人的思想还停留在一个世纪之前，不理解这些伟大创新为封闭的发展思维所禁锢，对世界发展、时代条件剧变视而不见、麻木不仁，对苏共灭顶之灾缺乏深刻反思。我们应当加强对党的时代观的学习和研究，真正理解和坚定发展完善开放型经济新体制，开拓全方位开放格局，推动中国特色社会主义事业迅猛前进。

只有深入理解这些最新成果，才能够深刻懂得我们党关于坚持世界社会主义的新思维、新战略。20世纪的历史证明，国际共产主义实行的由一个国际中心来策划和发动世界革命、彻底消灭资本主义的战略已经失效或失败。鉴于在世界经济体系中资本主义仍然居于主导地位，独自选择历史变革、社会建设道路及其多样化成为必然趋势。从实践中汲取经验教训，中国共产党坚决地摆脱了共产国际的错误战略。邓小平明确指出："我们怎么搞社会主义和共产主义呢？现在的情况和过去大不一样了。""我们要用发展生产力和科学技术的实践，用精神文明、物质文明建设的实践，证明社会主义制度优于资本主义制度。"①这是一个基于科学时代观，从当今时代条件和现代社会主义实际出发提出的全新战略。发展中社会主义国家在科技、经济、文化方面落后是不争的事实，最紧迫的任务是学习资本主义的先进成果，在科学技术和生产力水平、物质文明和精神文明方面追赶时代步伐，创造出真正比资本主义优越的新制度。如果仍然处于落后的境地而不能自保，那还谈什么推进世界社会主义？因此，在变化了的世界条件下，只有这样的发展战略，才能够体现马克思主义和社会主义的优势，有力地推进现代社会主义的伟大变革进程。

党的十八大以来，以习近平同志为核心的党中央，坚持马克思主义基本原则和基本方法，科学界定时代基本特征和发展变革逻辑，依据"当前，我国处于近代以来最好的发展时期，世界处于百年未有之大变局"的战略判断，适应统筹国内国际两个大局的需要，提出了推进中国特色大国外交的战略思想。习近平阐明，中国共产党是为中国人民谋幸福的政党，也是为人类进步事业而奋斗的政党。我们将高举和平、发展、合作、共赢的旗帜，维护世界和平，促进共同发展，和各国人民同心协力，构建人类命运共同体，推动建设相互尊重、公平正义、合作共赢的新型国际关系，建设持久和平、普遍安全、共同繁荣、开放包容、清洁美丽的世界。"构建人类命运共同体"，不仅写

---

① 中共中央文献研究室：《邓小平年谱》（第五卷），中央文献出版社2020年版，第552、553页。

进了《中国共产党章程》和《中华人民共和国宪法》，还写入了联合国安理会有关的决议中，日益得到国际社会的广泛认同。"一带一路"建设遵循共商共建共享的基本原则，从理念到现实、从方案到行动，不断登上新台阶，已经成为推动国际经济交流，促进各国共同发展，构建人类命运共同体最受欢迎的、势头发展良好的合作平台。在习近平外交思想指引下，我国外交工作取得全方位的历史性成就，国际影响力、感召力、塑造力得到极大提升，为实现中华民族伟大复兴的中国梦创造了更加良好的外部条件，彰显了马克思主义中国化时代化的强大威力。

以习近平同志为核心的党中央，带领全党用马克思主义观察时代、解读时代、引领时代，用鲜活丰富的当代中国实践来推动马克思主义发展，用宽广的视野吸收人类创造的一切优秀文明成果，不断深化对共产党执政规律、社会主义建设规律、人类社会发展规律的认识，不断开辟当代中国马克思主义、21世纪马克思主义新境界。我们要用习近平新时代中国特色社会主义思想武装起来，深入学习和研究马克思主义中国化时代化创新理论成果，为完善与发展新时代中国特色社会主义、推进人类世界和平发展进步事业而不懈奋斗。

第九讲

新兴市场经济体的崛起

习近平同志指明:"当今时代,以金砖国家为代表的新兴市场国家和发展中国家群体性崛起,正在从根本上改变世界版图。"[①]实践表明,这一重大历史事变是世界百年未有之大变局的最显著特点。我们必须坚持胸怀天下的观点,从人类发展大潮流、世界变化大格局、中国发展大历史来认识和研究这一重大历史事变的历史根源、科学内涵和世界历史意义,推进马克思主义中国化时代化,正确回答时代和实践提出的重大问题,坚持和发展中国特色社会主义,夺取中华民族复兴的不断胜利。

一、新兴市场经济体形成的进程与历史必然性

马克思恩格斯虽然没有具体预料到新兴市场国家的崛起,但是新兴市场经济体的崛起恰恰是他们关于现代世界历史发展规律合乎逻辑

---

① 习近平:《深化团结合作 应对风险挑战 共建更加美好的世界——在2023年金砖国家工商论坛闭幕式上的致辞》,《人民日报》2023年8月23日第2版。

的结果。马克思恩格斯的世界历史理论，是我们深刻探究新兴市场国家崛起的科学内涵和世界历史意义的理论基石。

《共产党宣言》指明，"我们的时代，资产阶级时代"——资产阶级，由于一切生产工具的迅速改进，由于交通的极其便利，把一切民族甚至最野蛮的民族都卷到文明中来了。它迫使一切民族——如果它们不想灭亡的话——采用资产阶级的生产方式；它迫使它们在自己那里推行所谓的文明，即变成资产者。一句话，它按照自己的面貌为自己创造出一个世界。[①]应当说，今天的世界面貌和各种历史变化，包括新兴经济体的形成，都是现代生产方式和社会文明在世界各地推演变革而引发生成的。在18、19世纪，欧美资产阶级先后推动了科技创新和工业革命，打造了现代生产方式，市场经济，以及政治、文化、社会体制，建设了十分发达的洲际交通系统，创造了有史以来最丰裕的社会财富。正是在这样的基础上，为了掠夺更多财富，获得更大利益，西方列强大举扩张领土，占领和瓜分世界。到19世纪末20世纪初，整个地球被它们分割完毕，落后国家先后沦为它们的殖民地、附属国。它们按照自己的面貌改变世界，在那里建立现代城镇，发展现代产业和经济关系，把世界纳入它们统治的经济体系之中，将世界历史翻开新的一页。

这种扩张和掠夺是野蛮的、残暴的、血腥的，但是又逐步地把现代生产方式和社会文明带到了广大的落后世界，在那里形成新的经济结构和社会阶层，带来新的文化因素。这个发展壮大起来的新生社会势力，起而反抗殖民主义压迫和掠夺，进行争取民族解放、国家独立

---

① 《马克思恩格斯选集》(第1卷)，人民出版社2012年版，第401、404页。

和社会发展的斗争。一些国家在获得独立后，循着西方国家走过的道路建立资本主义制度体制，然而在很长的时期里都不能真正实现工业化、现代化，甚至陷入社会动乱和发展困境。还有一些国家，在先进工人政党的领导下，利用世界发展不平衡的矛盾动荡局面，抓住列强激烈争夺和连绵战争造成的机会，取得了人民革命胜利，建立了新型政权。它们在缺乏现代生产方式和发达社会文明的基础上，采取一种激进变革思维和强力革命方式，企图超越现代市场经济体制，实行一种高度集权的经济体制和发展模式，一举建成高于资本主义形态的新的社会主义的社会形态。这种尝试没有完全取得最终成功。

与此同时，西方发达国家在20世纪经历战争浩劫，几度陷入深重矛盾、动乱和危机之后，总结历史经验教训，推动体制机制的变革与创新，在经济、政治、社会体制与政策、国际关系等各方面进行了大幅的改良和调整，不断完善现代市场经济体制和产权制度，发展混合经济，创新科技发展机制，掀起强劲的信息技术革命和经济全球化进程，转变发展方式，调整经济结构，壮大跨国公司，重构国际分工，发展现代服务业、金融经济和虚拟经济，规范政府职能，健全法治建设，加强社会福利保障制度，建设和完善国际经济贸易金融发展的规则和组织，使资本主义的生产方式和经济社会运行体制再次焕发出巨大的生命力和创造力，成为当代世界发展的重要力量。在经济、文化、社会发展取得很大成就的同时，社会财富也惊人地增长，人民生活得到较大改善提高，而且把现代生产方式和世界经济体系提升到信息化、全球化、金融化的新阶段，再次展现了社会发展中变革创新和改良调整的推动力，也给新兴经济体的形成发展提供了难得的历史条件和追赶机遇。

历史的经验教训是最好的老师。走上现代化道路的许多发展中国家，按照西方中心论的逻辑，亦步亦趋跟着西方国家发展道路和战略走，遭受一系列碰壁、曲折和苦难。它们深思从痛苦失败中得来的经验教训，反复审视西方国家发展道路和各种社会主义实践的经验教训，也不断研究成为争取人类自由解放伟大武器的马克思主义、科学社会主义学说，逐步形成关于国家发展的新认识，进行符合时代进程的理智选择与大胆探索，开拓适合本国国情和人民福祉的发展道路。它们坚持国家现代化，参与经济全球化，积极发展市场经济，学习别国的先进发展成果和有益做法；又坚持独立自主，不照搬西方国家的模式，争取和捍卫自己的发展权利，不做它们的附庸，贯彻以民为本的执政理念，促进公平正义，推进扶贫减贫，改善民生，经济社会稳定发展，开拓了新兴市场经济体的发展道路。

在亚洲，一些国家和地区抓住信息技术革命、经济全球化和国际劳动分工、产业结构调整的机会，结合自己国家的情况，先后进行以市场为导向的变革，改革完善经济体制，调整经济结构，创造多种引进技术和资本的方式，推进政治社会改革，在参与世界经济体系的分工、合作和竞争中推进自身经济转型发展。在这条道路上，它们在短短二三十年的时间里就取得了经济社会发展的历史性成就，成为新兴市场国家崛起的最重要地区。

在许多经历一两个世纪不断探索和曲折发展的拉美国家，适应技术革命和全球化进程的体制机制改革和发展战略创新也如火如荼地开展起来。自20世纪后期以来，许多拉美国家在有效克服新自由主义造成的困难和危机的基础上，完善和加强了市场主导、政府调节的经济体制，积极推进对外开放政策，注重促进公平正义，改善人民福利，经济取得持续较快发展，现代政治建设步入轨道，社会建设稳步推进，扶贫减困取得较大成就。新世纪以来，一些拉美国家经济社会发展势头良好，并成功地应对了国际金融危机。

俄罗斯和一些东欧国家总结经验教训，经过一些波折、调适和改革，独立自主发展现代市场经济，参与世界经济体系，一些国家摸索出一套适合自己国情的经济社会体制，加入了新兴市场国家的行列。

20世纪后半期，在新兴市场国家崛起的历史进程中，中国共产党带领全国人民始终走在探索和开拓新的发展道路的前列。取得人民革命胜利后，我们成立了人民共和国，建立了党领导的社会主义制度，为开拓新发展道路奠定了根本的社会条件、政治前提和制度基础。遵循中国化时代化马克思主义的指引，冲破了"现代化就是西方化"的迷思，不像一些国家那样，跟在西方国家后面简单模仿，而是坚持自信自立、独立自主，坚持从中国实际出发，探索和推进中国式现代化。中国式现代化的主要特征是人口规模巨大、全体人民共同富裕、物质文明和精神文明相协调、人与自然和谐共生、走和平发展道路。中国式现代化体现了人类现代化的共同价值与规律，又具有鲜明的基于国情的中国特色，深深扎根于中华优秀传统文化，借鉴吸收人类发展文明成果，适应时代进步要求，以经济建设为中心，坚持改革创新，大力发展社会主义市场经济，坚持对外开放、实行更加积极主动的开放战略，利用国内国外两个市场、两种资源。中国创造了经济快速发展和社会长期稳定两个奇迹，实现了从生产力落后状况到经济总量跃居世界第二的历史性突破，实现了人民生活从温饱不足到总体小康、奔向全面小康的历史性跨越，形成了不同于西方现代化模式的新图景，创造了人类文明新形态。它是中国人民强国建设、民族复兴的唯一正确之路，又拓展了发展中国家、新型经济体国家走向现代化的途径，给世界上那些希望加快发展又希望保持自身独立性的国家和民族提供了全新选择。

综上所述，20世纪下半期以来，一批发展中国家通过历史实践的反复比较，通过变革、创新和调整的种种尝试，开拓出充分吸收现代世界发展先进成果、顺应时代进步潮流、符合本国国情的发展道路和战略，抓住新技术革命和全球化进程加快的历史机遇，迅速成长起来，成为当代世界发展最快的地区。其中，中国、印度、韩国、印度尼西亚、俄罗斯、巴西、墨西哥等国进入世界经济的前20名。它们既在西方构建和主导的世界经济体系之内，又区别于西方的发达国家经济体，所以谓之新兴市场国家或新兴经济体。可见，新兴市场国家的世界性崛起，是现代世界发展逻辑的历史延伸和矛盾运动的必然结果，成为资本主义经济社会形态自然史过程的一个有机构成部分，把世界历史进程推进到新的层级，正在从根本上改变世界版图。

二、新兴市场经济体崛起的当代世界历史意义

新兴市场经济体崛起的进程，发生在西方主导的世界经济体系之内，又是在这个体系之内对现代资本主义制度的深刻冲击和重大变革。

《共产党宣言》阐明，资产阶级除非对生产工具，从而对生产关系，从而对全部社会关系不断地进行革命，否则就不能生存下去。生产的不断变革，一切社会状况不停的动荡，永远的不安定和变动，这就是资产阶级时代不同于过去一切时代的地方。这就是说，不断地自

我变革、自我扬弃、自我超越是资本主义发展的内在本质和基本特性。资本主义生产方式这种永不停歇的变革和变动，到19世纪的后期发展到对资本主义制度的自身扬弃。马克思指出，工人自己的合作工厂，是在旧形式内对旧形式打开的第一个缺口，同时必然会再生产出现存制度的一切缺点。这种工厂表明，在物质生产力和与之相适应的社会生产形式的一定发展阶段上，一种新的生产方式怎样会自然而然地从一种生产方式中发展并形成起来。①这些变化，从社会发展进程看，是一种体制之内的变革。进入20世纪，资本主义制度的这种内在变革、自身扬弃的进程，在社会民主主义等多种变革运动的推动下，不断地拓展和渐进地深化。

在发达国家，资本社会化和股份制的发展，推动了所有权和经营权、管理权的分离，形成了经理人阶层和主导企业发展创新的管理层，出现了民众广泛拥有股票的现象。美国学者约翰·肯尼思·加尔布雷思（John Kenneth Galbraith）把这看作资本主义发展到新阶段的表现。美国社会学家丹尼尔·贝尔把社会结构的这种新变化概括为"后工业社会"的重要特征。另外，科技创新又推动产生了把创新者的科技发明、专利转化为股权和资本的现象，形成了新型的资本人，他们既是科技创新发明家，又是运用资本把新技术转化为现实生产力、创造巨大社会财富的企业家。这个阶层还包括了医生、律师、传媒人、艺术家和其他知识分子，成为"脑力劳动工人阶级"。近二三十年来，发达国家又滋生出被一些学者称为"文化创造者"的群体，他们看重自然、真诚、灵性、和平、人际关系、

① 《马克思恩格斯选集》（第2卷），人民出版社2012年版，第571页。

社会正义和社会责任，兼容"利他"的道德精神与"利己"的本能动机，为人类甚至整个地球的福祉服务，力图治疗资本主义，让世界变得更美好。这些新现象需要不断观察和探究。这些现象表明，在经济全球化和科技创新进程的推动下，资本主义的自我扬弃、自我完善，资本主义体制内的各种变革和自然演进，都在不断变换形式，这也必然会在资本主义经济体系内的各类国家体制中不断推进并获得新的发展。工人阶级政党必须坚持解放思想、守正创新，深入认识和把握当代资本主义世界体系中各种新现象的历史本质、发展规律和变革路径，才能够与时俱进地推进世界资本主义的变革进程。当今世界，新兴市场国家和发展中国家的群体性崛起，就是当今人类社会发展进步的新动力、新形式。

马克思、恩格斯晚年观察和研究资本主义世界的发展变革进程，就曾提出过像俄国这样落后的国家，革命者在公社这种俄国社会新生因素的基础上，可以吸收和利用资本主义制度创造的一切积极成果，学习它"发财致富的一切技术和经济手段"①，不仅是机器、轮船、铁路，还有"西方需要几个世纪才建立起来的一整套交换机构（银行、股份公司等）"②，吸取资产阶级不停顿的变革、改进、革新精神，不断用新的关系和观念去替代僵化的陈旧的甚至是神圣的东西，将相关思维与理论元素作为重要资鉴，开拓出不同于欧洲国家的生产发展路径和社会形式；一些国家和民族，还可以将本国本民族优秀的人民风尚作为强大手段来缩短走向社会主义的过程。工人阶级和一切革命者

---

① 《马克思恩格斯选集》(第3卷)，人民出版社2012年版，第827页。
② 《马克思恩格斯选集》(第3卷)，人民出版社2012年版，第825页。

都要运用科学世界观、方法论，打破自我封闭，改变束手束脚跟在国际资本后面走的态度。

历史表明，在当代世界，新兴市场国家的崛起和发展，让科学社会主义这些观点逐步地在许多地方变为社会现实。一些新兴市场国家，在经历多次的摸索与实验、挫折与失利的过程中，不断反思总结经验教训，认识到完全照搬和跟随西方发达国家走过的道路和实行的制度，是不可能成功的。它们开始了新的探索，坚持从自己的实际出发，吸取借鉴人类优秀文明成果，开拓符合本国国情和时代要求的发展道路和体制形式，走上了现代化的新道路。自然，那种忽视社会演进的自然史过程，忽视制度体系自发生成演进规律，忽视广大民众的切实利益和历史要求，按照既定公式用强力的手段去急速建立起来的制度体系是没有效益的、不可持续的，甚至造成社会发展的停滞和历史的倒退。新型市场经济体历史性新道路的开拓，是人类社会对自身发展规律理智认识的历史性成果；其制度体系是一种顺应历史自发演进的规律和符合人民发展意愿的，稳定的、人本的、包容的、较有成效和可持续的体制创新尝试，极大地冲击了资本主义的世界体系，开始了一种新的对现代资本主义体系深刻的改造与积极的变革。

新的历史实践需要新的科学阐明。总结新的社会实践，吸取新的历史成果，回答当代世界发展变革提出的新课题，是丰富和发展科学社会主义的时代任务。

当今时代，以金砖国家为代表的新兴市场国家和发展中国家，自主选择发展道路，共同捍卫发展权利，共同走向现代化，代表着人类社会前进方向，又将深刻影响世界发展历程。新兴市场国家闪耀着现代人类社会向更高社会形态转变的历史曙光，为人类历史进程揭开了新的篇章，这就是新兴市场国家崛起的当代历史地位和世界意义。

在当代，新兴市场国家和不发达国家日益成为塑造国际格局的重要力量。推动当代国际政治经济关系的变革调整，促进国际关系民主化，建设更加公正合理的国际政治经济新秩序，已经成为当代世界发展合作变革的重要课题。世界的产业分工结构和自由贸易运行体系，一直是由西方按照它们的利益和发展需要所设计、建立和主导的，发达国家，特别是其跨国公司是最大获益者，成为世界发展不平衡和贫富差距悬殊的制度根源，显然它们不会自动进行改革。而对新兴市场国家来说，它是一种在历史上形成的、今天应当加以改变的不公平不平等的制度体系。事实表明，改造这种制度体系，需要通过体系之内各种形式的对话、较量和妥协来逐步实现。新兴经济体国家坚持从本国国情出发，走自己的路，改善人民生活，捍卫自己的发展权利，争取自由平等，促进人类社会进步，秉持开放包容、合作共赢的精神，不断推动互相合作发展；秉持国际公平正义，在重大国际和地区问题上主持公道，不屈从于外部压力，为世界注入更多确定性、稳定性和正能量。因此，2008年以来，一些新兴国家不仅平稳化解国际金融危机的风浪，保持了良好发展势头，而且进入二十国集团，成为世界经济舞台上的重要力量，对维护世界稳定和经济发展发挥了重要作用。这是对渐进变革现行体系的一次伟大突破。

现今的进程，中国和拉美、非洲各国日益广泛亲密的交往交流，"一带一路"的开拓，共同探索开放合作、互鉴共进新机制的切磋，显现出巨大的潜力和能量，未来将会有更好的发展势头和再塑造的力度。

随着共识的增进、利益的协调、互鉴的加深、合作的深化，新兴市场经济体将日益成为塑造国际政治经济旧秩序的重要力量。它们将积极争取合理分享发展机遇和成果，同心协力应对困难、化解阻力，为建设一个公正、平等、合作、共赢的世界经济体系而努力，促使信息化、全球化、金融化和民主化真正造福全人类，实现持久和平、共同繁荣。

三、新型市场经济体对人类解放发展道路的新开拓

150年前，马克思、恩格斯曾指出，在资本主义体制内，"工人自己的合作工厂，是在旧形式内对旧形式打开的第一个缺口"①。当今，经过一个多世纪的奋斗，新兴市场国家和发展中国家群体性崛起，则是在西方主导的世界经济体系中，以一种新的历史形式整体冲击着国际资本主导的世界经济体系，迈出了变革资本主义世界、创造社会发展更高形态的伟大步伐。

在和平与发展成为历史潮流的时代，新兴市场国家和发展中国家群体性崛起的意义，首先在于日益坚强地成为当今世界经济社会发展的巨大推动力。新兴经济体国家，坚持从本国国情出发，追赶时代步伐，大力学习人类文明优秀成果，不断探索和完善现代化的新路径，推动形成"东升西降"的态势，并不断保持发展向好势头。中国、俄罗斯、巴西、印度四国的经济总量在世界经济总量中大约占1/4。"金砖国家"一词的发明人——时任美国高盛资产管理公司董事长吉姆·奥尼尔（Jim O'Neill）提出，金砖国家和印尼、墨西哥和土

---

① 《马克思恩格斯选集》（第2卷），人民出版社2012年版，第571页。

耳其等国，还可以说是当今世界的"增长市场"。中国的经济总量在2003年还是世界第七位，从2010年起已稳居世界第二位。2011年全球500强企业中，按市值排名中国有27家（加上香港18家，中国排名就是第二了），印度17家，巴西12家，俄罗斯11家。2012年有关国际组织人员说，过去一年里，按购买力平价计算，发达经济体和新兴经济体在全球经济中的比重第一次大致平衡。据计算，在2007—2012年间，新兴经济体增长50%，中国增长60%，而发达国家仅增长3%。新兴经济体还在继续改变着世界经济发展不平衡，推进全球消灭贫穷的进程，使世界贫困人口逐步大幅减少。党的二十大报告庄严宣告，中国打赢了人类历史上规模最大的脱贫攻坚战，全国832个贫困县全部摘帽，近一亿农村贫困人口实现脱贫，960多万贫困人口实现异地搬迁，历史性地解决了绝对贫困问题。

最新统计显示，新兴市场国家和发展中国家过去20年对世界经济增长的贡献率高达80%。过去40年其国内生产总值的全球占比从24%增至40%以上。近10年来，金砖国家国际贸易占比已由11%提高到16%，对外投资占比也由7%提高到12%。以上数据表明，在当今世界，新兴市场国家和发展中国家已经成为信息化、全球化、金融化、数字化时代世界进程中不可缺少的组成部分，不仅作为生产者和投资者的作用不断增大，其巨大的市场规模以及不断增多的财富对各类企业来说也极具吸引力，越来越成为世界发展的强大引擎，不断为当今世界经济发展增加新的活力。

新兴经济体国家作为世界发展舞台上一支积极、稳定、向善的重要成员，也成为推动当代世界经济体系改革调整、塑造公正合理的国际政治经济新秩序的重要推动力。以金砖国家为代表的新兴经济体，大多是从殖民主义的历史泥淖中走出来的，历经千辛万苦、付出巨大牺牲，取得了民族独立，走上了符合国情和时代要求的发展道路，国力不断增强，人民生活不断改善，壮大为国际舞台上维护和平、促进合作、主持正义的重要力量，对维护世界公平稳定、推进国际关系民主化、渐进变革现行世界经济体系具有重要意义。

人类世界发展进程的巨大突破，必然激起社会思想文化领域的变革浪潮。新兴市场国家和发展中国家历史性崛起的深刻变革和强劲发展，以及21世纪发达国家遭遇的严重金融—经济危机，不断打破所谓"历史终结"论断和资本主义取得"最终胜利"的缪想，使资本主义世界衰落、西方模式失败的浪潮不断升温。

法国经济学家托马斯·皮凯蒂的《21世纪资本论》，以300年来各资本主义国家的广泛数据，从收入和财富的不平等方面对经济危机的根源作出新的分析。

美国经济学家、诺贝尔奖获得者斯蒂格里茨更为全面地分析了资本主义的经济政治社会危机，猛烈抨击美国经济社会不平等不公正现象的日益严重和扩大。在评论法国经济学家皮凯蒂的《21世纪资本论》时，斯蒂格里茨进一步阐述了改变发达国家财富和收入不平等弊病的思路：税收很重要；实际上，最重要的政策是教育，教育和技能投资是缩小贫富差别的关键政策与机制。还指出，教育机构要有足够的包容性，不只是向精英阶层投资，而是要投资于一个更庞大的生活群体。

关于资本主义前途命运以及变革路径的这些直白、坦诚、无所忌惮的探究和讨论表明，资本主义绝非历史终点，必须进行改造和变革，以一种新的更高的经济社会形态来取代它，已是不可阻挡的历史趋向。

那么，21世纪在"资产阶级时代"创造的西方国家主导的世界经济体系里，如何变革改造资本主义，建设新的社会组织形式呢？如何开拓一条现实路径和变革方式呢？

新兴经济体的历史性崛起有着深刻的经济政治文化思想根基，它的成就和实践推动着对变革资本主义世界方式、社会替代形式的探讨。新兴经济体崛起与发展的世纪性创新历史进程只有几十年，还处在开拓、完善、调整的发展过程之中。这场变革在不同发展国家中的广度、深度和速度还很不平衡，在非经济领域的进程可能更加复杂艰难，风云变幻的当代世界经济还会造成种种惊涛骇浪和艰难险阻，道路是曲折而漫长的。但是，毕竟方向已经选定，步子已经迈出，成果已经显示。我们应当从现代改造和变革世界资本主义历史进程的高度来充分认识新兴市场国家崛起和发展的历史意义。

新兴经济体的崛起与发达国家体制内进行的变革和扬弃，是互相联系、互相影响的历史进程，是对现代资本主义社会进行积极扬弃的新的历史形式，成为孕育未来人类社会发展更高社会形态的胎胞。

自然，人们对未来社会形式的理解是不尽相同的。科学社会主义认为，应当依据对社会发展历史事实、实践过程和丰富经验的系统认识，来形成变革资本主义、建设新的社会形式的理论、纲领和政策。笔者曾经说过，21世纪，可能是变化着的资本主义的漫长历史进程，向全球遍地开花的、层次错落不同的、渐进逐步改造的（不排除个别国家采取激进革命形式走上社会主义道路）、形式路径多样的阶段逐步转变的历史时期。[①]在20世纪，资本主义制度自我扬弃和历史妥协

---

① 奚广庆：《拓展和深化新世纪世界社会主义研究》，《当代世界社会主义问题》2010年第1期。

的进程，社会民主主义渐进、和平、民主的改良实践，落后国家激进的社会主义革命实验，现代社会主义改革开放的开拓创新，都是十分宝贵的探索。这告诉人们，所谓革命道路只有一条，社会模式只有一个，发展战略只有一种的思维必须破除。现在，新兴市场国家崛起的历史实践和丰富经验，在这个方面更是提供了独有分量、力度强大、具有巨大而深远世界意义的新的历史启示。

新兴市场国家已经采取各种方式走上国际舞台，早在1990年，巴西劳工党就发起举行了圣保罗论坛，高举反对新自由主义、帝国主义的大旗，秉持建立国际新秩序的愿望，促进左翼团结互助，积极参与制度对新自由主义"替代方案""替代模式"的斗争。2018年7月，第二十四届圣保罗论坛在古巴的哈瓦那举行，由巴西劳工党和古巴共产党主办，有168个组织和团体、625位代表出席。2008年国际金融危机之后，新兴经济体国家中国、印度、印度尼西亚、土耳其、南非、墨西哥、阿根廷、巴西等参加了发达国家发起的二十国集团，这一非正式的国际经济合作论坛，加入了国际社会寻求合作、促进国际金融稳定、经济持续增长、推动全球治理改革的对话机制，开始了全球治理由"西方治理"向"西方和非西方共同治理"的转变。2009年新兴经济体国家中国、俄罗斯、印度、巴西领导人峰会正式启动，2011年南非也正式加入。2024年1月1日，埃及、埃塞俄比亚、伊朗、沙特阿拉伯、阿联酋成为金砖国家成员，共同表达新兴经济体与发展中国家的诉求。上述表明，新兴经济体国家已经成为当今国际社会促进和平、发展、合作和全球治理的重要力量。

新兴市场国家的实践进一步告诉人们，由资产阶级时代过渡到未来更高社会形态的历史变革形式，与资本主义取代中世纪社会的历史变革形式是极不相同的。由于资产阶级时代生产方式的不停顿革命本性，制度体制的自我积极扬弃，社会体系与观念的创新宽容妥协，社会民主的发展完善，思想文化的开放自由，世界经济体系的分工调整和自由流通日益成为资本主义经济社会形态的自然史过程，因此，这一历史转变在资产阶级制度的历史框架和西方主导的世界经济体系之内，愈来愈采取渐进、和平、民主、包容、改良的路径和多种方式方法来演化和推进。这一变革成功的机理在于坚持变革、创新、开放的思维，坚持人民至上、自信自立、守正创新，科学认识和认真吸收资本主义创造的一切文明成果，同时依据世界的发展变化、本国的具体条件和最新的实践经验，摸索和实行一种最大限度地缩小、减少和避免其制度弊病、历史局限以及可能的波折与痛苦的发展道路和发展战略。

这个世界历史进程的涌现，也引起眼光深邃的西方学人的思考。英国著名马克思主义史学家艾瑞克·霍布斯鲍姆（Eric Hobsbawm）2011年接受采访时就指出："今天，从意识形态上来说，最让我觉得自在的是拉丁美洲，因为在这里，人们仍在运用19世纪和20世纪的社会主义、共产主义和马克思主义的语言来谈论、实施他们的政治主张。"英国著名金融史家尼尔·弗格森（Niall Ferguson）2010年年底完稿的《文明》一书更是专门来讨论这个问题。他在书的序言中说，西方与其他地区之间历时500年的大分流即将落幕，我们正处于西方经济运势的拐点，西方的主导地位将终结于我们这个时代。他提出，西方之所以能在1500年后崛起并领先于世界其他地区，其"撒手锏"在于一系列的体制革新：竞争、科学革命、法治和代议制政府、现代医学、消费社会、工作伦理。东西方差距之所以在我们这个时代开始缩小，尤其是中国在1978年实行改革开放后的发展，其中一半原因是这些国家成功地借鉴了西方经验，另一半原因则是西方国家自己却逐渐摒弃这些成功的秘诀。①

当然这些认识需要进一步完备、深化和切磋，但是他们都意识到，500年"资产阶级时代"的历史正在进入新的阶段；新兴市场国家崛起的成功之道，就是在吸收资本主义一切积极成果基础上革新和扬弃传统的资本主义模式，去创造新的历史替代形式。在这一点上，人们日益达成越来越多的共识。

应当看到，在开放自由、资讯发达、广泛交往的"地球村"时代，新兴经济体的探索实践是一种国际性历史进程，与当代改革开放的社会主义，发达国家批判、反抗和改造资本主义的各种运动和组织，例如社会民主主义、共产主义、新社会运动、绿党，以及发展中国家的发展实践等，都是息息相关、相互影响、彼此呼应的。这些看似完善、改进和巩固资本主义的进程，实际上正在日益汇集成强大的变革与改造现代资本主义的世界历史洪流。这一历史变革进程是史无前例的，没有任何现成方案可以遵循，必须"摸着石头过河"，不能不是一个经历各种摸索、尝试、筛选和试错的过程。这一社会变革崭新尝试也不会一步到位、一帆风顺、马上成功，而是一个充满急流险滩、屡经迂回曲折、不断凝聚共识、摸索合作互鉴路径、追求共赢共进的漫长历史演进过程。在这个历史过程中，资本主义在一些地区、一些时段会呈现多种多样的色彩。这是资本主义没落衰亡过程中的阶

---

① ［英］尼尔·弗格森：《文明》，曾贤明、唐颖华译，中信出版社2012年版，"中文版前言"。

段性现象，资本主义的基本矛盾没有消除，资本主义的制度本质没有改变。可是新兴经济体国家的崛起表明，改造、变革和超越资本主义的方式和路径却在不断地被探索出来，人类社会走向更高社会形态的历史变革进程不可阻挡。

唯物史观认为，人们的意识应当随着人们的生活条件、人们的社会关系、人们的社会存在的改变而改变。面对21世纪新的世界历史进程，新兴市场国家崛起这个深刻改变世界、创造历史的发展进程，我们不能够因循18世纪至19世纪新兴资本家阶级反对君主贵族统治时代的变革思维和斗争方式，也不能够固守20世纪上半期由十月革命开拓的变革思维和斗争道路。20世纪人类世界经历的多种变革的社会实践和丰富的历史经验，20世纪残酷野蛮的世界资本战争与暴力冲突给人类造成的无比巨大的灾难，信息化、全球化、民主化、社会化和金融化进程给人类世界生产方式、生活条件、社会关系和社会存在造成的深刻巨大变化，都在强劲地推动人类世界形成相应的新的时代理念、思想观点和思维方式。

新兴经济体正在全世界各地广泛地强劲成长，改变着国际力量对比的格局，深刻地影响当代世界发展的历史进程。我们必须毫不放松地追踪研究其发展最新实践、新鲜经验和复杂挑战。这样，我们对新世纪变革资本主义、建设新的社会组织形式的发展战略和可靠路径的认识就会更趋清晰、完备、深刻和透彻，就会更加自觉地迎接新世纪人类社会发展变革的新曙光。

第十讲

社会主义道路仍然是当今世界的普遍价值

    人类历史进入21世纪。世界正处于大发展大变革大调整的时期，和平、发展、合作成为时代的潮流。政治多极化、经济全球化、社会信息化、文化多样化深入发展，人类社会从资本主义社会走向社会主义美好社会的历史必然趋势日益彰显。那么，在新时代，社会主义将发生怎样的变化并采取怎样的历史形态和发展方式？这是当代世界马克思主义者都在思考和探索的历史课题，走在社会主义道路上的中国人要给出正确的回答。

    关于美国有没有社会主义的讨论已经有一个世纪了。有论者提出"美国没有社会主义"的观点，认为社会主义最初是作为近代资本主义的对立物而产生和发展的。300多年以来，随着资本主义的发展，社会主义也传播到世界各地。可以说，世界上几乎所有的国家都有社会主义，唯独美国例外。笔者认为，"美国没有社会主义"的观点是一种误断，表明论者不懂得资本主义时代人类社会的发展规律，也不符合美国现代历史发展的实际，是不能成立的。这不是一个孤立的问题，它关涉到马克思主义者在不同地区、不同时代，在变化了的条件下，如何认识、坚持和发展科学社会主义基本原则的问题。

一、美国不是没有社会主义，而是没有西欧式的社会主义

美国为什么没有社会主义？论者给出的回答是：第一，美国拥有比欧洲更丰富的自然资源和充足的资本，使得经济发展扶摇直上，经济总量在1913年就超过英、法、德，跃居世界第一；第二，由于美国经济的这块蛋糕做得特别大，美国工人群众可以从中分得较小份额；第三，美国工人在国家政治生活中拥有较高的政治地位；第四，美国特殊的政党政治可以算是美国没有社会主义的第四个原因。论者还引述1906年出版的德国学者维尔纳·桑巴特（Werner Sombart）的著作《为什么美国没有社会主义》的论述来佐证："美国是资本主义的黄金国度。资本主义充分、纯粹的发展所需要的一切条件首先在这里得到了满足。任何别的国家、别的民族都没有这样优越的条件，能使资本主义发展到最发达的状态。"[1]

这些当然都是事实。问题是，事实背后的历史必然性是什么？恩格斯阐明，现代社会主义的根子深深扎在物质的经济的事实中，这就是生产已经成为社会的活动，而社会的产品却被个别资本家所占有这个现代社会的基本矛盾。这个基本矛盾的阶级表现是无产阶级和资产阶级的对立。"现代社会主义不过是这种实际冲突在思想上的反映，是它在头脑中，首先是在那个直接吃到它的苦头的阶级即工人阶级的头脑中的观念上的反映。"[2]这就是社会主义必然发生并

---

[1]　［德］W.桑巴特：《为什么美国没有社会主义》，赖海榕译，社会科学文献出版社2003年版，第1页。

[2]　《马克思恩格斯选集》（第3卷），人民出版社2012年版，第799页。

取代资本主义的根本原因所在。自那时以来的世界发展史充分证明，批判反对资本主义的社会主义观念和运动已经是资本主义经济的社会形态发展的自然史过程的有机构成部分。在资本主义成为世界体系的时代，社会主义更不可阻挡地成为世界性思潮和运动。资本主义的美国不会例外，也没有例外。由于地区、国度和社会发展阶段的各种差别，各国社会历史条件和文化传统的不同，社会主义观念和运动会形成不同的特点和特殊性，但是绝对不会特殊到没有社会主义的地步。

论者完全忽视了现代世界历史发展的一个基本逻辑：哪里有资本主义社会形态，哪里就有批判和反对资本主义的社会思潮和历史运动，即社会主义的发生发展。事实反复证明，美国社会经济政治发展不同于欧洲的特点，只是说明美国比欧洲各国发展更快的原因，没有一条是证明美国没有社会主义运动形态的。从这些原因里绝对得不出美国必定没有社会主义的结论，而只能证明资本主义发展到最发达状态的美国，其社会主义思潮和运动会具有自己的特点与特色。桑巴特的书说得明白，所谓没有社会主义，是指没有当时欧洲所理解的、真正有着马克思主义特征的社会主义。认为美国没有社会主义，毫无疑问是错误的。如果社会主义指的是实现平等、公正等价值观念的制度安排和社会因素，美国不仅有，而且很突出。社会平等、公正的理论价值体系至少在相当数量的美国知识分子中一直存在着。《民主的细节》一书得出同样的结论："'为什么社会主义会在美国失败？'这是社会科学界的一个经典问题。虽然人们给予了种种解释（移民社会、个人主义文化等等），但我更愿意相信另一个说法，就是：社会主义并没有在美国彻底失败，它是以一种缓慢变革、点滴改良的方式一点一点地发生着，是一场漫长而安静的'革命'。"①足见论者犯了一个基本逻辑错误，把美国没有西欧或欧洲式的社会主义理解为美国没有社会主义。

这个误读告诉人们，科学社会主义的基本原则和基本方法是不能够违反和背弃的；如果背弃，就一定会陷入错误的陷阱。事实反复告诉我们，一些人面对社会主义运动一度遭受挫折或者改变了形态就对社会主义的前途产生动摇，失去信心，认为社会主义彻底失败了，正在于他们并没有深刻理解和坚信这个科学社会主义根本原理。

二、美国的社会主义思潮、运动和组织此伏彼起、连绵不断

所谓美国没有社会主义的观点，不仅在理论上站不住脚，和美国现代历史的基本事实也不相符合。200多年的历史表明，在强大的迅速发展的资本主义生产方式下，美国人民为反对资本家阶级和争取自己的解放、自由、福祉进行了多姿多彩的、前赴后继的、顽强不屈的斗争。

早在1872年9月，经马克思恩格斯提议，第一国际海牙会议作出国际工人协会总委员会迁往美国纽约的决定。这一决定的形成，就在于那里反资本主义的工人运动已经有了相当广泛的发展，为之提供了重要基础。

在19世纪最后30年，美国逐步发展起大规模的工人运动和各种

---

① 刘瑜：《民主的细节：美国当代政治观察随笔》，上海三联书店2009年版，"前言"第10页。

工人组织，进而创立了一系列工会组织，特别是世界上最强大的工会组织——劳联—产联，会员曾达到1000多万人，为改善和提高美国工人的劳动条件、生活条件和社会福利，与资本家阶级进行了多种方式的广泛斗争。

早在1919年，美国就建立了作为共产国际成员的共产党。美国共产党发展得相当不错，最高时党员达二三十万人，成长出福斯特、白劳德等著名的社会主义党人，和工会组织劳联—产联开展过联合斗争，有力地支持了不发达国家民族的民主运动和世界反法西斯的斗争。后来发生逆转，其中的原因，除了美国统治阶级的野蛮镇压，与苏共以共产国际名义进行的大党主义干涉、压制和破坏也不无关系。尽管如此，美国共产党人还是在极其艰难、复杂尖锐的国内和国际环境中坚持不懈地进行斗争。进入21世纪，以韦伯为主席的美国共产党中央，实事求是、与时俱进地进行了理论、纲领、路线、政策的调整创新，走上了不断发展的新的斗争道路。现在，美国共产党的党员正以每个月新增100人左右的规模壮大发展。

批判和反对资本主义的社会主义思潮和组织，还在全美各地不断地、缓慢地、分散地以多种形式活动着、发展着。美国有不胜枚举的社会主义团体，比如社会主义劳动党、社会党、社会主义工人党、为了社会主义和解放党、美国民主社会主义者、社会主义平等党、革命共产主义党、工人世界党等，还有各种层次不同类型的社会主义团体和活动。它们发行报纸杂志，出版研究著作，印制散发宣传材料，举行各种讨论社会主义的会议，甚至国际会议，参加者有的竟达数千人之众，系统地批判和揭露资本主义制度的弊病和罪恶。2001年出版的美国哥伦比亚大学历史学教授理查德·W.布利特

（Richard W. Bulliet）等编写的《20世纪史》中写道："不管马克思主义在世界其他地区的情况如何，在过去的10至15年时间里，它在美国大学校园里，主要是在人文和社会科学的研究人员中，一直呈现出前所未有的繁荣。"① 美国《科学与社会》（季刊）经常对社会主义问题进行专题讨论，从1992年开始发起，每十年举办一次世界性的关于社会主义理论和未来构想的交流和研讨。2012年举行的讨论，有来自世界各地的学者参加。主要的议题有社会主义的内涵、运行机制，社会主义社会中的组织制度建设，社会主义社会发展的基本特征、规划与发展前景等问题。报道说，有一个美国和北美的"左翼论坛"，每年在各城市举行。2016年论坛的主题是"愤怒、反抗、革命：组织我们的力量"。2017年论坛的主题是"抵抗——战略、策略、斗争"，"号召制定统一的战略和战术，加快美国向社会主义转变"。2018年6月1日至3日，"左翼论坛"在纽约城市大学举行，来自北美和世界各地的左翼知识分子、左翼政党领袖、左翼学术组织代表、左翼社会活动家等众多人士聚集一堂，探讨"为左翼制定新战略"。与会者就如何将想法转化为行动，扩大运动、选区、议题和思想的共同点，沟通协商研究和不同组织之间的密切关系，以及如何创造不同形式以扩大左翼力量，通过论坛建立左翼友谊，凝聚左翼力量进行革新等重大问题开展热烈讨论。这些团体和思潮看起来是五花八门的，什么时候能够汇成一股完整的力量还难以断定，但是它们的斗争矛头都指向现代资本主义是明了无疑的。

---

① ［美］理查德·W.布利特等：《20世纪史》，陈祖洲等译，江苏人民出版社2001年版，第257页。

我们看到，在美国和西方学术界，有各种各样批判资本主义、研究讲授社会主义的教授，有的还是大学里的著名学者。比如，曾任世界社会学学会主席，哥伦比亚大学、纽约州立大学、耶鲁大学教授和研究员的沃勒斯坦，提出世界体系理论，实际上就是一种批判美欧资本主义社会形态体系的理论。他早在20世纪80年代就指明，美国的社会形态，在21世纪头十年就会被一种新的更高的社会形态所取代。只是由于美国特殊的历史条件，沃勒斯坦的观点没有采取欧洲社会主义的概念和论述形式。

笔者2011年写过一篇文章《D.贝尔：一位穿着"美国服装"的社会主义思想家》，纪念后工业社会理论创立者、哥伦比亚大学教授丹尼尔·贝尔。丹尼尔·贝尔对资本主义始终采取批判性态度和观点：明确地说，我们研究资本主义的人，"没有人把它看作一种'永恒的'社会制度"。丹尼尔·贝尔"在经济领域是社会主义者"。历史实践已经表明，丹尼尔·贝尔的"后工业社会"理论，深化了对当代资本主义社会变迁的理论认识和概括，他是一位对无产阶级和全人类解放事业的性质、条件、进程、一般目的学说有所贡献的学者。美国哥伦比亚大学著名经济学家、诺贝尔奖得主斯蒂格利茨连续发表文章，并专门出版《不平等的代价》一书，批判美国经济政治制度的严重不平等、不合理，所谓机会平等成为一句空话，财富都流入1%的富者的腰包，而99%的穷人更贫穷，必须进行变革。甚至美国首富比尔·盖茨也用人道主义的理念痛批资本主义"花大钱治小病"，要求各国政府采取行动以抵消"纯粹资本主义方式的这一缺陷"。可见社会主义思想的影响在美国是多么广泛，而且这种思想影响具有不容忽视的世界性。拉美不少社会主义党人是美国大学培养出来的。拉美著名左翼政治人物、厄瓜多尔前总统科雷亚就是美国伊利诺伊大学培养出来的经济学博士。

历史向来是按照自己的逻辑并不断冲破先验公式而创造出来的。所以科学社会主义一向强调，走向社会主义的进程、道路和方式是多种多样的。它的创始人早在19世纪40年代就说过，在英国不同于法国，在法国不同于德国，在德国不同于英国。20世纪以来，苏联、东欧社会主义的建设与失败，中国改革开放社会主义的成功，渐进改良社会民主主义的广泛发展，新兴市场国家左翼运动的蓬勃兴起，更进一步告诉人们，争取社会主义的斗争道路和实践形态是多种多样的、不断开拓的、曲折发展的，而不是千篇一律、一成不变的。社会主义的道路和形式，必须实事求是地按照各国的具体情况进行选择和判断。恩格斯19世纪末在谈论美国工人党的纲领时指出："哪怕有不足之处，只要是真正工人阶级的纲领就行。"①这告诉我们，每个国家的社会主义都有它的特色、特殊性、差异性，但都是在世界社会主义运动之内，而不是之外。

那种唯我独尊、霸权主义的思维方式和态度是完全错误的、有害的，是20世纪世界社会主义运动在某些时期陷入分歧、混乱和挫折的一个重要原因。独立自主是马克思主义的原则。孰对孰错，有效无效，只能由各国人民来判断，由历史实践来回答。马克思主义不是教义，从来不存在什么嫡传和教宗。所有社会主义者在理解和掌握科学社会主义和马克思主义上都是完全独立平等的。任何人都不能自封为嫡传的、正统的马克思主义者，肆意指责这个"违反马克思主义"，

① 《马克思恩格斯选集》（第4卷），人民出版社2012年版，第277页。

那个"背叛社会主义"。俄共领导人久加诺夫提出，苏共失败的根本原因就在于三个垄断：垄断经济，垄断政治，而且垄断真理。实践已经证明，这不是马克思主义的正确态度，必须彻底抛弃这种"唯我独马""唯我独社"的陈旧理念和错误方式。科学社会主义和马克思主义是世界历史文明发展的伟大思想成果，是劳动人民争取解放和幸福的锐利思想武器，是全人类的共同精神财富，谁也无法垄断它、独霸它。一切致力于劳动阶级和人类解放发展事业的人们，探寻人类社会发展真理和解放道路的人们，都有权根据时代的要求，结合本国的经验学习、研究、传播、运用、丰富和推进科学社会主义和马克思主义。

三、资本矛盾运动的不停顿发展和激化使反资本的社会主义运动在世界此伏彼起

在社会主义经过20世纪的历史巨变和丰富历练而进入21世纪的今天，还没有认识美国社会主义的历史特点，把美国人民和社会主义党人放弃过时街垒斗争方式、选择适合自己情况的劳动者罢工、议会选举斗争方式，当作美国没有社会主义的重要依据，根本原因就在于其没有科学认识和总结世界社会主义历史成果，让思想停留在过时的教条和封闭、僵化的理论体系之上，不懂得作为资本主义时代世界历史组成部分的社会主义历史运动，总是随着时代的发展变化而不断创新开拓前进的。

现代社会主义是立足于资本主义物质的、经济的事实之上的，而资本主义物质的、经济的事实总是处于不停顿的变革、变动之中的。

现代资产阶级除非对生产工具，从而对生产关系，从而对全部社会关系不断进行革命，否则就不能生存下去。生产的不断变革，一切社会状况不停的动荡，永远的不安定和变动，这就是资产阶级时代不同于过去一切时代的地方。《资本论》第一卷序言指出，现代资本主义不是坚实的结晶体，而是一个能够变化并且经常处于变化过程中的有机体。①这就是说，不能够用一种凝固不变的思维来认识和对待现代资本主义社会，从而也包括发达资本主义的美国。现代资本主义社会的技术革命、经济变革、体制创新、结构调整、文化论争、社会演进，在不断地改变着社会主义思潮和运动的社会经济条件、国际环境、群众基础和活动方式。

20世纪，特别是它的后半期，由于新技术革命的兴起、经济全球化的推进和国际产业分工配置的变动，金融化给予信息化和全球化以巨大推力，生产方式的社会化达到新的水平，美欧发达国家的经济结构、劳动结构和社会结构发生了根本性变化，选举民主已经普遍扎根，政府职能扩展，教育科研公共投资成为体制，社会保障制度相当完备，美国进入后工业社会。传统的体力劳动阶层已经萎缩，中等收入阶层广泛崛起，特别是企业的经理管理阶层、技术开发创新阶层和从事帮助人们解决问题相关职业的阶层（律师、传媒人和咨询家等）成长起来，脑力劳动工人阶级已经强壮到占劳动阶级的60%至70%，甚至更多。在新世纪，金融化借助信息革命成果让财富向少数人集中（2008年国际金融危机后美国最富的1%人口的收入在居民总收入中所占的比例达到93%），造成新的两极分化、不平等加剧的趋势，打击

---

①《马克思恩格斯选集》（第2卷），人民出版社2012年版，第84页。

中等收入阶层的经济地位，不仅引起大规模的传统的罢工抗议斗争，还形成了形式新颖的占领运动，并在发达国家和其他地区迅速蔓延。反映这个历史进程的学术作品和理论观点层出不穷，各种批判资本主义的著述已经司空见惯。对反资本主义的思潮和运动来说，社会舞台更为广阔，社会基础更加广泛多元，斗争形式更为现实多彩。

这种变化的剧烈、深刻、迅速程度完全超出人们的预料，一系列崭新的条件摆在社会主义者面前，新的战略策略被创造出来。

比如，社会阶层的发展变化出现新趋向，新富人展现新的特点。早在1997年，美国学者戴维·布鲁斯（David K. E. Bruce）就撰文《无限制资本家》指出，信息革命在美国催生了一种"无限制资本家"。他们和传统的资本家不同，不是靠祖传，而是靠新思路、新理念、新思维方式、新技术发明和新金融体制而崛起的新人，是一种资本人和技术发明者的合一。他们不信仰传统社会的一套，无视实物、等级、地位之类，而坚信知识、智慧、变革、创新技术的巨大力量。比尔·盖茨、史蒂夫·乔布斯就是这种新企业家的代表。盖茨等人在思想倾向上具有强烈的人道主义色彩。盖茨在2013年不仅公开肯定社会主义中国在短短30年中让6亿人口摆脱贫困的历史成就，而且大肆批评资本主义不能以人为本的根本缺陷，指责它花很多钱研制富人长寿的医药，而不肯投资为广大民众研制防治疟疾和艾滋病的药物；盖茨还投入巨额资金成立基金会，推动救助贫困民众的医疗公益事业。这是一个值得研究的历史现象。马克思恩格斯当年就是从人道主义者成长为社会主义者的。在当今发达世界里，人道主义者、"文化创造者"（把社会责任列为企业追求目标的企业家群体）至少是批判资本主义的同盟者，甚至是某种程度的社会基础。

在一些地区出现了反资本劳工运动的跨国界、跨领域和跨阶层的新的联合。经济全球化和区域经济一体化的发展，改变着许多国家和地区的经济结构和劳动状况，形成许多国家间劳工阶级的共同利益和密切联系。早在20世纪80年代末90年代初，在北美，墨西哥和美国的劳工团体为了反对资本家阶级在推进区域经济一体化、实行《北美自由贸易协定》过程中对劳工阶级利益的侵害，联合人权与环境保护主义组织等团体，借助《北美劳工合作协定》，把维护劳工利益和捍卫人权与社会正义等目标结合起来，开创了跨国、跨阶层、跨领域的国际合作的新举措。当时墨西哥的"可靠工人前线"和美国电器、无线电和机器工人联合会达成战略联盟，在各自的国家内协同组织劳工运动，开展集体劳资谈判。进而又同人权组织和环保组织等团体合作，共同进行维护北美地区劳工法、劳工政策和劳工权益的信息交流、协调行动、诉讼谈判等的斗争。应当看到，这是信息化全球化时代反资本劳工运动国际联合的新进展，是社会主义思潮和运动发展的新创造、新经验。

反对资本主义运动的国际格局也出现新的变动。21世纪崛起的新兴经济体，在亚洲、拉丁美洲、非洲等广大地区发展壮大。它们之中许多国家的政策和战略都带有种种社会民主左翼的色彩，拉美一些国家甚至打出"21世纪社会主义"的旗帜，和古巴的社会主义事业互相呼应。它们不仅抓住经济全球化和国际产业分工的机遇，采取适宜的有效的战略，成功推进经济社会持续发展，而且实行减贫扶贫，发展国民教育，壮大中产阶层，完善民主政治，促进社会公平正义；在国际战略上，它们不跟着美欧国家走，从而对西方主导的世界秩序提出挑战，改变着国际力量的对比。可以预料，在未来的世纪里，它们最有潜力成长为变革和改造资本主义世界历史运动的重要力量。

当代世界这些深刻的变动，为批判、改造、变革资本主义的思潮和运动发展提供了前所未见的历史条件和社会空间。西方国家尽管很不情愿，但也不得不接受新兴经济体的崛起和发展，不得不容忍改革开放社会主义国家的存在和发展，不得不容许各种反对资本主义的团体和活动，就是证明。面对21世纪人类社会改造资本主义、建设新的人的解放和自由发展社会形式的新进程，人们要以全新的历史视野、变革开放的崭新思维，搞清楚在改变了的世界条件下社会主义运动发展进程的历史特点，并据以创建适应新的运动情势的活动方式、理论形态和组织形式，开拓世界社会主义发展的新天地。早在20世纪八九十年代，波兰著名马克思主义研究家亚当·沙夫（Adam Schaff）就指出，不创新马克思主义，社会主义就不能够前进，必然陷入失败。①我们坚信，不可阻挡的社会主义历史进程一定能够逢山开路、遇水架桥，闯出胜利前进的新道路。

事实表明，20世纪资本主义的发展变革，社会主义运动的历史成果，催生了一场广大的、多元的、无中心的反资本主义运动，推动世界社会主义发展进程。社会民主主义在欧洲的历史实践，改革开放后社会主义的成功崛起，不发达国家左翼运动的广泛成长，美国分散的缓慢的社会主义的持续不辍，苏东社会主义的土崩瓦解等，都告诉人们，解放思想、实事求是、与时俱进、以人为本、变革创新、社会和谐、文明互动、独立自主等这些科学社会主义的基本原则，才是我

---

① ［波兰］亚当·沙夫：《创造性的马克思主义——新型社会主义》（上、下），郭增麟译，《当代世界社会主义问题》2000年第4期、2001年第1期。

们应当掌握的理念和推进包括美国社会主义在内的世界各国社会主义运动的强大思想武器。

论者的僵化观点表明，实现这个变革创新，需要正确认识和对待20世纪30年代共产国际留下的思想遗产。这种理论的缺陷在于，不懂得马克思主义是科学世界观与方法论，而不是人类社会发展的路线图和建设社会主义必须照抄照搬的具体蓝图。这种思想理论把科学社会主义教条化、凝固化、公式化，并使之居于统治地位，是20世纪世界共产主义运动缺乏生机活力，一度陷入困境、分裂和在一些国家失败的重要原因。必须摆脱这种僵化思维，用发展着的马克思主义去观察和认识当代世界社会主义，避免落入脱离时代进程的虚无的悲观的迷途。

反思历史经验，分析世界变化，邓小平阐明，真正的马克思主义者必须搞清楚在变化了的条件下如何认识和发展马克思主义，根据现在的情况，以新的思想、观点去继承、发展马克思主义。党的十八大报告总结新的历史经验，进一步阐明，建设社会主义，既要坚持科学社会主义基本原则，又要根据时代条件赋予其民族特色。这"是一项长期的艰巨的历史任务，必须准备进行具有许多新的历史特点的伟大斗争"。党的十九大阐明，世界每时每刻都在变化，中国也每时每刻都在变化，我们必须在理论上跟上时代，不断认识规律，不断推进理论创新、实践创新、制度创新、文化创新以及其他方面的创新。我们要深刻理解和科学运用马克思主义中国化时代化的这些最新成果，坚决摈弃一切僵化的、刻板的、封闭的思维方式和理论观点，凝聚人类理智和智慧发展的新的成果，勇敢、坚定、沉着、开放、包容地认识和研究当今世界普遍深刻的变化，揭示人类社会发展和社会主义运动发展新的历史特点，以反映当代世界变化的新认识、新观点和新战略，继承和发展科学社会主义，让人类解放的伟大事业在正确历史轨道上胜利前进。党的二十大指出，马克思主义是我们立党立国、兴党兴国的根本指导思想。实践告诉我们，中国共产党为什么能，中国特色社会主义为什么好，归根到底是马克思主义行，是中国化时代化的马克思主义行。推进马克思主义中国化时代化是一个追求真理、揭示真理、笃行真理的过程。中国共产党人深刻认识到，只有把马克思主义基本原理同中国具体实际相结合、同中华优秀传统文化相结合，坚持运用辩证唯物主义和历史唯物主义，才能正确回答时代和实践提出的重大问题，才能始终保持马克思主义的蓬勃生机和旺盛活力。

实践没有止境，理论创新也没有止境。不断谱写马克思主义中国化时代化新篇章，是当代中国共产党人的庄严历史责任。继续推进实践基础上的理论创新，首先要把握好习近平新时代中国特色社会主义思想的世界观和方法论，坚持好、运用好贯穿其中的立场观点方法，必须坚持人民至上、自信自立、守正创新、问题导向、系统观念、胸怀天下六个"基本点"。中国共产党是为中国人民谋幸福、为中华民族谋复兴的党，也是为人类谋进步、为世界谋大同的党。我们要拓展世界眼光，深刻洞察人类发展进步潮流，积极回应各国人民普遍关切，为解决人类面临的共同问题作出贡献，以海纳百川的宽阔胸襟借鉴吸收人类一切优秀文明成果，推动建设更加美好的世界。

改革开放、自信自立，
创建和发展中国特色制度体制

唯物史观指明，社会物质资料的生产是人类社会发展的基础和根本动力。在工人阶级经过暴力革命夺取国家政权之后，要推动社会发展，改变落后面貌，就必须对经济基础和上层建筑进行全面的改革，打造解放和发展社会生产力，激发全社会创造力和发展活力的制度体制和国家治理体系。新中国成立70多年来，我们党领导人民创造了世所罕见的经济快速发展奇迹和社会长期稳定奇迹，中华民族实现了从站起来、富起来到强起来的伟大飞跃。实践证明，中国特色社会主义制度和国家治理体系是以马克思主义为指导、植根中国大地、具有深厚中华文化根基、深得人民拥护的制度和治理体系，是具有强大生命力和巨大优越性的制度和治理体系，是能够持续推动拥有14亿多人口大国进步和发展、确保拥有五千多年文明史的中华民族实现"两个一百年"奋斗目标进而实现伟大复兴的制度和治理体系。

第十一讲

当代中国制度体制创新的
理论依据和历史基础

　　70多年来，中国发展取得了伟大的成功，创造了当代世界发展的历史奇迹，党的面貌、国家的面貌、人民的面貌、军队的面貌、中华民族的面貌都发生了前所未有的变化，中华民族正以崭新的姿态屹立于世界的东方。最新统计表明，改革开放以来，中国的发展在各个方面都取得了伟大的成就。自2010年开始，国内生产总值稳居世界第二位。1978年经济总量是3679亿元，2020年达到101.6万亿元，占世界经济的比重达17%左右。人均国内生产总值在2019年至2023年连续五年超过1万美元。货物进出口居世界第一位，服务贸易总额居世界第二位，成为全球外国直接投资第一大目的地，高铁运营总里程、高速公路总里程和港口吞吐量均居世界第一位，220多种主要工农业产品生产能力稳居世界第一位。2020年我国研发经费支出24426亿元，比2015年增长10206亿元，稳居世界第二位。2016年至2020年，粮食产量连续稳定在6.5亿吨以上。2019年，文化及相关产业增加值达44363亿元，占国内生产总值的比重为4.5%。人民生活水平迈上新台阶。2020年，全国居民人均可支配收入达32189元，快于同期人均国内生产总值增速。2020年，全国居民恩格尔系数为30.2%，比2000年下降12个百分点。2019年城镇居民和农村居民人均住房面积分别达到39.8平方米和48.9平方米。基础教育巩固发展，高等教育进入普及化阶段。居民平均预期寿命从1949年的35岁提高到2021年的78.2岁，高于世界平均水平。

当代中国道路和中国制度的成功，得到那些追求社会公平正义和人类发展进步的人极大的关注。波兰著名马克思主义研究家亚当·沙夫坚持以创造性马克思主义观研究当代社会主义问题，自然，中国道路的成功崛起不能不进入他的视野。他说："我一直关注着中国形势的发展，一直想写点什么，但又担心我对中国的特点了解不多，谈不深刻。""我知道，中国关于社会主义问题的讨论进行得很热烈，所以现在我决定谈谈我的中国观……以负责的精神说说我的看法。"①这不仅表达了沙夫的独到见解，也在一定程度上反映了外国学者的某些看法。这里就沙夫提出的看法和问题进行探讨，以深化对中国道路及其制度创新的理论依据和历史基础的认识。

一、结合中国国情和时代变化，坚持唯物主义历史观的指导

中国当前的社会性质是争论最大的问题之一。沙夫开门见山地提出这个问题：对于中国式的社会主义、中国式的资本主义、中国式封建主义这三种说法，我都表示怀疑。如果要我来裁决的话，肯定是个

---

① ［波兰］亚当·沙夫：《我的中国观》，郭增麟译，《当代世界社会主义问题》2001年第4期。

难题。[1]然而，沙夫没有在这个难题面前却步。他不拘泥于成说，而是听从实践的呼唤，从深刻认识中国问题的极端复杂性和特殊性当中寻求答案。他指出，中国一直处于深刻的变革过程中，一切处于变动之中，处于发展过程之中，再加上国家幅员辽阔，各地情况千差万别，工业发展和人口情况很不平衡，历史、文化甚至语言都有很大差别。例如在上海，那里有真正的资本主义市场，又是在党的坚强领导之下；在西部贫穷地区，仍然使人想起家族统治的封建制度。对这个新现象，如果用西方框框来套，采用西方传统的"定义"来判断中国，那是注定要失败的。因此，在分析中国问题时应当认真考虑："中国式"一词，不能只是空洞地套用，而必须具有十分确切的内涵，使之成为人们对中国情况进行分析的依据。为此，不能停留于抽象的学术讨论，必须走进活生生的生活实践。破解中国的难题，不能套用西方传统理论，必须从中国的实践中找出答案。

沙夫进一步指出，认识中国当前的制度问题，首先要创新社会历史理论。马克思曾经把社会经济形态划分为五种。随着对历史现象分析的深化，马克思提出，这个公式所包含的范围太狭窄，没有把亚细亚形态包括进去，可是他并没有继续展开来谈这个问题。后来这个问题又被提出来，可是一直没有搞清楚，没有答案。目前我们面对的问题是它的一个继续。把注意力集中在中国，也许有助于找到问题的答案。这就是说，人们再也不应当简单套用马克思的理论了，必须回答马克思提出而没有阐明、后来也没有搞清楚的亚细亚形态的社会发展

---

① ［波兰］亚当·沙夫：《我的中国观》，郭增麟译，《当代世界社会主义问题》2001年第4期。

问题。这里，他不仅提出建立亚细亚形态社会历史理论的任务，而且试图阐明破解中国问题的理论症结。这是沙夫在当代社会主义研究方面的一个亮点，充分表现了他精深的马克思主义造诣和创造精神。

在教条思维流行的年代，我们一度把东方社会研究、亚细亚形态研究统统当作反马克思主义的观点加以批判。其实，关于东方社会的研究，沙夫的这个观点完全是马克思主义的。马克思恩格斯创立的社会历史理论揭示了人类社会发展的客观规律，是社会思想发展史的伟大变革和科学结晶，为工人阶级解放世界的使命提供了锐利的思想武器。同时，这个理论形成于欧洲的历史环境，反映了近代欧洲社会发展的事实和过程，总结继承了近代欧洲哲学、历史学、经济学和政治学的最高成就，是欧洲历史文明发展的产物。那时资本主义世界体系还处在形成的过程之中，广大亚洲国家被殖民化，被裹挟进资本主义主导的世界历史进程中。欧洲的东方研究在起步，但还没有系统的研究成果。马克思恩格斯不懂东方的、中国的语言，不可能使用一手资料研究东方的社会问题。他们关于东方的文论，主要是关于那里人民正义斗争的国际评论。他们晚年开始以俄国为典型代表研究东方的社会发展道路问题，提出一些重要见解，但也是有限的。所谓马克思恩格斯提出了一个东方社会理论和东方社会主义理论"完整体系"的看法是言过其实的，马克思恩格斯也不会同意这种评价。1877年马克思明确表示，不赞成把他的历史哲学理论说成是"超历史的"：不能"把我关于西欧资本主义起源的历史概述彻底变成一般发展道路的历史哲学理论……这样做，会给我过多的荣誉，同时也会给我过多的侮辱"①。

---

① 《马克思恩格斯选集》（第3卷），人民出版社2012年版，第730页。

恩格斯晚年进一步阐述："我们的历史观首先是进行研究工作的指南，并不是按照黑格尔学派的方式构造体系的杠杆。必须重新研究全部历史，必须详细研究各种社会形态的存在条件，然后设法从这些条件中找出相应的政治、私法、美学、哲学、宗教等等的观点。"①可见，那种把马克思的历史观当作现成公式，用以剪裁各种历史事实构造理论体系的态度，违背马克思主义历史观，是完全错误的。实践表明，以马克思的历史观为指南，详细研究自己的全部历史和社会形态存在的条件，从中形成自己的社会历史理论，是马克思主义政党正确制定纲领和政策的必备理论前提。对东方国家马克思主义政党来说，更是如此。

马克思恩格斯在《德意志意识形态》一书中表示，不赞成"地域性的共产主义"②。这也是经典社会主义的一个重要观点。世界历史发展趋势表明，共产主义大同是人类的未来。但这是以生产力的普遍高度发展和与此相联系的世界交往的普遍发展为前提的。历史和现实都表明，在世界的范围实现它，不能不经历一个非常漫长的历史过程。因此，这还不是一个现实的课题。而马克思恩格斯在预见这个历史发展进程上，至少早了好几百年。特别是进入20世纪，资本主义时代世界历史的发展，呈现出马克思恩格斯没有预料到的复杂巨变局面。在资本主义垄断阶段，由于各种矛盾的激化、战争的频仍和经济政治发展的不平衡，马克思主义先进政党在一些东方不发达国家产生并领导本国人民，在资本主义世界统治链条的薄弱

---

① 《马克思恩格斯选集》(第4卷)，人民出版社2012年版，第599页。
② 《马克思恩格斯选集》(第1卷)，人民出版社2012年版，第166页。

环节首先发动革命并取得胜利，走上非资本主义的发展道路。和欧洲工业化国家不同，这些东方国家是经济文化不发达、人口众多的后发国家，具有悠久的历史文明和独特的民族传统。它们被资本主义的世界进程卷入工业化、现代化和全球化的历史潮流和现代世界体系，但只是这个世界体系中被掠夺被压迫的外围和附庸，其生产方式有现代化的成分，而农耕的和手工业的比重还是很大。世界历史的这种情势决定，它们走社会主义道路，既要赶上时代，走工业化、现代化和全球化的必由之路，又不能重蹈西欧资本主义的历史老路；既要充分学习和利用资本主义的文明成果，又必须继承和创新自己的历史文明；既要学习西方先进的社会主义，又要解决不同历史条件下经济社会发展的特殊课题。

显然，不能套用传统历史理论和经典社会主义的具体结论，必须把马克思主义和本国的具体实际结合起来，和本国优秀传统文化结合起来，去开辟符合自己国情和适应时代潮流的新道路，即把马克思主义民族化，把社会主义本土化。于是，20世纪，在亚欧交界处，东欧、亚洲一些地区产生了俄罗斯共产党创立的苏联社会主义、中国共产党创立的中国特色社会主义、南斯拉夫共产主义者联盟创立的自治社会主义等社会主义的新形态。这是现代世界历史发展的客观产物，是这些国家走向更高社会形态的必经阶段。拘泥于马克思恩格斯的具体结论，无视社会发展的客观事实，否定这种民族化的马克思主义、具有各国特色的社会主义，不允许研究东方社会理论和东方社会主义，就是站在了唯物主义历史观的对立面，充当社会发展的绊脚石。

二、紧密结合中国具体实际，坚持、发展和创新科学社会主义

在阐明东方社会历史理论的问题上，我们和沙夫可谓"同归而殊途，一致而百虑"。如果说沙夫是通过对实践发展遇到的难题进行理论思索而形成这种认识的，那么中国共产党人则是为探索中国革命、建设和改革道路提供科学的理论指南，在中国大地上、在自己的奋斗实践中，系统地深入地钻研、提出并不断地发展丰富着共产党人的科学世界观和方法论的、中国的社会历史理论。

近代中国是一个有5000多年文明史的、人口众多的、经济文化落后的农业国。资本主义的全球扩展，把近代中国变成一个半殖民地半封建的不发达社会，使其处于资本主义世界体系的外围。于是，先进的中国人与世界资本主义和社会主义运动发生了联系，接受了马克思列宁主义。但是，形成于欧洲的马克思和俄国的列宁的理论都不可能为中国这个东方大国的发展提供现成的答案。在总结经验教训的基础上，毛泽东首先认识到，必须实现马克思主义的"中国化"，把马克思主义和中国革命的具体实践结合起来，继承中国珍贵的历史文明，阐明中国社会发展的历史逻辑和革命运动的特殊规律，形成有中国特点、中国气派、中国风格的马克思主义。它的第一个伟大成果就是毛泽东思想。

正如刘少奇所说，毛泽东思想是关于中国革命和建立新中国的理论，又是关于中国历史和社会的理论。我们后来把它的历史哲学理论概括为实事求是、群众路线和独立自主三个基本点。这是马克思主

义从欧洲形式到中国形式的飞跃，也就是马克思主义指明的人类解放历史运动的东方形态。在改革开放的新时期，邓小平适应中国社会发展的新需要，依据实践的丰富经验指出，在中国建设社会主义这样的事，马克思和列宁的本本里都没有现成答案，脱离本国实际谈马克思主义没有意义，必须继续探讨、发展与中国实际相结合的马克思主义。他阐明，我们处在社会主义的初级阶段，必须遵循发展生产和共同富裕的根本目标，把"三个有利于"作为判断的根本标准，吸取世界发展的一切先进的东西，坚定地走改革开放、实现现代化的历史必由之路，赶上飞速前进的时代。他创立的当代中国的马克思主义，我们称之为邓小平理论。正如江泽民所说，邓小平理论是我们观察世界、发展中国的强大思想武器。之后，我们党进一步提出"三个代表"重要思想，提出以人为本的科学发展观。特别是党的十九大总结改革开放伟大革命的实践创新、理论创新、制度创新、文化创新的全部成果，形成习近平新时代中国特色社会主义思想，把当代中国马克思主义推进到新的发展阶段。总之，运用马克思主义的原则和方法，总结自己全部的实践经验，继承中华文明优秀遗产，吸取人类文明先进成果，对中国社会历史发展规律和特点进行探讨和阐明，不断发展和丰富自己的历史哲学理论，是我们的路线、方略、方针、政策之所以符合实际而富有成效的思想奥秘所在。它是对亚细亚形态社会发展规律和特点认识的深化，是马克思历史哲学理论在当代中国的发展。

在20世纪，列宁首开探讨东方社会发展理论的先河。他一向认为俄国社会党人尤其需要独立地探讨马克思的理论。十月革命胜利后，列宁之所以能够突破经典理论，纠正"战时共产主义"的错误，实行新经济政策，开拓俄国审慎迂回的、渐进主义的、改良主义的建设社会主义新道路，就在于深刻准确地把握了俄国和欧洲各国不同的社会历史特殊性。他在《论我国革命》一文中批评了那些反对俄国进行社会主义变革的观点，指出世界历史发展的一般规律不仅丝毫不排斥个别发展阶段在发展的形式上或顺序上表现出的特殊性，反而是以此为前提的。俄国是一个介于文明国家和欧洲以外各国之间的国家，它表现出的某些特殊性，使俄国革命有别于以前西欧各国的革命。在东方那些人口众多、社会情况无比复杂的国家里，今后的革命无疑会比俄国带有更多的特殊性。这里，列宁已经明确提出，探索东方国家的社会发展道路，不能套用传统的历史理论，而必须实事求是地提出反映东方国家社会发展特殊性的历史理论。列宁对俄国社会主义发展新道路的开拓，正是以这样的社会历史理论为基础的。这充分证明系统深入地研究东方社会发展理论的基础性作用。

在20世纪，从俄国共产党人到中国共产党人，都曾以马克思的历史哲学理论为指导，研究和阐明本国社会历史发展的规律和特殊性，为开拓东方社会主义发展道路提供了科学的理论基础，并取得了人民革命的伟大成功，建立了社会主义基本制度。然而在一段时期里，由于教条主义思想的束缚，我们没有真正系统地研究东方社会的发展，建立起马克思历史哲学理论的新形态。阐明完备的东方的亚细亚社会的历史哲学理论，是我们正在完成的马克思主义基础理论建设的一项重要工程。作为一位生活于欧洲社会的学者，沙夫通过自己的研究，也认识到，突破西方传统历史理论，阐明亚细亚形态社会历史理论，是破解中国问题的理论前提。这是难能可贵的。这说明，一切坚持实事求是的马克思主义者是一定会走到一起的。

中国特色社会主义对经典观点的突破和创新，是史无前例的。由于社会背景、实践经历、文化传统和知识结构的差异以及信息缺失等原因,沙夫对中国特色社会主义也不免生出一些误读和不解。他说:"关于中国当前的制度是否经典马克思主义意义上的社会主义的问题,我持否定立场。"①这完全符合实际。我们从不认为中国搞的是经典意义上的社会主义。问题是沙夫在论证中又提出,马克思主义经典作家创造"社会主义"这个词时所赋予的含义,以及赞同其观点的整整几代马克思主义者对这个含义的共识,不可以由于前面加了"中国式的"这个词而改变,不能同其普遍应用的情况相对立。就是说,社会主义的含义以及在历史上取得的共识都是不可改变的。这样,中国特色的社会主义就被排除在社会主义范畴之外。对此我们不能同意。这种认识在西方和中国具有相当的普遍性,需要从人类历史发展规律上认真讨论清楚。习近平同志阐明,解决中国的问题,要坚持中国人的世界观、方法论。如果不加分析把国外学术思想和学术方法奉为圭臬,一切以此为准绳,那就没有独创性可言了。要从我国实际出发,在实践中认识真理、检验真理、发展真理。②

问题的核心在于如何理解和对待经典理论,即马克思恩格斯提出的对未来社会的看法。这些看法大体包括价值目标、制度设计、实现条件等方面。价值目标,即未来的共产主义社会是一个以每个人的全面而自由的发展为基本原则的社会形式,它是这样一个联合体,在那里,每个人的自由发展是一切人的自由发展的条件;制度设计,即这个社会将实行生产资料的社会占有,按劳分配,按需分配,全社会有

①［波兰］亚当·沙夫:《我的中国观》,郭增麟译,《当代世界社会主义问题》2001年第1期。

②《习近平谈治国理政》(第二卷),外文出版社2017年版,第341页。

计划地生产，工农、城乡和体力劳动与脑力劳动之间差别的消灭；实现条件，即这个社会只能以社会生产力的高度发展和财富的极大增长为基础，只有在社会生产力的发展达到对我们现代来说也是很高的阶段，这种社会变革才是真正的进步，而不致在社会的生产方式中引起停滞甚至衰落。这些思想成果为后来的探索提供了重要的方法和出发点，一切真正的社会主义者都应当认真研究，从中吸取智慧。但是，它们不能作为未来社会发展的最终结论和行动纲领。

第一，他们提出的这些具体看法，是当时欧洲社会条件和时代进程的产物，需要与时俱进。特别是，资本主义是一个不断发展、经常变革的社会，其经济、科技、文化的迅速发展，日益深刻地改变着整个世界的面貌。因此，他们对未来社会的看法不能不随着认识的深化和实践的发展而不断改变。恩格斯说过，社会主义社会和其他社会一样，也是一个不断改革、经常变化的社会，对它的认识也不是一劳永逸的。第二，马克思恩格斯关于未来社会特征的看法是从历史事实和发展过程中得出的，不结合这些事实和过程去加以阐明，就没有任何理论价值和实际价值。这些看法随时随地都要以历史条件为转移，每个工人政党都是在自己国家与民族的大地上和人民中建设社会主义的，脱离本国的事实和过程来谈论这些结论没有任何意义。事实和过程不同，看法就必定不同；事实和过程改变了，看法就必须改变。就是在西欧，英国也不同于法国，德国又不同于法国。不根据历史事实和发展过程的变化而形成新的认识、创造新的理论，不是马克思主义的科学态度，也不能适应社会主义发展的需要。第三，社会存在决定社会意识是马克思主义的一个基本观点。社会主义社会的理论，不是从人们的头脑里被先验地发明出来的，只能形成于社会主义变革和建设实践的基础之上。所以，马克思恩格斯认为，在将来某个特定的时刻应当做些什么，完全取决于当时特定的历史环境。他们明确表示，不打算把什么最终规律强加给人类，也没有任何一劳永逸的现成方案。因此，马克思恩格斯向来反对把他们的看法当作一成不变的现成公式和到处套用的具体纲领，而要求人们像他们那样应用唯物主义方法，研究自己面对的历史事实和发展过程，形成符合本国情况的确切看法。这才是对待经典社会主义理论的科学态度。

历史和现实表明，建设社会主义没有定于一尊、一成不变的套路。马克思恩格斯理论形成的历史环境，是工业化、现代化、全球化进程蓬勃推进的西欧文明社会，是西欧资本主义崛起并向世界扩张的时代。而20世纪走上社会主义发展道路的国家，作为后发的国家，面临着和西欧国家有很大不同的生产发展阶段和社会历史课题。这样的历史方位决定了这些国家不能套用根据西方社会历史条件提出的经典理论的具体论述，而必须从自己国家的实际出发去探索社会主义发展的新道路、新理论。

十月革命胜利后，列宁就清醒地指出，根据书本讨论社会主义纲领的时代，在俄国已经一去不复返了。现在一切都在于实践。我们的社会主义的砖头还没有造好，大厦没有建设起来，因此我们还不能叙述社会主义的特征。在纠正照搬经典论述、实行战时共产主义的错误中，列宁进一步地认识到，在俄国建设社会主义，必须从这个小农国家的实际出发，采取不同于传统理论的迂回曲折的改良主义的方法。他提出并实行了新经济政策，使新生的苏维埃政权摆脱了严重的经济危机和政治危机，开始找到符合俄国情况的发展道路，奠定了社会主义发展的政治、经济基础，开拓了建设社会主义的新局面。没有对经典论述的突破和创新，就没有俄国社会主义发展新道路的开拓。正如列宁所总结的："我们对社会主义的整个看法根本改变了。"[①]然而，后来的苏共领导背离了列宁开辟的道路，陷入僵化教条的泥潭，不顾时代条件和本国实际，采取强力的手段，超越当时所处的社会发展阶段来建设经典社会主义。经典理论的整个设想都是建立在对生产力的高度发达和极大增长的预计之上的。不具备这个实际前提，却套用这些设想，结果使社会主义现实经济体制、经济关系成为社会生产力发展的障碍，苏联陷入长期发展缓慢、人民生活改善不大、日益僵化封闭的境地。到20世纪80年代，苏联社会主义搞了近70年，连一些生活必需品都经常短缺。马克思恩格斯预料的那种情况，即贫穷的普遍化，重新开始争取必需品的斗争，全部陈腐的东西死灰复燃的局面，以新的历史形式出现在苏联。同时，苏联还运用国家政权的力量，在国内国外广泛地宣传和强制推行这些脱离历史实际和时代潮流的东西，严重地损害了社会主义的形象和声誉，使现实社会主义陷入严重的经济危机和政治危机之中，最终导致苏联和东欧社会主义的失败。

沙夫正确地指出："'现实社会主义'的破产并不意味着经典社会主义的崩溃。"现实社会主义失败的根本原因在于，它们在还不具备必需条件的国家里，以唯意志论的方式，通过暴力手段去建设经典意义上的社会主义。这表明，现实社会主义的破产，并不是由于选择了社会主义发展道路，而在于完全忽视了自己国家经济文化发展的基本事实，在不具备马克思恩格斯所阐明的实际前提的条件下，照搬经典理论具体设想，去建设那种脱离国情、脱离历史、脱离人民、脱离

---

① 《列宁选集》(第4卷)，人民出版社2012年版，第773页。

时代的社会主义，并顽固地坚持它，压制任何的改革。我们必须牢记这个惨痛的历史教训，决不能拘泥于经典理论的具体结论和设想，要坚持按照时代要求、本国情况和实践经验去创新和创造社会主义，首先是按照发展生产、富裕人民的目标创造经济发展方式和相应的人民当家作主的制度。这才是真正地坚持马克思的社会主义理论。

对社会主义的含义在历史上形成的共识和普遍应用的情况，不能一概而论。必须看到，教条主义错误思想的影响，使人们给社会主义附加了许多扭曲的认识和公式化的理解，应当遵循实事求是的原则，从实际出发，按照解放和发展生产力的要求来改革和建设生产关系的根本原理，并加以澄清和破除。比如对市场经济，20世纪的社会主义各国都曾经不顾自己的实际条件和发展需要，照搬经典理论的具体观点而加以消灭。西方一些社会主义研究者至今还普遍认同把市场与社会主义对立起来的观点。沙夫说，中国搞的是真正的资本主义市场。美国"校园马克思主义"学者认为，社会主义和市场是水火不相容的。但是，20世纪资本主义和社会主义发展的历史进程充分表明，市场经济体制是现代社会资源配置和经济运行最有效的方式，是任何国家历史发展都不可逾越的发展阶段。欧美发达国家通过不断发展创新和日益完善市场经济，推动着科技和经济发展到前人难以想象的程度，显示了巨大的创造力和生命力，展现出不错的发展势头。社会主义国家统制计划经济的失败说明，至今还没有找到比市场经济更好的方式。那种认为社会主义和市场水火不容的看法完全忽略了"生产力发展是社会进步的根本标准，生产力发展的实际状况是选择资源配置方式的基本根据"这个马克思主义的根本观点，只是记住了它的具体结论，更没有从20世纪市场经济完善发展的实践和巨大社会作用的事实出发，形成符合新的实际的理论认识。

中国共产党人解放思想、实事求是，针对种种僵化观点和教条式理解，重新回答"什么是马克思主义，什么是社会主义"的基本问题，阐明解放和发展生产力，实现共同富裕才是社会主义理论最重要最根本的观点。在中国的具体条件下，一切符合邓小平理论、"三个代表"重要思想和科学发展观，"为中国人民谋幸福、为中华民族谋复兴"的东西，就是社会主义需要的和允许的东西；一切违背"三个有利于"、"三个代表"重要思想和科学发展观，违背为"中国人民谋幸福、为中华民族谋复兴"的东西，就是和社会主义相背离的东西。这是我们对社会主义含义及其普遍应用的情况进行判断的理论指南和根本标准。据此，我们明确提出，市场是资源配置的手段和方法，资本主义可以用，社会主义也可以用。在中国这样的社会主义国家，必须建立和完善市场经济体制，在国家宏观调控下，使市场在资源配置中发挥决定性作用，更好地发挥政府的作用。中国发展社会主义市场经济的伟大成就已经有力地证明，只有建立和发展市场经济，才能充分调动全社会的创造性和积极性，真正创造建设社会主义必需的实际前提，使社会主义巩固发展起来。不仅如此，我们在实践中还创造了一整套符合中国实际的东西："一个中心、两个基本点"的基本路线；通过改革开放实现现代化，全面建成小康社会；公有制为主体、多种所有制经济共同发展，按劳分配为主体、多种分配方式并存；积极参与经济全球化进程，走新型工业化的道路；党的领导、人民当家作主和依法治国的有机统一；人民代表大会制度，共产党领导的多党合作和政治协商制度，民族区域自治制度；依法治国和以德治国的互相结合；私营企业主等新的社会阶层是中国特色社会主义的建设者；实行百花齐放、百家争鸣，弘扬主旋律，提倡多样化的方针，繁荣发展科学文化；"一个国家，两种制度"；党要成为中国工人阶级的先锋队，同时成为中国人民和中华民族的先锋队，党必须领导一切，坚持以人民为本，执政为民，从严管党治党，勇于自我革命；等等。这些东西，我们就叫作中国特色社会主义或者初级阶段的社会主义。正是它指引着中国人民在建设社会主义现代化国家的道路上取得举世瞩目的发展成就。确实，在马克思恩格斯的本本里找不到这些东西，但是，它是植根于中国实际需要和人民根本意愿，并通过实践检验证明是符合时代潮流和切合中国历史条件的、不断推动社会主义自我完善和发展的科学理论和正确道路，是对科学社会主义基本原则的真正坚持和发展。

随着中国特色社会主义的不断完善和发展，随着对中国历史和现实的进一步了解，会有更多的人能够认识到，中国特色社会主义的实践和理论是马克思主义科学社会主义在新时代中国的继承与突破、创新与发展。沙夫是一位与时俱进的、具有创造性的马克思主义者。在20世纪的最后年代里，他潜心观察和研究西方发达国家科技和经济的迅猛发展，发表了一系列论著，分析西方国家生产方式、社会结构和阶级结构发生的深刻变革，指出不系统地研究和阐明这些根本变化，不用反映实际发展的新认识新理论去代替那些过时的认识和看法，马克思主义科学社会主义是没有出路的。在《创造性的马克思主义——新型社会主义》一文中，他进一步深刻阐明，不理解与当前科技革命密切相关的生产方式的变革，即生产过程和服务业的自动化、机器人化以及由此造成的结构性失业和工人阶级的消亡，就无法正确认识马克思主义的作用。对于这一系列新的问题，马克思不能够给出答案，我们不得不予以解决。"传统的"社会主义的一系列基本理论原则和做法，即使不是一笔勾销，也必须予以彻底修改。比如，消灭生产资料私有制、计划经济、国家消亡等社会主义思想的几个支柱问题，都必须根据变化了的情况作出新回答。因此，我们必须从传统的社会主义转变到新型的社会主义，甚至对未来新社会的称谓也需要重新进行研究。这种实事求是地根据时代的新发展新变化突破传统观点、创造新观点的思维，和中国共产党人解放思想、实事求是、与时俱进、求真务实的思维是完全一致的。

三、坚持从中华历史文明和优秀传统文化中吸取社会文化营养

开展东方社会和东方社会主义研究非常必要。习近平同志在党的十九大报告中指出，我们走中国特色社会主义道路，具有无比深厚的历史底蕴，具有无比强大的前进定力，就在于"吸吮着五千多年中华民族漫长奋斗积累的文化养分"。中国特色社会主义研究需要加强的一个短板，就是从中国历史文明出发来深入研究中国特色社会主义的起源、形成和特征。应该看到，在这方面，我们的"自觉"太少，鲜见系统的深入的研究成果。

历史并不是某种先验结论的演绎和证明，而是按其固有的规律发展的。社会主义是历史的、具体的，只能是各国人民从自己的实际条件出发创造出来，而不是按照马克思的设想，在某个地方预先制造出来，然后降临人间。在中国建设社会主义，不可能超越中国古老的历史文明和文化传统的现实。今天的中国是历史的中国的一个发展，我

们不应当割断历史，从孔夫子到孙中山都应当给以总结，承继这一份珍贵的遗产。我们说建设社会主义必须从中国的基本国情出发，就包括中华民族悠久的历史文明和中华优秀传统文化这些历史的中国给我们留下的所有丰富遗产。

习近平总书记深刻阐明："文化是一个国家、一个民族的灵魂。历史和现实都表明，一个抛弃了或者背叛了自己历史文化的民族，不仅不可能发展起来，而且很可能上演一幕幕历史悲剧。文化自信，是更基础、更广泛、更深厚的自信，是更基本、更深沉、更持久的力量。坚定文化自信，是事关国运兴衰、事关文化安全、事关民族精神独立性的大问题。"[①]中国社会主义的重要特征、民族形式以及话语表达的形成，首先是由我国经济、政治、文化发展的现状决定的，也是和中国悠久的历史文化传统相联系的。因此，对中国的马克思主义者来说，不研究与传承中国的历史文化，就不能真正理解和深刻阐明"什么是社会主义，怎样建设社会主义"这个基本问题，就不可能提出符合中国国情的理论、路线和政策，使社会主义在中国深深地扎下根来并不断取得发展。其实，这正是社会主义形成发展的一条重要规律。美国著名中国问题研究家费正清（John King Fairbank）认为，"了解中华人民共和国，历史是重要的"，必须把过去和现在联系在一起，特别是把19世纪的中华帝国同1912年以后的中华民国和1949年以来的中华人民共和国联系在一起。当然，正如他自己所说的，"一个认真的学者会在这种比较中找出毛病来"，但是，他强调研究中国

社会的今天必须联系它的历史是很有道理的。①美国著名战略思想家布热津斯基（Zbigniew Brzezinski）也谈道，正因为儒家思想深深地渗透和牢牢地扎根于中国社会，植根于人们的思想，中国社会才变得与其他社会大相径庭。中国共产党的改革给中国带来一场真正的文化革命，把人们的传统价值观与现代文化融为一体，预示着中国的明天将会更加美好。这对中国、对共产主义都具有深远的意义。他们的这些看法从一个侧面说明，在中国，社会主义和历史文明是融合在一起的。割断历史，不认识这一点，不认识中华优秀传统文化蕴含的强大的精神力量、丰富的思想智慧，就不能科学而深刻地阐明中国特色社会主义形成发展的规律和特点，就不能够加强对中国特色社会主义的坚定自信和前进定力，也不能正确认识我们任务的艰巨性和复杂性。

社会主义是人类历史文明的继承和发展。世界文明是多样化的、丰富多彩的，是在交流比较中相互取长补短的。经典社会主义是资本主义的发源地西欧历史文明的继承发展。在中国建设社会主义，必须吸取其他民族创造的一切优秀文明成果，实现西方国家率先实现的工业化、市场化和现代化，同时必须在这个新的社会实践中变革和创新中华历史文明，使它和社会主义相适应，并得到继承、创新和发展。

在认识和解决这个复杂艰巨的社会历史课题的过程中发生过很多争论，有过不少的经验和教训。所谓封建式社会主义的议论就是一例。我们看到，在怎样对待中国历史文明的问题上，固守经典理论和主张照搬西方自由主义的人们是惊人地一致，都采取忽视或藐视的非

---

① ［美］费正清：《伟大的中国革命（1800—1985年）》，刘尊棋译，世界知识出版社2000年版，"前言"第4页。

历史态度。因为经典理论和自由主义都是欧洲文明的产物，它们都倾向于把欧洲文明模式作为观察中国社会主义的基点，于是殊途同归了。我们不赞成这种简单化、公式化的态度和方法，更反对历史虚无主义。任何民族都不能绕过自己民族的历史。人们曾经尝试撇开中国的历史文明照搬经典理论去建设美好的社会主义，结果欲速则不达。搬用西方自由主义模式同样是走不通的。正确的态度是实事求是地认识它，清醒地积极地对待它，科学区分良莠，推陈出新，实现马克思主义的中国化和社会主义的本土化，建设中华民族现代文明，实现中华民族的伟大复兴。还要指出，中国的历史文明表现于社会经济、政治、军事、文化、社会生活方式等各个层面，包括从典章制度、科技教育、道德观念、社会习俗到诗词戏曲、琴棋书画、文化遗存、民族传统等极其广大的范围。这些文明遗产在历史上对维护国家统一和民族团结，推动社会经济发展，繁荣文化教育，造就和选拔人才，保持安定有序的社会生活，战胜各种灾害，促进国家经济、政治、文化的交流等方面，都作出过光辉的业绩和历史性贡献，在世界文明史上占有重要地位。这也是我们建设中国特色社会主义不能丢的"老祖宗"。丢了它们，中国特色社会主义就没有了源头与根基，中华文化就没有了"根"与"魂"，中国就不能自立于世界民族之林。

当然，对这种在皇权制度和农耕社会基础上发展起来的历史文明和历史遗产，不能全盘地无批判地接受，必须在社会主义现代化的实践中进行变革、创新、创造。我们党在这方面已经进行了长时期的历史性的伟大创造。习近平总书记对此作出了系统深入的总结，给出了闪烁着马克思主义灿烂光辉的精深阐明。他指出，在五千多年中华文明的基础上开辟和发展中国特色社会主义，把马克思主义基本原理同中国具体实际相结合、同中华优秀传统文化相结合，是必由之路。只有根植于本国、本民族历史文化沃土，马克思主义真理之树才能根深叶茂。中华优秀传统文化是中华文明的智慧结晶，其中蕴含的天下为公、民为邦本、为政以德、革故鼎新、任人唯贤、天人合一、自强不息、厚德载物、讲信修睦、亲仁善邻等思想，是中国人民在长期生产生活中积累的宇宙观、天下观、社会观、道德观的重要体现，同科学社会主义价值观具有高度的契合性。我们坚持古为今用、推陈出新，把马克思主义同中华优秀传统文化贯通起来，同人民群众日用而不觉的共同价值观融通起来，推进马克思主义中国化，开辟了社会主义的新道路。"我说过，如果没有中华五千年文明，哪里有什么中国特色？如果不是中国特色，哪有我们今天这么成功的中国特色社会主义道路？"[①]只有立足中华五千多年文明史，才能真正理解中国道路的历史必然、文化内涵与独特优势，并不断探索面向未来的理论与制度。

我们看到一个十分有趣的现象：在20世纪后半期，当一些国人忽视自己历史文明的时候，一些欧美学者却开始重视中华的历史文明。英国著名历史学家阿诺德·约瑟夫·汤因比（Arnold Joseph Toynbee）指出，几千年来，中国人比世界上任何民族都成功地把几亿民众，从政治文化上团结起来。他们显示出这种在政治文化上统一的本领，具有无与伦比的成功经验。这样的统一正是今天世界的绝对要求。[②]"花费50年时间试图在中国问题研究中有所收获"的费正清说："古老的中华帝国自有其执法和维护秩序的办法。"中国能提

---

① 习近平：《在文化传承发展座谈会上的讲话》，《求是》2023年第17期。

② ［日］池田大作、［英］阿·汤因比：《展望21世纪——汤因比与池田大作对话录》，荀春生、朱继征、陈国梁译，国际文化出版公司1997年版，第283—284页。

供许多社会调节的范例。"假如世界经济和政治体制为丧失理智的核爆炸所摧毁，那么，以极低的生活水准过活的中国人将是领导重建世界的首要候选人。"①布热津斯基在《大失败——二十世纪共产主义的兴亡》一书中提出，中国先进的文化，包括它的儒家哲学、报效国家的士大夫阶级的传统以及先进的商业技巧，的确代表了一股巨大的力量，不会不发挥强有力的建设性影响。②极力推销西方民主理论和制度的美国政治学家塞缪尔·P.亨廷顿（Samuel Phillips Huntingon），也对韦伯等人全盘否定儒家文化的观点提出质疑："从更长远的角度看，儒教阻碍民主发展的命题是否会比儒教阻碍经济发展的命题更为有效？那种单向地认为特定文化将成为发展之永久障碍的观点，应该受到质疑。……诸如伊斯兰文化和儒家文化那样的伟大的历史文化传统，是由思想、信仰、原则、先验假定、著作和行为模式等组成的高度复合体。任何重要文化，甚至包括儒家文化，都存在某些与民主相适应的要素，这就如同无论是新教还是天主教也都存在明显的非民主因素一样。"③我们引述这些论断，是要从更广阔的视野上认识中华优秀传统文化的历史地位。对自己的历史文明，我们不要妄自菲薄，应当充满自信，坚定不移地加以继承、创新和发展。这是我们不断推进改革开放伟大革命，坚持和发展中国特色社会主义，发展当代中国马克思主义伟大的思想、智慧、精神的一个源泉。

① ［美］费正清：《费正清对华回忆录》，陆惠勤、陈祖怀、陈维益、宋瑜译，知识出版社1991年版，第554、555页。
② ［美］兹·布热津斯基：《大失败——二十世纪共产主义的兴亡》，军事科学院外国军事研究部译，军事科学出版社1989年版，第178页。
③ ［美］塞缪尔·P.亨廷顿：《第三波：20世纪后期的民主化浪潮》，欧阳景根译，中国人民大学出版社2013年版，第292—293页。

第十二讲

中国特色社会主义基本经济制度
和市场经济体制伟大独创

中国共产党领导中国人民开拓的改革开放伟大道路，最鲜明的特征就是把发展市场经济与坚持和发展社会主义结合起来，实行公有制为主体、多种所有制经济共同发展，按劳分配为主体、多种分配方式并存，社会主义市场经济体制等社会主义基本经济制度。这是中国特色社会主义取得巨大成功的一个制度保障，也是世界社会主义发展史上没有先例的独创。

一、坚决破除阻碍国家和民族发展的一切思想和体制障碍，坚持走解放思想、变革创新之路

把市场经济和资本主义完全等同起来，和社会主义根本对立起来的传统观点，已经流行一个世纪了。国内国外一些人对中国推进改革开放、发展市场经济体制、实行基本经济制度很不理解，甚至认为是走了资本主义的路，说是"资本社会主义"，甚至说是"国家资本主义""新官僚资本主义"，是有其根源的。对于这些错误的认识，我

们有必要用习近平新时代中国特色社会主义思想给予明晰的回答，让人们在理论和实践、历史和现实的结合上达成共识，以自觉地、毫不动摇地坚持中国特色社会主义的先进制度和独创体制。

马克思恩格斯运用唯物主义历史观，研究资本主义的经济矛盾运动，阐明它必然造成社会生产无政府状态，引起周期性经济危机，成为社会生产力发展的桎梏。当社会生产力高度发达，人的全面素质极大提高，直接形式的劳动将不再是社会财富巨大源泉的未来新社会到来时，市场经济将被全社会的有计划生产所取代。这就是经典社会主义关于计划经济的观点。在19世纪的条件下，人们还不能够把资本主义制度和作为资源配置方式的市场体制区分开来，而是把两者混同起来，统统看作社会主义的对立物而加以批判和否定。历史表明，那是当时对世界经济发展研究的局限和缺乏社会主义的历史实践给我们的认识造成的一个不可避免的缺陷。1979年11月邓小平指出："说市场经济只存在于资本主义社会，只有资本主义的市场经济，这肯定是不正确的。社会主义为什么不可以搞市场经济，这个不能说是资本主义。""市场经济，在封建社会时期就有了萌芽。社会主义也可以搞市场经济。同样地，学习资本主义国家的某些好东西，包括经营管理方法，也不等于实行资本主义。这是社会主义利用这种方法来发展社会生产力。"[1]

人类经济社会发展史表明，市场机制作为一种经济运行方式和资源配置手段，早在资本主义很久以前就形成了，是人类社会经济发展不可或缺的重要手段。我国汉代历史学家司马迁所著的《史记·货殖

---

[1] 《邓小平文选》（第二卷），人民出版社1994年版，第236页。

列传》就记载了两千年前华夏大地商品经济发展、全国各地经济互通有无的生动情景。他写道："皆中国人民所喜好，谣俗被服饮食奉生送死之具也。故待农而食之，虞而出之，工而成之，商而通之。……人各任其能，竭其力，以得所欲。故物贱之征贵，贵之征贱，各劝其业，乐其事，若水之趋下，日夜无休时，不召而自来，不求而民出之。岂非道之所符，而自然之验邪？"经过几千年的发展，到了资本主义时代，资产阶级在雇佣劳动制度下，逐步实现经济的市场化和市场的全球化，形成完备的有宏观调控和公认规则的现代市场经济体系，为经济的迅猛发展提供了强大动力和有效手段。这是现代资产阶级对人类经济社会发展的一大历史贡献。历史表明，市场经济总是和一定的经济制度相结合的，但是两者又是不同的经济关系。市场机制是社会资源配置手段和经济运行方式，经济制度是人们对生产资料的占有关系以及由其决定的经济上的支配关系。只有把两者加以区别，才能真正认识到，市场经济是人类社会经济发展必经阶段和必由之路，要遵循市场经济运行规律，去推动经济社会的发展。把两者等同和混淆起来，把市场经济和资本主义剥削制度一起否定，是我们过去在市场经济问题上发生失误，不能找到社会主义经济发展有效手段的一个理论根源。

中国共产党人分析了人类社会，特别是20世纪经济社会发展的历史，总结了社会主义建设的经验教训，提出了市场是手段和方法，计划经济不等于社会主义，资本主义也有计划，市场经济不等于资本主义，社会主义也有市场的科学观点，纠正了过去不符合实际的传统观点，创造了马克思主义的市场经济理论，开拓了全新的发展社会主义市场经济的体制和方略，为社会主义的发展和自我完善提供了新的最有效的道路。显然，固守把市场关系和资本主义经济制度混同起来的传统观点，不认识现代市场经济发展的客观实际，是不可能科学充分地认识市场经济的必然性与历史地位和作用的。

还要指出，马克思恩格斯在19世纪40年代对资本主义及其市场经济发展历史进程的估计早了好多年。恩格斯在晚年说过，发生这个错误的根源，在于那时低估了资本主义生产的扩展能力，其实也包括对市场经济历史作用的误读。马克思在总结这一失误教训的基础上，1859年在《〈政治经济学批判〉序言》中提出："无论哪一个社会形态，在它所能容纳的全部生产力发挥出来以前，是决不会灭亡的；而新的更高的生产关系，在它的物质存在条件在旧社会的胎胞里成熟以前，是决不会出现的。"[①]这是极为重要的观点。就是说，必须把是否有利于社会生产力的发展作为判断一切经济关系变革的根本依据，因而这也是正确选择社会资源配置手段与经济运行方式的基本依据。虽然马克思当时没有把市场经济和资本主义制度具体区别开来，但是他研判社会经济关系的这个理论原则是完全科学的。这是经典理论的一个精髓，要正确认识市场关系及其历史地位和作用，就必须坚持这一基本原理。20世纪现实社会主义遭遇巨大挫折的一个理论原因，就是没有很好地理解和对待马克思这个重要原理，没有把握马克思关于"两个决不会"的基本观点，不能正确认识资本主义和市场经济发展的历史进程，过早地认为它们已经走到尽头，达到垂死的阶段，因此在建设社会主义的实践中都采取了超越历史发展阶段、违背社会发展规律的路线和政策，使社会主义建设发生巨大失误，发展走入困境，

---

① 《马克思恩格斯选集》（第2卷），人民出版社2012年版，第3页。

受到历史的惩罚。邓小平深刻总结道："我们都是搞革命的，搞革命的人最容易犯急性病。我们的用心是好的，想早一点进入共产主义。这往往使我们不能冷静地分析主客观方面的情况，从而违反客观世界发展的规律。"①

所谓发展"市场经济的唯一作用就是使一部分人先富起来"的看法是片面的，有违基本历史事实。

几千年来，市场交换都在促进经济社会文化的发展和交流，为社会发展进步注入生机和活力。它是一所伟大的学校，使数以亿计的人学会了经营工商、管理企业、配置资源，培养了一代又一代经营管理人才，对社会经济政治发展和观念进步发挥着巨大推动作用。《共产党宣言》阐明了现代资产阶级创立新的生产方式和交换方式的历史贡献，也充分肯定了资产阶级推动社会思想、精神文化发展进步的重要作用。"在它已经取得了统治的地方把一切封建的、宗法的和田园诗般的关系都破坏了"，由于开拓了世界市场，一切国家的生产和消费都成为世界性的了，"于是由许多种民族的和地方的文学形成了一种世界的文学"，明确地反对"用诅咒异端邪说的传统办法诅咒自由主义，诅咒代议制国家，诅咒资产阶级的竞争、资产阶级的新闻出版自由、资产阶级的法、资产阶级的自由和平等"。②在20世纪，现代资产阶级不断总结运用市场手段配置资源的经验和教训，进行一系列的改革和创新，使自发发挥作用的市场经济发展到有宏观调控和严格规范的、相当完备的现代市场经济体系，对现代经济发展、科技创新和社

---

① 《邓小平文选》（第三卷），人民出版社1993年版，第139—140页。

② 《马克思恩格斯选集》（第1卷），人民出版社2012年版，第402—403、404、427—428页。

会进步都发挥了积极的推动作用。这也在社会的思想精神领域里得到了相应的反映。市场经济国家的各种企业、数以万计的跨国公司，正是依靠创新精神、竞争意识、效率观念、相互协作的群体精神以及一整套相应的体制、方式、机制、规则，才得以顺利有效地运行，在风浪翻滚的商海中成长壮大，形成经济全球化发展的新形态，让人类世界的财富迅速地创造出来，把世界经济推进到新的阶段。当然，资本家阶级为其贪婪本性所驱使，在运用市场手段的过程中，会做出种种欺诈、野蛮、血腥的事情来，为了争夺世界市场多次兵戎相见，甚至造成两次世界大战的浩劫，但这根源于资本主义剥削制度和资产阶级的本性，而不能将其归罪于市场关系和市场机制。

还要指出，历史发展证明，欧美发达国家那些反映现代市场经济运行规律的思想理念，经营管理体制、机制和方法，是人类文明发展的积极成果，是一切建设现代化的国家和民族都必须认真学习和借鉴的东西。中国建设社会主义新社会，也必须加以继承、吸取和发展，这是社会主义发展和自我完善的一个重要途径。中国共产党总结中国社会主义市场经济发展实践，指明市场经济不仅推动着中国经济、科技的强劲发展，推动着整个社会体制的深刻变革，而且全面改变着社会的面貌，增强着人们的自主意识、竞争意识、效率意识、创新意识、企业精神、团队意识和民主法治意识，冲击着种种落后观念和陈规陋习。当然市场机制也有其不可避免的弊病，带来一些消极的影响，诱发一些错误的东西，对此我们决不能掉以轻心。要在市场经济发展中去解决这些问题。比如，我们应当及时总结历史经验，加强法治国家建设、精神文明建设、价值观建设和道德文化建设。从历史发展来看，前者是主流，后者是支流，不容颠倒。因此，认为市场经济的唯一作用是使一部分人先富起来的观点是片面的、武断的，据此来否定市场经济是不能成立的。

二、当代世界经济发展实践证明市场经济是资源配置的最好方式

习近平总书记指明："搞社会主义市场经济是我们党的一个伟大创造。"①否定市场经济的观点太狭隘了，完全忽视了当代世界经济发展的基本事实和历史经验。20世纪的世界经济发展有力地证明，市场经济至今仍然是人类社会进行资源配置的最有效手段和经济运行的最好方式，是推动经济发展、科技创新与社会进步的巨大动力和最有效途径。中国共产党人关于社会主义市场经济的理论，正是在系统概括世界经济发展的历史事实和认识成果的基础之上逐步形成发展起来的。

首先，现代资产阶级经过改革和调整，形成完备的现代市场体系，有力地推动了经济、科技、政治、文化发展，使人类经济社会发展到更高的阶段。进入20世纪，人们曾预言发展到垄断阶段的资本主义行将灭亡。然而，在20世纪结束的时候，资本主义不仅没有在世界上消失，而且发达资本主义国家在生产力、科学技术和社会进步等方面还有新的很大的发展。从经济、科学技术和物质文化生活水平来看，发达资本主义国家的发展水平比我们这样的社会主义国家要高得多，甚至出现了某种经济社会繁荣的景象，还产生了一批新兴的市场经济国家。出现这种情况的一个重要原因，就是它们总结经验教

---

① 《习近平谈治国理政》(第四卷)，外文出版社2022年版，第211页。

训，提高了驾驭市场经济的能力，适应经济发展的需要，针对市场关系的弊病进行了一系列的改良、调整和完善。比如，实行国家对市场经济的干预和调节，完善市场经济的运行和管理机制，不断完善相关的法律规章、游戏规则和道德规范，改善市场主体企业的组织结构，培养和训练大批优秀的现代经营管理人才，限制过高的收入和过度的垄断，实行现代社会保障制度，一些国家甚至建立了完备的社会福利制度，建立和加强世界市场运行的一套规则和协调组织，从而使社会、经济、科技发展获得新的生机和活力，缓解了种种经济、政治、社会矛盾，经济能够比较有效地顺利运行和发展，人民物质文化生活水平不断提高，把人类社会推进到信息化和数字经济的时代。

自然，资本家阶级运用和改善市场经济和市场关系，是为了更加有效地剥削和压榨本国劳动人民，掠夺和盘剥不发达国家的人民，实现其利益，维护其统治，不能够把许多的改良改革坚持到底。由于资本主义制度的掠夺本性和基本矛盾不可改变，它们的发展总是在经济危机和风暴中前行，不能改变财富为极少数寡头所占有、贫富鲜明对立并不断加大的状况，这就不可避免地给劳动人民，特别是不发达国家及其人民造成种种巨大的痛苦和深重的灾难。人们对之加以抨击和反抗是完全正当的。但是，马克思主义告诉我们，判断社会进步的根本标准是社会生产力的发展，而不是人们的主观愿望和道德诉求。在市场经济还是经济发展与社会进步无可取代的重要动力和有效手段的时代，否定和消灭市场经济是违背社会发展规律的，将造成经济社会发展的衰退。

其次，20世纪一些社会主义国家的发展实践表明，不搞市场经济是其社会经济发展陷入困境的一个体制性的根本原因。十月革命胜利后，俄共曾一度取消市场关系和商品贸易，直接实行共产主义的生产和分配，结果使国家的工农业生产陷入严重混乱和停滞，人民生活陷入很大困难，引起群众对新生工农政权的强烈不满，出现经济危机和政治危机。以列宁为首的俄共领导果断地纠正了这个错误的方针，提出利用商品货币关系发展市场经济的新经济政策，使国家经济恢复发展起来，苏维埃新制度也走上健康的发展道路。然而，后来的俄共领导没有坚持从本国经济不发达的实际出发开展改革创新尝试，忽视世界经济发展的必然趋势和有益经验，拘泥于经典理论的具体结论，运用国家强力手段，全面取消市场机制，顽固坚持和推行中央统制的僵硬经济体制，并把它强加给东欧的社会主义国家，而且压制甚至镇压一切主张利用市场机制的改革。南斯拉夫、波兰、匈牙利、捷克等国推行的市场取向的改革，由于受到苏联蛮横的干涉甚至武力镇压而屡遭挫折，经济发展长时期没有生机活力。虽然在一段时间里这种体制对经济发展起了推动作用，但是资源配置手段的不合理和经济运行方式的低效率，使得社会经济结构严重失调，广大人民特别是各级干部的积极性和创造性受到压抑，经济效益和产品质量下降，经济发展长时期缓慢甚至停滞，人民生活水平得不到提高，甚至陷入贫穷。到20世纪80年代，搞了近70年社会主义的苏联，仍有1/3的居民生活在官方规定的贫困线以下，在西方社会民众已经广泛使用现代家用电器的时候，在苏联连黑白电视都没有普及。1984年，每100人中拥有电话的数量，苏联为9.8，美国为76，日本为53.5。1983年，每1000人中拥有汽车的数量，苏联为36，美国为540，日本为228。在苏联，90%的消费品经常短缺，像牙膏、洗衣粉、连裤袜这类生活必需品也供不应求。再比如，德意志民主共和国（东德）和德意志联邦共和国（西德）二战前本是一个国家，那时东德地区的经济发展水平在有些方面还要高些，而东德走上社会主义发展道路后，搞了苏联式的中央统制经济，在最初很短的时间里经济曾有较快增长，但是自20世纪60年代起，社会经济每况愈下，不断发生人民的抗议活动。60年代东德居民收入为西德的78%，70年代下降为58%，80年代更是降为30%。1985年，东德的对外贸易总额只是西德的5%；每100人中拥有电话的数量，东德为21，西德为60；每1000人中拥有汽车的数量，东德为180，西德为400。1989年两德统一的时候，东德的居民收入水平大约为西德的1/3。在新中国，1957年以前，由于实行市场机制和国家调控相结合，经济发展比较顺利，社会生活欣欣向荣。但是自1958年实行"大跃进"以来，教条主义"左"的错误日益膨胀，特别是"文化大革命"更是把市场机制横扫殆尽，连农村老太太养鸡卖蛋也被当作"资本主义尾巴"给割掉了，人民群众的生产劳动积极性受到严重打击。因此，改革开放前的20多年里，经济发展十分缓慢，人民生活水平没有多少提高，很大一部分群众的温饱问题没有得到解决。到1976年时，国家经济濒临崩溃。事实胜于雄辩。面对确凿的历史事实，所谓中央计划经济一直起了很好作用的看法是苍白无力的。这些沉痛的历史教训表明，建设社会主义必须掌握和运用市场机制的手段，走发展市场经济的历史必由之路，逆历史潮流而动，必定遭受惨重的失败。

最后，1978年以来中国市场取向的社会主义改革充分证明，实行和发展现代市场经济，是社会主义发展和自我完善的强大动力和必由之路。改革开放以来，中国共产党人深刻总结实行计划经济体制的经验教训，研究20世纪发达国家经济发展的经验和做法，认识到市场经济是现代社会资源配置和经济运行的最有效方式，经济市场化，积极参与国际经济合作和竞争，对中国经济社会的发展来说，是不可逾越的历史阶段，是中国实现现代化的必由之路。因此，中国的改革从一开始就是市场取向的改革。1984年，党的十二届三中全会通过的《中共中央关于经济体制改革的决定》中提出发展"在公有制基础上有计划的商品经济"的新观点。1992年，党的十四大首次提出："我国经济体制改革的目标是建立社会主义市场经济体制。"党的十四届三中全会通过的《中共中央关于建立社会主义市场经济体制若干问题的决定》，勾画出社会主义市场经济的基本框架。经过40多年坚持不懈的努力探索，我们已经建立了市场在资源配置中起决定作用，更好地发挥政府作用的社会主义市场经济体制，95%的商品资源都由市场来配置。2001年加入WTO，深度参与世界经济发展进程，利用世界市场和世界资源进行发展，推动我国经济持续稳定快速增长，社会经济文化繁荣兴旺，短缺经济已成历史，人民的生活水平不断提高，社会全面发展进步。到2010年，我国成为世界第二大经济体，是世界上最大的新兴市场经济国家。1978年我国经济在全球经济中占1.8%，而2020年达到17%左右。1978年我国国内生产总值只有3679亿元人民币，而2020年超过了100万亿元人民币；1978年人均国内生产总值是384美元，2019年至2023年则连续五年超过1万美元。2020年，我国农村贫困人口全部脱贫，贫困县全部摘帽，区域性整体贫困得到解决，完成了消除绝对贫困的任务。截至2023年末，我国常住人口城镇化率为66.16%。1978年中国人的收入60%是用来解决温饱的，而2019年这一数据已经降至28.2%。

事实有力地证明，实行改革开放，建立和发展现代市场经济，使中国社会主义获得新的巨大的生机和活力，成为社会主义发展和自我完善的强大动力，各种发展活力和创造力都迸发出来，是中国特色社会主义的基本组成部分，开拓了中国实现民族复兴、国家富强、人民幸福的胜利之路。无可否认，市场经济有其自身的缺陷，在社会主义条件下发展市场经济是一个艰巨复杂的崭新课题。40多年的实践表明，中国共产党人有勇气、有能力、有智慧克服困难，破解难题，化解风险，避免大的失误，按照社会主义的方向成功地驾驭社会主义市场经济的伟大航船奔向胜利的彼岸。因此，党的十六大郑重阐明，提出社会主义市场经济理论，在社会主义条件下进行市场取向的经济改革，发展市场经济，是前无古人的伟大创举，是中国共产党人对马克思主义发展的历史性贡献。由计划经济体制向社会主义市场经济体制的转变，打开了我国经济、政治和文化发展的崭新局面。党的十九大规划，从十九大到二十大，是"两个一百年"奋斗目标的历史交汇期。我们既要全面建成小康社会、实现第一个百年奋斗目标，又要乘势而上开启全面建设社会主义现代化国家新征程，向第二个百年奋斗目标进军。从2020年到2035年，在全面建成小康社会的基础上，再奋斗15年，基本实现社会主义现代化。从2035年到本世纪中叶，在基本实现现代化的基础上，再奋斗15年，把我国建成富强民主文明和谐美丽的社会主义现代化强国。中国的道路、中国的制度，必定保证我们的宏伟目标如期实现。

三、不能够把马克思关于社会阶级和社会革命理论的具体论断套到当代中国来

习近平指出："当代中国的伟大社会变革，不是简单延续我国历

史文化的母版，不是简单套用马克思主义经典作家设想的模板，不是其他国家社会主义实践的再版，也不是国外现代化发展的翻版，不可能找到现成的教科书。"①中国改革开放新的伟大革命是中国共产党坚持科学社会主义基本原则，植根中国大地，代表人民意愿，适应社会发展和时代进步要求，把科学社会主义理论逻辑和中国社会历史发展逻辑有机统一起来的前无古人的伟大创造。认识和判断它，必须坚持解放思想、实事求是、与时俱进，简单套用经典社会主义的具体设想和现成公式，是根本违背马克思主义的教条主义思维。

有论者为论证实行市场经济就是发展资本主义的错误观点，套用马克思主义社会阶级划分和社会革命理论的某些具体结论，断言当代中国是资产阶级和无产阶级对抗的社会，说什么中国正在形成从工人阶级身上获得利润、剥削价值的资产阶级，总有一天，他们会把自己的阶级利益强加于维护社会主义的制度之上。对中国实行改革开放、发展市场经济的这种理解完全是颠倒是非、混淆黑白的，与马克思主义基本理论与创造精神是背道而驰的。

马克思主义关于社会革命的理论，是科学社会主义的一个基本原理。它阐明，在阶级对抗的社会里，当社会经济政治制度成为社会生产力发展严重桎梏的时候，只有通过暴力革命推翻反动的政治统治，夺取国家权力，建立新的社会政治制度，才能推动经济变革，建立新的经济制度，解放和发展社会生产力，把历史推向前进。所以马克思说："革命是历史的火车头。"这个理论是工人阶级和人民群众争取自由解放幸福、推动社会发展的强大思想武器。中国共产党人正确地

---

① 《习近平谈治国理政》(第二卷)，外文出版社2017年版，第344页。

把它运用于中国的实际，开辟了中国革命的伟大道路，夺取了国家政权，建立了中华人民共和国，创立了中国共产党领导的社会主义基本制度，开展社会主义革命和社会主义建设，把中国历史引上社会主义发展的新阶段。

还要指出，用马克思主义社会革命理论的具体论断来判断今天中国的社会发展，完全是文不对题的。马克思主义创始人说过，马克思主义"原理的实际运用"，"随时随地都要以当时的历史条件为转移"。①马克思主义关于工人阶级推翻反动统治阶级暴力革命的理论，是根据剥削阶级占统治地位的阶级社会经济政治关系的状况提出来的，而且在不同的国家又有不同的具体情况。因此，它的具体结论是不能脱离历史条件而随处套用的。在当代中国，剥削制度已经消灭，共产党领导的、人民当家作主的社会主义制度已经巩固并发展起来，暴力革命的时代早已成为过去，进行改革开放，不断发展和完善社会主义制度体制，解放和发展社会生产力，实现共同富裕才是历史主题和革命任务。党的十一届三中全会以来，党团结带领中国人民，解放思想、实事求是，开展改革开放的伟大革命，破除阻碍国家和民族发展的一切思想和体制障碍，开辟和发展了中国特色社会主义。党的十一届六中全会决议指出，"在社会主义条件下进行所谓'一个阶级推翻一个阶级'的政治大革命，既没有经济基础，也没有政治基础"，"只能造成严重的混乱、破坏和倒退"。②用马克思主义社会革命理论的个别论断来观察和判断当代社会主义中国的社会发展，坚持在

---

① 《马克思恩格斯选集》（第1卷），人民出版社2012年版，第376页。
② 中共中央文献研究室：《三中全会以来重要文献选编》（下），人民出版社1982年版，第811页。

社会主义中国搞什么"一个阶级推翻一个阶级的政治大革命"，是完全错误的、十分有害的，是违背唯物史观基本原则的。这样就不能正确理解中国革命、建设与改革的伟大成果，不能正确理解中国特色社会主义伟大理论与实践，更不能深刻理解中国特色社会主义进入新时代，不能深刻理解中华民族从站起来、富起来到强起来的伟大飞跃。这种观点是与改革开放伟大革命实践背道而驰的。这个观点，无非是要中国人民放弃中国特色社会主义历史道路，使中国人民的伟大社会革命毁于一旦。历史实践清楚地表明：这是闭门造车，开历史的倒车。中国人民绝不赞成。习近平指明："新时代中国特色社会主义是我们党领导人民进行伟大社会革命的成果，也是我们党领导人民进行伟大社会革命的继续，必须一以贯之进行下去。"[1]我们将坚定不移地把改革开放伟大革命进行到底。

四、中国的新社会阶层是中国特色社会主义的建设者

说走中国特色社会主义道路，使中国形成一个资产阶级的观点在理论和实践上都是错误的、站不住脚的。

中国在社会主义发展过程中，如事前所预料的那样，有一部分人先富起来，并形成民营企业主等新社会阶层。对于这个社会主义发展的新课题，2001年7月，江泽民同志在《在庆祝中国共产党成立80周年大会上的讲话》中第一次作了科学的阐明。2002年11月党的十六大报告阐明，在中国改革开放中出现的新社会阶层，"是中国特色社

---

[1] 《习近平谈治国理政》（第三卷），外文出版社2020年版，第69—70页。

会主义事业的建设者"，这是个富有创造性的马克思主义观点。有人把关于资产阶级的概念硬套到中国的民营企业家等新社会阶层的头上，不仅是完全错误的，也是十分有害的。

发生这样的分歧和争论并不奇怪，是可以理解的，也是意料之中的。一直关注和研究中国问题的波兰著名马克思主义研究者亚当·沙夫曾非常深刻地指明，中国一直处于深刻的变革过程中，再加上国家幅员辽阔，各地情况千差万别，工业发展和人口情况很不平衡，历史、文化甚至语言都有很大差别。假如采用西方传统的"定义"来判断中国，那是注定要失败的。人们不能停留于抽象的学术讨论，必须走进活生生的生活实践，从中国的实践中找出答案。[①]显然，这种错误观点的症结在于固守传统的经典理论，忽视世界的发展变化和中国人民的伟大创造，对中国的情况一知半解，不能用中国化时代化的马克思主义回答新的问题。

马克思主义创始人指出，我们的整个世界观是发展的理论，是进一步研究的出发点和供这种研究使用的方法，而不是一成不变的教条。这也包括他们的社会历史观以及社会阶级划分的理论。唯物主义历史观揭示了人类社会发展的客观规律，我们必须研究和遵循。但它是欧洲社会经济环境和历史文明的产物。比如，马克思根据对欧洲社会历史的研究，曾经认为世界经济社会形态划分为原始社会、奴隶社会、封建社会、资本主义社会和共产主义社会这样五个阶段。后来，随着视野的扩大和研究的深化，他发现这种划分没有包括东方的

---

① ［波兰］亚当·沙夫：《我的中国观》，郭增麟译，《当代世界社会主义问题》2001年第4期。

广大地区，没有涵盖亚细亚社会形态。晚年他们曾着手研究东方社会发展问题，但由于历史条件的限制，不可能系统地阐述亚细亚形态的问题。因此，马克思1877年指出，不赞成把他的历史哲学理论说成是"超历史的"，不能把他关于西欧资本主义起源的历史概述，变成一般发展道路的历史哲学理论。只有对不同历史环境中的历史现象分别进行研究，才能找到理解这种历史现象的钥匙。使用一般历史哲学理论这一把万能钥匙，来解释各种不同的历史现象，是永远达不到目的的。① 恩格斯在批评党内的学理主义时说过，在他们看来，"'唯物主义'这个词大体上只是一个套语，他们把这个套语当做标签贴到各种事物上去，再不作进一步的研究，就是说，他们一把这个标签贴上去，就以为问题已经解决了"②。这就是说，一切真正的马克思主义者都必须提出发展着的、与本国实际相结合的新的思想和新的观点，指导新的实践。脱离历史条件和现实变化，机械地背诵传统理论的具体结论，乱贴标签，那是与马克思主义世界观背道而驰的。

因此，对待马克思主义社会阶级的理论，不能随处照搬它的具体结论，必须结合具体实际来运用。恩格斯在批评《德国社会民主党纲领草案》使用拉萨尔所谓其他非工人阶级政党都是"反动的一帮"的用语时指明，它不是既成的事实。目前，在德国、法国和英国，资产阶级都在推进改革，发展经济，兴办社会文化，"只有用这种武断的和绝对的形式才能给人留下印象，所以是完全错误的"③。德国党的教条主义者恩斯特的文章把对德国小市民阶层的看法硬加到挪威小市民

---

① 《马克思恩格斯选集》（第3卷），人民出版社2012年版，第730—731页。
② 《马克思恩格斯选集》（第4卷），人民出版社2012年版，第599页。
③ 《马克思恩格斯选集》（第4卷），人民出版社2012年版，第621—622页。

的身上，结果对挪威小市民阶层的历史情况和基本特点作出了错误的判断，被人取笑。恩格斯批评说，这是"显然不懂"马克思主义世界观的一个例子。[①]这说明，如果把唯物主义历史观当作现成的公式，按照它来剪裁各种历史事实，那它就会转变为自己的对立物。[②]把马克思根据资本主义社会的实际提出的社会阶级理论硬套到建设社会主义的中国来，这是又一个"显然不懂"马克思主义世界观的例子，是和历史开玩笑。

其实，在这个问题上，中国共产党人早就和那种背诵马克思主义词句、对中国革命指手画脚的教条主义思想较量过了。比如，在民主革命时期，我们党内的教条主义者不顾中国半殖民地半封建社会的特殊情况，重复马克思列宁主义理论的具体结论，说什么"哪有资产阶级不是反革命的"，不懂得用反映中国实际的观点来指导自己的斗争。我们反对这种教条主义，实事求是地分析中国社会阶级关系的具体情况，形成了关于中国社会阶级的系统的科学观点。毛泽东的《中国社会各阶级的分析》是一个代表性成果。毛泽东深刻阐明，在中国的历史条件下，资产阶级分为买办大资产阶级和民族资产阶级两个部分。民族资产阶级虽然是软弱的，但有革命的要求，他们反对外国侵华势力和封建反动势力，可以是中国革命的同盟军。买办大资产阶级是我们革命的对象，但也非铁板一块。在抗日战争时期，亲英美派的大资产阶级又可以是中国人民抗日战争的同盟者。在社会主义改造时期，毛泽东进一步指明，中国的接受了社会主义改造的民族资产阶

---

① 《马克思恩格斯全集》（第22卷），人民出版社1965年版，第94页。
② 《马克思恩格斯全集》（第22卷），人民出版社1965年版，第96页。

级，在人民政府管理之下，用各种形式和社会主义经济联系着，发展受工人监督的新式的国家资本主义经济，带着很大的社会主义性质。可以团结民族资产阶级一道去建设社会主义。正是依据这个新的马克思主义科学认识，我们党正确制定和实行了新民主主义革命和社会主义改造的理论和政策，把中国人民的解放事业顺利推向前进。这是运用马克思主义社会革命与阶级理论正确解决中国问题的成功范例，发展了马克思主义的社会历史观。

然而，从1957年到1976年的20年里，我们发生了把马克思列宁主义关于过渡时期阶级和阶级斗争的理论搬到社会主义社会的严重错误，认为无产阶级和资产阶级、社会主义和资本主义之间的两个阶级和两条道路的斗争，是中国社会主义社会的主要矛盾，甚至提出"打倒党内资产阶级"的荒唐论点。在此之前，苏联共产党也犯了同样的严重错误。发生这种严重的错误，从思想理论上说，还是一个用教条主义的态度对待马克思主义的问题，没有遵循实事求是、与时俱进的根本要求，没有根据新的情况概括新的经验，提出新的理论，指导新的实践。马克思恩格斯关于未来新社会的科学设想，我们应当研究和遵循。但是，不结合其形成的历史事实和发展过程去加以阐明，就没有任何理论价值和实践价值。而且他们的理论是继承西欧空想社会主义的认识成果，这种认识是根据19世纪欧洲资本主义的历史条件提出来的，而20世纪走上社会主义发展道路的是一些经济文化落后的东方国家，这就要求必须提出切合东方国家实际的理论与政策，去指导新的实践。拘泥于经典理论的具体设想和结论，就会发生错误，走偏方向。中国原来是一个具有古老文明的、农民占人口多数的农耕社会和半殖民地半封建国家。中国走上社会主义道路的时代情势和历史方位决定，从生产方式上看，它不能超越工业化、市场化、现代化、城市化和全球化的必经社会发展阶段，首先需要学习和利用资本主义的先进生产方式、科学技术以及其发展的历史经验，赶上时代发展的步伐。这就是说，在西方国家，发展市场经济、实现工业化现代化是由资本主义完成的，而中国，发展市场经济和实现工业化现代化要由共产党领导人民在社会主义制度下进行和完成，这是中国社会主义历史进程的基本内容和重要阶段。从社会文明来看，中国不可能脱离自己的历史和现实，在空地上按照经典理论的设想建立社会文明；我们必须学习马克思的理论，却不能全盘搬来西方社会的历史文明，只能适应中国社会发展进步的需要，吸取人类文明的先进成果，继承、变革和创新悠久丰富的中华历史文明，来建设新的中华民族的社会主义社会新文明新文化。这才是既符合时代潮流、走世界文明发展大道，又符合中国社会实际和中国人民利益的社会主义正确道路。然而在一段时间里，我们没有很好地坚持实事求是的宝贵经验和优良传统，固守经典社会主义的具体结论和现成公式，思想走向僵化，忽视了解放和发展生产力，实现共同富裕，推动人的全面发展和社会全面进步才是社会主义最重要最本质的东西。在社会主义基本制度已经建立、剥削阶级已经消灭的条件下，仍然搞"以阶级斗争为纲"、无产阶级专政下的继续革命，把发展生产、开发科技、利用市场、改善生活、实现富裕这些社会主义的东西当成资本主义的东西加以批判和反对，坚持这种主张的干部被当作资产阶级代表人物加以打倒。结果，马克思主义理论和社会主义事业遭受巨大挫折和深重伤害。

现实发展也表明，我们一定要用中国化时代化的马克思主义来观察和研究、判断和解决包括新出现的社会阶层问题在内的中国社会主义发展的各种问题。崭新的发展变革，必然产生崭新的事物，需要全新的理论。中华人民共和国成立以来，特别是改革开放以来，我们在实践中逐步地创造了一整套适合中国社会历史特点、发展规律和民族形式的社会主义的制度、体制、机制、政策和做法。实行公有制为主体、多种所有制经济共同发展，按劳分配为主体、多种分配方式并存，社会主义市场经济体制等社会主义基本经济制度，在国家宏观调控下让市场充分发挥决定性作用的经济体制，加入世界贸易组织，积极参与国际经济合作和竞争；实行党的领导、人民当家作主和依法治国有机统一的人民民主制度，共产党领导的多党合作和政治协商的政党制度，运用"一个国家，两种制度"的方针，实现祖国统一；实行"双百"方针，繁荣发展民族的科学的大众的新文化；共产党是工人阶级的先锋队，同时是中国人民和中华民族的先锋队，加强党中央权威和集中统一领导，坚持人民为本，执政为民，从严管党治党，勇于自我革命；等等。所有这些新东西、新做法，包括新出现的社会阶层的问题，在马克思列宁主义的本本里是找不到的。有人固守经典理论的具体设想和现成结论来认识和判断这些新的东西，结果就不能理解和接受独创的中国特色社会主义，给新东西戴上旧帽子，把新东西塞到旧框框里，当作资本主义的或者封建主义的东西加以否定和反对，而对中国人民活生生的社会主义新实践新创造视而不见，与之背道而驰。中国人民绝不会回到只能导致贫穷、落后、愚昧、专制的老路上去。那些振振有词地否定市场经济、把中国新出现的社会阶层说成是资产阶级的观点，就是一个用旧观点框范新实践的僵化思维方式。

总之，历史经验和现实发展都告诉我们，认识和回答社会主义的社会阶层等新的问题，必须继续解放思想，实事求是，与时俱进，守正创新，坚持以当代中国马克思主义科学思想体系特别是习近平新时代中国特色社会主义思想为指南，把为中国人民谋幸福、为中华民族谋复兴作为最根本目标。这是中国特色社会主义的真谛。我们必须适应从"以阶级斗争为纲"到以经济建设为中心、从领导革命的党到领导建设和改革的党这一根本历史转变，用新时代的发展理念武装头脑，最充分、最广泛地调动推进社会主义改革开放发展的一切积极因素，才能正确地分析我国社会结构的新变化和新出现的社会阶层，制定正确有效的政策，进一步发展和丰富党的基本理论、基本路线、基本方略，推进新时代中国特色社会主义的发展。

改革开放以来，中国新出现的社会阶层是中国社会主义历史进程必然产生的崭新事物，是中国特色社会主义有机体的组成部分。中国社会主义初级阶段的历史主题是，解放和发展生产力，消除贫困落后，实现共同富裕。这就必须坚持改革开放，实行以公有制为主体、多种所有制经济共同发展，各种生产要素按贡献参与分配的经济制度，发展社会主义市场经济，积极参加国际经济合作和竞争。这个历史大变革必然深刻地改变现代中国的经济、产业、劳动、城乡结构，使我国的社会经济成分、组织形式、就业方式、利益关系和分配方式日益多样化，许多人在不同所有制、不同行业、不同地域之间频繁流动，社会成员的职业和身份也经常变动、不断转换，引起我国城乡社会结构的巨大变化，出现了民营科技企业的创业人员和技术人员，受聘于外资企业的管理技术人员、个体户、私营企业主、中介组织的从业人员、自由职业人员等社会阶层。这是当代中国社会变革与发展进步的必然产物和表现，是中国特色社会主义发展的新生事物。我们把他们概括为"社会主义的社会阶层""中国特色社会主义事业的建设者"，赋予其新的社会主义的内涵，是马克思主义社会主义理论的创造性发展。

我们党把改革开放以来新出现的社会阶层界定为"中国特色社会主义事业的建设者"，这是一个马克思主义的科学概括。马克思主义经典作家关于资本主义社会的劳动和劳动价值的理论，揭示了当时资本主义生产方式的运行特点和基本矛盾。与马克思主义创始人那时所面对的情况有很大不同，我国是一个拥有东方古老文明的社会主义国家，处于推进现代化、市场化、城市化和全球化的历史阶段，我们需要深化对社会主义社会的劳动和劳动价值理论的研究，科学地把握我国社会结构的深刻变化，合理地协调各个社会阶层的利益关系，以凝聚一切社会积极力量新型动能，推进现代化建设。在我国社会主义历史进程中，随着经济的发展、科技的进步、全国财富的增加和社会全面协调可持续的发展，全体社会成员的物质文化生活水平在不断地提高，个人的财产在逐渐地增加，中等收入者阶层在日益扩大。所以，在我们的社会主义社会，不能教条地搬用资本主义社会阶级划分的理论，不能简单地把有没有财产、有多少财产当作判断人们政治上先进和落后的标准，必须围绕发展生产、共同富裕、推动人的全面发展与社会全面进步的根本目标，根据人们的思想政治状况和现实表现，根据人们的财产是怎样得来的以及对财产怎样支配和使用，根据人们以自己的劳动对中国社会主义发展的实际贡献作出正确判断。同时，现实表明，中国新出现的社会阶层拥护党的领导和中国特色社会主义制度，合法经营，诚实劳动，为社会主义生产力的发展、人民生活水平的提高、综合国力的增强和社会全面协调发展进步贡献着力量，属于我国浩浩荡荡的社会主义建设者大军，是中国特色社会主义事业的建设者。

不顾时代的变迁，不顾中国具体的实际与实践的发展，生搬硬套资本主义社会阶级斗争的规律，给中国的新社会阶层戴上一顶"资产阶级"的帽子，这是一种本本主义的观点，不懂得必须从社会实践中总结经验、发展理论的道理，没有认识到当代中国马克思主义的伟大力量和历史成就。人们知道，中国共产党人早在20世纪50年代就把马克思主义关于社会主义革命的理论和中国的具体实际正确地结合起来，形成一整套社会主义改造的方针政策，成功地通过和平赎买的办法，把中国的民族资产阶级引上了社会主义道路，使其成为参加人民民主政权的一支力量和自食其力的社会主义劳动者，开辟了马克思主义发展和社会主义变革的新篇章。改革开放以来，我们依靠强大的优越的社会主义制度和马克思主义的理论智慧与开拓创新精神，提出并实行了富有成效的社会主义体制和政策。中国共产党已经并将继续成功地团结和带领新的社会阶层，和全国人民一道，为推动改革和发展，解放和发展生产力，消灭贫困落后，实现共同富裕，建设富强民主文明和谐美丽的社会主义现代化强国而努力奋斗，开辟中国特色社会主义的新局面和马克思主义发展的新境界。我们坚信，在未来，我们的后代一定会比我们更有智慧，更有开拓精神，更富有创造力，他们一定会在中国的大地上创造出既使各个社会阶层的利益和要求得到满足，又为各个社会阶层所接受和拥护的新的方式和途径，把中国特色社会主义顺利地健康地引向更高的发展阶段。要以习近平新时代中国特色社会主义思想为指导，为21世纪马克思主义发展、为人类社会的进步事业作出新贡献。

争论的焦点在于，中国的私营企业主等社会阶层掌握生产资料，"获取利润，剥削价值"，为什么不叫资产阶级？这里的关键是，不能用旧的观念和范畴来判断新的事物。社会主义市场经济也是市场经济，当然也要使用商品、劳动、价值、资本、利润、工资、利息、地租、股息等这些反映市场经济运行规律的概念和范畴，但是必须看到，在社会主义制度下，它们的含义和具体形式已经发生了种种变化。由于社会主义市场经济还在进一步发展和完善中，我们对它们的界定和阐明还在逐步形成中，加之它们是在资本主义条件下发展起来的，因此，人们往往把它们和资本主义的东西等同起来，把社会主义的新东西当成资本主义的旧东西。这是一种误读。至于私营企业主在生产、经营和科技开发中获得较高收益的问题，由于它和资本主义条件下资本家占有剩余价值在形式上有相似之处，人们就习惯地按照资本主义劳动和劳动价值理论把它看作"剥削"。其实，这是我们在深化社会主义劳动和劳动价值理论研究中要作出回答和阐明的一个新问题。反映新的情况，认识新的事物，需要进行新的概括，提出新的范畴。实践已经证明，套用旧的范畴会造成认识甚至政策的混乱，限制实践的创新和经济社会的发展。马克思恩格斯根据社会生产力是社会进步根本标准的观点，曾经承认剥削现象的历史的正当性，认为它在一定历史条件下有利于生产力的发展，有利于社会关系的发展，有利于更高级的新形态的各种要素的创造。[1]人们从道义上谴责剥削现象，要求减轻乃至消灭它，是正义的、合理的。但是唯物史观认为，经济的社会形态的发展是一个自然的过程，一个社会即使探索到了本身运动的自然规律，还是既不能跳过也不能用法令取消自然的发展阶段。只有在社会生产发展到很高的阶段，剥削现象失去存在条件，没有需

---

[1] 《马克思恩格斯全集》(第25卷)，人民出版社1974年版，第926页。

要了，它才会归于灭亡。在社会主义初级阶段，加快发展生产，摆脱贫穷落后，实现共同富裕是我们的根本目的。因此，对于社会资源，包括劳动者创造的剩余价值的配置、管理、掌握和支配，都必须贯彻"三个有利于"的根本要求，遵守效率优先、兼顾公平的原则。私营企业主等新的社会阶层掌握较多生产资料，经营企业，发展产业，开发科技，获取较高较多的收益，是符合"三个有利于"根本标准的，是中国社会主义所需要的和允许的，是中国特色社会主义经济体系的一个组成部分和运行方式。至于怎样在理论上科学概括阐明这个社会现象，需要在实践中进一步探讨。但是，不能按照旧观念给私营企业主戴上"资产阶级"的帽子，将其列入反社会主义的势力，进而否定中国特色社会主义。那是违背科学社会主义基本原则和损害新时代中国特色社会主义发展的，我们绝对不能同意。

第十三讲

民营经济是推进中国式现代化的主力军、是我国经济社会发展的重要基础

改革开放以来，在中国特色社会主义基本经济制度下，民营经济迅猛发展，成为富民经济。我国已经形成国有经济为主导，民营经济长足发展，外资经济为辅助的所有制结构。怎样认识我国社会经济发展这个阶段的新情况新特征？有论者从民营经济就是"私营经济的代名词"的理解出发，认为这种发展违背宪法，搞了私有化。对于这个新的争论，需要根据习近平新时代中国特色社会主义思想，从理论和实践的结合上进行研究和讨论，作出当代中国马克思主义的回答，以坚持和完善我国社会主义基本经济制度和分配制度，发展社会主义市场经济，不断发展壮大我国的经济实力。

一、社会主义现代化需要民营经济的大发展

所谓民营经济，就是我国在改革开放进程中，改革原先不适应和阻碍生产力发展的经济结构，探索适应信息化、城镇化、市场化、农村现代化、经济全球化发展新时期，体现社会主义本质的制度安排和

经济关系而形成的一种有别于国有经济的新型经济体制，是我国基本经济制度不可缺少的重要组成部分。和国有经济不同，民营经济是一种产权明晰又相互渗透的复合经济体，既包括个体经济、私营经济，也包括国有企业和乡镇企业改革后形成的一些企业，新兴的各种股份制企业和合作制企业，以及海外归国人员创建的知识人和资本人结成一体的新经济企业等。因此，不应当僵化地拘泥于过往的所有制观念，把民营经济简单地理解为"私营经济的代名词"。

民营经济的发展，不仅使适合我国社会主义初级阶段生产力不同发展水平的各种经济形式成长起来，充分发挥了促进科技进步、经济发展、民众富裕和国家强盛的积极作用，还有利于在基本经济制度建设和完善的实践中不断提升、发展和创新体现社会主义本质的经济形式，使中国特色社会主义经济不断发展壮大。

当代中国发展实践已经充分证明，民营经济在我国经济社会发展中居于重要地位，具有积极作用。据统计，截至2017年年底，全国有个体户6579万户，私营企业2726万户，广义民营企业占全部市场主体的94.8%。7.9亿就业人口中91.8%为民营企业所吸纳，民营企业占企业创新的60%，民营经济对我国GDP增长的贡献率为60%，存量就业的90%、增量就业的92%由民营企业提供，专利贡献的65%、技术创新率的70%是民营企业创造的。在国民薪酬中，不包含公务员，88%是非国有企业发放的，76%的税收是非国有企业创造的。可见，"民营经济本质上是富民经济"。我国现在已经形成国有经济为主导，民营经济长足发展，外资经济为辅助的所有制结构。这一判断是完全符合当今中国经济结构实际的。民营经济的发展对我国经济的繁荣，科技的创新，市场的活跃，就业的扩大，国家财政收入的增长，人民的生活改善和共同富裕，促进社会公平正义和人的全面发展等方面，都作出了积极的重要贡献。思想认识与体制机制改革必须与时俱进。党的十六大报告指出："要形成与社会主义初级阶段基本经济制度相适应的思想观念和创业机制，营造鼓励人们干事业、支持人们干成事业的社会氛围，放手让一切劳动、知识、技术、管理和资本的活力竞相迸发，让一切创造社会财富的源泉充分涌流，以造福于人民。"同时明确提出"两个毫不动摇"的表述，即毫不动摇地巩固和发展公有制经济，毫不动摇地鼓励、支持和引导非公有制经济发展。党的十九大报告阐明，"必须坚持和完善我国社会主义基本经济制度和分配制度，毫不动摇巩固和发展公有制经济，毫不动摇鼓励、支持、引导非公有制经济发展"，这是我们党的基本方略。2018年11月，习近平同志《在民营企业家座谈会上的讲话》中指出，民营经济是我国经济制度的内在要素，民营企业和民营企业家是我们自己人。所谓"民营经济离场论""新公私合营论"、对民营企业进行控制的说法是完全错误的，不符合党的大政方针。

鼓励和引导民营经济的发展日益为各级党政领导所重视并不断付诸实践。除了中央的一系列政策和措施，不少省、自治区、直辖市也多有动作。比如，时任中共河南省委书记徐光春在《求是》杂志2009年第7期上发表文章《让科学发展成为县域经济的主旋律——关于长垣县推进又好又快发展的调查与思考》，专题介绍和总结河南省长垣县"全民创业""民营立县"的巨大成就和宝贵经验。浙江省原工商局局长郑宇民曾对记者说，浙江省主要领导同志一再表示，要让民营企业做主人翁，要让民营企业家有体面、有尊严，在制度保障的基础上尊重和爱护浙江省的民营企业和浙商，促使他们进一步做大做强。

经济学家常修泽教授指出：此前一个比较流行的看法是，只认为国有经济是共产党执政的基础，否认民营经济也是执政的基础之一。实践发展有力地说明，国有经济和民营经济是相得益彰、共同发展的。它们都是共产党执政的基础。2010年7月7日，中共广东省委和广东省人民政府专门召开"全省民营经济工作会议"，会议通过了《中共广东省委　广东省人民政府关于促进民营经济发展上水平的意见》（2010年9月24日正式出台）。时任中央政治局委员、中共广东省委书记汪洋在会议讲话中指出，联系改革开放以来广东省民营经济发展的历程，可以清晰地看到民营经济的发展成就了广东改革发展的辉煌，特别是有力促进了珠三角经济的腾飞；民营经济的兴盛关系到广东经济的繁荣，尤其关系到广东人民的福祉。特别是在应对国际金融危机中，民营经济表现出较强的抗风险能力，成为一些地区逆势而上的中间依托，更加凸显了民营经济对广东经济可持续发展的重要作用。当前和今后一个时期，要促进民营经济发展，把民营经济打造成为支撑广东经济内生增长的主体力量。时任中共中央委员、广东省省长黄华华在会议讲话中也强调，各级党委、政府和各个部门要从全局和战略高度，充分认识发展民营经济对调结构、促转型、惠民生的重大意义，采取更加有力的措施，推动广东省民营经济的发展再上新台阶。

面对在中国共产党领导下的民营经济蓬勃发展这样具有历史意义的创举，中国的理论研究者不应固守前人的本本横加指责，而应当解放思想、实事求是、与时俱进，不断把党带领人民创造的成功经验上升为理论，不断赋予当代中国马克思主义以实践特色、民族特色、时代特色，为建设和完善社会主义基本经济制度、为推进变革创新献计献策。

当代中国的民营经济具有很强的社会主义性质。"民营经济"这个概念在马克思列宁主义的本本里找不到，我们的宪法也没有写进去。但是以此把我国的民营经济简单地贴上"私营经济"的标签，把它的发展理解为违反宪法，搞私有化，是不利于改革开放和社会主义市场经济的发展的。

社会主义市场经济体制的创建是前无古人的事业，需要不断在实践中进行理论创新。所以，我们党的理论、党的章程、国家宪法总是与时俱进地总结概括新的创造而不断丰富和发展着。比如，改革开放、市场经济、基本经济制度、股份制、经济特区、农民工政策、小康社会、科学发展、和谐社会、社会主义政治文明、依法治国、社会主义法治国家，以及尊重和保障人权，国家依法保护公民合法的私有财产不受侵犯，保护公民的人身自由不受侵犯等，都是马克思列宁主义的本本里所没有的，而我们的党章和宪法是在不断总结改革开放的实践经验中逐步把这些新东西写进去的。我们的改革开放有一个很重要的原则，就是鼓励和允许在符合党的基本理论、基本路线、基本方略的前提下进行探索创新，敢闯敢试。正如邓小平总结的，十全十美的方针、十全十美的办法是没有的，面临的都是新事物、新问题，经验靠我们自己创造。不要怕冒风险，胆子还要再大些。如果前怕狼后怕虎，就走不了路。①

认识和对待民营经济，应坚持实事求是的原则。1953年毛泽东在论述我国公私合营经济时就创造性地阐明，这种资本主义经济已经不是普通的资本主义经济……它主要地不是为了资本家的利润而存

---

① 《邓小平文选》（第三卷），人民出版社1993年版，第263页。

在，而是为了供应人民和国家的需要而存在。不错，工人们还要为资本家生产一部分利润，但这只占全部利润的一小部分，大约只占四分之一，其余的四分之三是为工人（福利费）、为国家（所得税）及为扩大生产设备（其中包含一小部分是为资本家生产利润的）而生产的。因此，这种……经济是带着很大的社会主义性质的，是对工人和国家有利的。[①]邓小平1992年在南方谈话中回答"三资"企业多了就是发展了资本主义的议论时明确指出，我国现阶段的"三资"企业，按照现行的法规政策，外商总是要赚一些钱。但是，国家还要拿回税收，工人还要拿回工资，我们还可以学习技术和管理，还可以得到信息、打开市场。因此，"三资"企业受到我国整个政治、经济条件的制约，是社会主义经济的有益补充，归根到底是有利于社会主义的。[②]按照毛泽东和邓小平的观点，在中国共产党领导下的社会主义基本制度和经济体系中，民营经济、各种非公有制经济都体现着社会主义的本质，带有很大的社会主义性质，不能简单认为其具有一般资本主义性质。相应的社会阶层不能被简单归入资产阶级范畴，而是中国特色社会主义事业的建设者。

那种把我国的民营经济和资本主义等同起来的观点，忽视了时代变迁，弄错了历史发展阶段，是不正确的。唯物史观认为，一些人把"唯物主义"当作现成的公式，按照它来剪裁各种历史事实，当作标签贴到各种事物上去，不作进一步的研究，就以为问题已经解决了，就会转变为自己的对立物。所以，对于民营经济这个中国社会主义初

---

① 《毛泽东文集》（第六卷），人民出版社1999年版，第282页。
② 《邓小平文选》（第三卷），人民出版社1993年版，第373页。

级阶段中的社会现象，必须进行具体的历史的分析，作出符合当代中国国情和时代发展的理解和概括，不可以从超历史的一般历史哲学理论中去寻找现成答案。

这里有必要总结一下20世纪最后几年里有关股份制争论的成果。1997年，在党的十五大报告中，江泽民同志在回答一些论者笼统地把实行股份制说成搞私有化的观点时明确指出，股份制是现代企业的一种资本组织形式，有利于所有权和经营权的分离，有利于提高企业和资本的运作效率，资本主义可以用，社会主义也可以用。不能笼统地说股份制是公有还是私有，关键看控股权掌握在谁手中。当前城乡大量出现的多种多样的股份合作制经济，是改革中的新事物，要支持和引导，不断总结经验，使之逐步完善。2000年朱镕基同志在意大利会见企业家时也阐明："我只需要纠正你一点，就是你叫'私有化'，我们不叫'私有化'，我们叫'股份化'，所谓'股份化'，就是把国有企业的资产通过股票市场卖给人民群众。""我们认为国有企业搞股份制，是公有制的一种实现形式，而不是私有化。"①江泽民同志还指出："我们发展社会主义市场经济，与马克思主义创始人当时所面对和研究的情况有很大不同。我们应该结合新的实际，深化对社会主义社会劳动和劳动价值理论的研究和认识。实现人民的富裕幸福，是我们建设社会主义的根本目的。随着经济的发展，广大人民群众的生活水平不断提高，个人的财产也逐渐增加。在这种情况下，不能简单地把有没有财产、有多少财产当作判断人们政治上先进与落后

---

① 《朱镕基答记者问》编辑组：《朱镕基答记者问》，人民出版社2016年版，第312页。

的标准，而主要应该看他们的思想政治状况和现实表现，看他们的财产是怎么得来的以及对财产怎么支配和使用，看他们以自己的劳动对建设有中国特色社会主义事业所作的贡献。"[①]在社会变革中出现的新社会阶层，通过诚实劳动和工作，通过合法经营，为发展社会主义社会生产力和其他事业作出了贡献，都是中国特色社会主义事业的建设者。根据这些当代中国马克思主义的观点，对于非公有制经济、民营经济的发展壮大，要鼓励、支持、引导；其发展，不是发展了资本主义，而是发展壮大了中国特色社会主义。

二、研究基本经济制度的新实践，发展社会主义所有制理论

一些论者对民营经济成为富民经济这个新的情况做出误读，将其理解为私有化，除了前述思想方法上的问题，还因为他们没能按照中国特色社会主义理论来研究和认识我国民营经济的当代价值和历史意义。

中国共产党创造的中国特色社会主义基本经济制度，是在中国逐步实现社会主义理想的有效形式和最恰当路径。《共产党宣言》把工人阶级政党的宗旨概括为消灭私有制。这个概括是对人类社会未来发展趋向的科学预断，并不是要在一个早上立即实现的绝对命令。20世纪世界社会主义的成功经验和挫折教训都告诉我们，进行人类社会发展史上这项最广泛、最根本、最深刻的社会变革，需要高度发达的经济社会条件，需要一定的国际环境，需要科学统筹经济领域的各项复杂的制度安排，需要政治、思想、文化、道德的变革和建设，使人类

---

① 《江泽民文选》（第三卷），人民出版社2006年版，第286—287页。

社会的文明成果得到继承和弘扬。因此，它不可能按照人们的主观意志，运用政权的强制力量，通过一次冲击、一次变革来完成，而是一个循序渐进的漫长的自然历史过程。任何"唯意志论""共产主义急性病"都是不可取的。急于求成，强制推进，一步到位，一举成功，只能欲速则不达，甚至造成恐怖的灾祸。

马克思恩格斯当时就提出，实现这个重要目标的必备条件是社会生产力高度发达，社会财富极大丰富和普遍交往的发展。只有实现了工业化、城市化、市场化、国际化的社会历史变革，才能够逐步创造消灭私有制的基本条件，而在当代中国还远不具备这些条件。生产方式决定经济关系，经济关系必须适应生产方式的变革和发展。没有适当的经济关系，生产方式的变革和发展是难以顺利推进的。中国共产党人在实事求是思想路线的指导下，正确总结历史经验教训，在实践中创造出包含民营经济在内的公有制为主体、多种所有制经济共同发展的社会主义基本经济制度。实践已经表明，当代中国的制度安排和经济关系是相当成功的。

中国的社会主义经济制度还在成长中，它的发展与完善需要经历哪些阶段，采取哪些结构、什么形式和怎样的路径，不仅在马克思、列宁、毛泽东那里没有现成答案，就是在邓小平那里也没有万灵的方子。正如胡锦涛指出的，"世界上没有放之四海而皆准的发展道路和发展模式，也没有一成不变的发展道路和发展模式。我们既不能把书本上的个别论断当作束缚自己思想和手脚的教条，也不能把实践中已见成效的东西看成完美无缺的模式"[1]。因此，我们还必须摸着石头过

---

[1] 《胡锦涛文选》（第三卷），人民出版社2016年版，第174页。

河。今日的国有经济、集体经济、股份制经济、合作制经济、私营经济、个体经济、外资经济等经济形式，既是一个必经的历史阶段，也是一些过渡的经济形式。人们看到，我国的全民所有制和劳动群众集体所有制经济的实现形式，经过改革创新已经发生很大变化，充分地多样化了。那些上市的国有企业和集体所有制企业的股票，不仅为中国大陆的民众，而且为境外的和国外的民众所拥有，并且是经常变动的。这些企业经过改革创新，逐渐成为产权明晰、互相融动、充满生机活力的市场经济的主体。这些都是我国社会经济持续快速发展，形成竞争力、扩张力和创新力的体制机制和内在动力。工作刚刚起步，路程还很漫长。

我们没有忽视这一探索过程中的矛盾和问题。权贵资本的膨胀、垄断经济的回潮、发展差距的拉大、腐败寻租的蔓延、民生改善严重滞后等现象的出现，恰恰都需要依靠更好地坚持和完善基本经济制度，发展混合经济来不断解决。在这一过程中，需要紧随这个发展变革进程，不断深化对人类社会发展规律和社会主义建设规律的认识，持续深入地研究、开掘和阐明中国特色社会主义基本经济制度发展基本规律的丰富内涵和历史意义。这样才能够真正坚持马克思主义中国化时代化，把中国特色社会主义事业推向前进。

三、国有经济加民营经济是共产党执政的经济基础

有一种观点认为，当代中国社会制度和共产党执政的经济基础只能是国有经济，而不包括民营经济。这种认识在理论上是站不住脚的，在实践上、政治上不符合党关于"毫不动摇地巩固和发展公有制

经济""毫不动摇地鼓励、支持和引导非公有制经济发展"的方针。

唯物史观认为，一个社会的生产关系的总和构成该社会的经济结构，即经济基础。就是说，任何一个国家的政治制度和全部上层建筑，都是以其现存的生产关系的总和为经济基础的。按照党的十九届四中全会决定的界定，公有制为主体、多种所有制经济共同发展，按劳分配为主体、多种分配方式并存，社会主义市场经济体制等社会主义基本经济制度，是当代中国社会的基本经济关系，构成我国初级阶段社会主义生产关系的总和，它自然就是中国社会主义社会政治制度和中国共产党执政的经济基础。因此，党的二十大不仅把这些重要论点写进党的章程，而且明确界定非公有经济和国有经济一起，都是我国社会主义市场经济的重要组成部分。就是说，国有经济和民营经济是内在地统一于社会主义市场经济体系中的，它们完整地构成当代中国社会制度和共产党执政的经济基础。拘泥于传统社会主义模式和认识，无视当代中国社会经济发展现实，把我国的国有经济和民营经济分割开来、对立起来的观点，是对中国特色社会主义经济基础的误读和肢解，背离了马克思主义的唯物史观。早在19世纪70年代，马克思在批评德国工人党纲领的错误观点时就说过："它对社会主义思想领会得多么肤浅，它不把现存社会（对任何未来社会也是一样）当做现存国家的（对未来社会来说是未来国家的）基础，反而把国家当做一种具有自己的'精神的、道德的、自由的基础'的独立存在物。"①

从政治学观点看，把共产党执政的经济基础仅仅理解为国有经济

---

① 《马克思恩格斯选集》（第3卷），人民出版社2012年版，第373页。

也是站不住脚的。马克思说"赋税是政府机器的经济的基础"①，就是说，任何一个现代国家的政府机器，都主要把征收赋税作为履行职能的财政来源和经济基础，而不是将自己经营产业挣钱作为经济财政主要来源的。现代许多国家的实际发展表明，国有经济在整个国民经济中的比重超过一定的必要限度，不仅会束缚科学技术的变革创新，抑制社会经济的持续发展，而且往往会造成权贵资本膨胀，贪污腐败滋生。我们党领导的人民民主政权同样主要是以我国各种经济成分提供的税费收入作为政权的财政经济基础的。因此，在我国社会主义初级阶段，只有坚定地贯彻和完善基本经济制度，发展混合所有制经济，推进国有经济和民营经济的共同发展和持续繁荣，才能够不断扩大税赋基础，日益发展壮大人民民主政权和共产党执政的经济基础。这也是我国社会主义民主政治发展的一个必要条件。所以，在当代中国，国有经济、非公有制经济、民营经济的发展壮大，都在巩固着、加强着、壮大着中国共产党领导的人民民主政权。中华人民共和国70多年的历史已经充分地证明了这一点。

① 《马克思恩格斯选集》(第3卷)，人民出版社2012年版，第375页。

发展和健全中国特色社会主义民主政治

　　我国是工人阶级领导的、以工农联盟为基础的人民民主专政的社会主义国家，国家的一切权力属于人民。这是中国共产党领导中国人民经过几代人不懈奋斗创造的伟大政治成果，是对人类政治文明的巨大贡献，也是中国特色社会主义发展的根本政治保障。

　　人民民主是社会主义的生命，是全面建设社会主义现代化国家的应有之义。全过程人民民主是社会主义民主政治的本质属性，是最广泛、最真实、最管用的民主，必须坚定不移地走中国特色社会主义政治发展道路，坚持党的领导、人民当家作主、依法治国的有机统一，坚持人民主体地位。我们要健全人民当家作主的制度体系，扩大人民有序政治参与，保证人民依法实行民主选举、民主协商、民主决策、民主管理、民主监督，发挥人民群众的积极性、主动性、创造性，巩固和发展生动活泼、安定团结的政治局面，充分体现人民意志、保障人民权益、激发人民创造活力。

　　我们在人民革命胜利的基础上，创立了共产党领导的社会主义基本制度。通过社会主义建设、改革开放现代化发展，形成了一套具有鲜明中国特色、明显制度优势、巨大生机活力的中国社会主义制度体制体系，为中国特色社会主义的发展和完善提供了根本的制度保障。党的十八大以来，我国在政治发展方面出台了全面深化改革的顶层设计，实施了一系列重大举措，我国社会主义民主政治的制度化、规范化、程序化全面推进，中国特色社会主义政治制度的优越性得到更多发挥，我国人民当家作主的制度体系进入一个新时代。这里，从回顾与总结现代中国政治发展历程与成就的视角做些讨论与辨析。

一、中国政治发展和体制改革必须坚持实事求是、独立自主，绝不能照搬西方的政治逻辑

中国的政治改革不能墨守西方的政治逻辑，复制它们的制度模式，而应当在吸收世界政治文明成果的基础上走自己的路，建立中国的民主政治制度。

人们知道，西方学界适应工业革命时代资产阶级政治统治的需要，批判神学专制主义政治观，总结资本执掌国家权力的实践与经验，阐述其政治模式与发展逻辑，建立了现代西方政治学说，为现代资产阶级政治制度的发展与完善奠定了学理基础。推翻封建王朝专制统治、走上现代化道路的中国人，在变革中国古典的政治思想和传统、建设中国现代的政治体系时，不能不研究西方的民主政治制度和发展实践，借鉴世界政治文明的有益成果。可以说，100多年来，这种学习和研究从来没有中断过。但是，由于先入为主、习以为常、路径依赖、耽于学理、脱离实际等各种复杂因素的影响，一些论者以西方政治发展逻辑作为普遍规律，视西方民主模式为圭臬，无视、误解甚至否定中国人创造的人民民主制度与理论。这是需要作进一步探讨的。

众所周知，作为资产阶级政治制度和阶级利益的学理表现，现代西方政治学说不能不深刻地打上资产阶级的烙印，并带有很大的历史局限性。坚持西方中心论，就是把欧美政治发展的逻辑宣扬为人类政治发展的普遍规律，把西方的议会选举、多党竞争、三权分立的政治制度模式鼓吹为人类社会的普世价值，适应资本统治和扩张的需要，同时把它强加给东方发展中国家。近年来，西方政治制度模式越来越滞后于经济社会的发展，弊病和乱象丛生，呈现衰败的迹象，陷入种种困境，理所当然地遭到有识之士的揭露和批判。因此，西方政治学说值得研究和借鉴，但不能成为社会主义政治制度发展的指导原理。

人类社会不是按一种蓝图制造的机器，而是现实的人群历史地形成的错综复杂的共同体。由于各个国家民族经济社会发展水平、人群构成、文化积淀、历史传统和地缘政治环境多有不同，其国家权力的结构、特征、发展逻辑和运行规制必然存在很大差别。任何国家的政治制度和民主形式都是自己民族历史发展和现实条件的产物，不会一模一样，可以相互借鉴，但不能抄来搬去。美英法德日的政治形式就各有不同。中国人在清朝灭亡之后也曾搬来西方议会选举、多党竞争、三权分立的政治模式，结果陷入军阀混战、国家分裂、日本入侵的危局。20世纪以来，一些发展中国家在西方"民主输出"战略影响下，照搬西方政治模式，国家发展屡屡遭受混乱和败落。还有一些"颜色革命"的国家也在亦步亦趋地仿照西方民主模式，结果陷入严重动乱和内战的局面。可见，所谓西方政治制度模式是政治发展灵丹妙药的神话正在破灭。近年来，面对新的历史挑战，欧美一些政治学家和有识之士也在思考与探讨。美国政治学家亨廷顿就讨论过亚洲是"不自由的民主"的老家、民主被用来"促进和谐与稳定"的观点。

2016年5月，匈牙利总理欧尔班和波兰执政的法律与公正党领导人卡钦斯基在波兰喀尔巴阡山进行了长时间会晤，旨在清理25年来"后共产主义"留下的自由遗产，而采纳新加坡、中国、俄罗斯和土耳其的模式，推进"非自由民主"模式向中欧扩展。这对吃过"民主"苦头的中东欧国家产生了很大的吸引力。

作为东方文明古国，独特的国情、丰厚的政治文明遗产、人民民主的革命成果和共产党的坚强领导等条件，决定了现代中国的政治改革必须遵循中国人的世界观和方法论，吸收并消化人类政治文明的积极成果，走一条突破西方政治逻辑、创新政治制度模式的变革之路。中国共产党带领中国人民坚持解放思想、实事求是、人民至上、与时俱进、守正创新、独立自主的原则与方法，代表人民意愿，弘扬优秀传统，适应中国发展和时代潮流的要求，历尽数十年之功，在社会主义道路上建设起一套不同于西方民主模式的人民民主制度。

屹立于世界东方的这个崭新的民主制度，突破西方政治发展逻辑和制度模式，对此需要作出历史的学术的界定和阐明。中国学人要坚持中国共产党的基本理论和基本路线，提升学术自信心和政治定力，开展政治学术理论的变革创新。历史上中国人为人类政治文明贡献了宝贵的成果，当下要把中国人民创造的政治文明成果和宝贵经验总结提升起来，从历史和逻辑相统一的高度，阐明人民民主政治的历史基础、发展规律、独特创造、制度优势，建设一个弘扬中国精神、充满中国智慧、展现中国气派、形成中国话语的中国特色社会主义政治学说理论体系，为完善和发展中国特色社会主义，推进国家治理体系和治理能力现代化，为积极参与世界治理改革、发展人类政治文明提供理论学术支撑。

当今世界是全球化、信息化、智能化、多元化的时代，世界百年未有之大变局在加速演进，中国在世界东方全面崛起，认同中国人的世界观、方法论，按照中国传统与发展逻辑理解人民推进经济、政治、社会改革的进程，正在成为一种思维方式。从20世纪德国社会民主党领袖施密特到美国政治思想家基辛格、布热津斯基，再到21世纪的美国政治学家福山，都在自己的著述里尝试按照这种思维方式来解析中国。中国学人更要深入地认识自己的学术使命，作出历史的担当。

二、回眸昨天：为创建人民当家作主的政权而奋斗

民主政治是人类文明发展的伟大成果。《共产党宣言》指出："工人革命的第一步就是使无产阶级上升为统治阶级，争得民主。"[①]中国共产党从成立之日起，就是一个把民主作为纲领目标，走人类文明发展大道的马克思主义政党。党的民主理念、民主纲领和实践，是在实践进程和政治文化互动中不断深化、不断完善、愈益坚定的。1922年，党的二大正式提出"反帝反封建民主革命"的纲领。在抗日战争新时期，我们党与时俱进地提出自己的民主政治思想和纲领。1935年，毛泽东在《论反对日本帝国主义的策略》一文中提出"人民共和国"的设想，又在《和英国记者贝特兰的谈话》《青年运动的方向》《新民主主义论》《新民主主义宪政》《论联合政府》等著作中，对新民主主义政治作出系统的论述：在今日谁能够领导人民驱逐日本

---

① 《马克思恩格斯选集》（第1卷），人民出版社2012年版，第421页。

帝国主义并实行民主政治，谁就是人民的救星；没有民主，抗日就抗不下去，就要失败的，有了民主我们一定会胜利；新民主主义政治的主要纲领就是建立"人民共和国"，"抗日统一战线的共和国"，它的国体是一切革命的阶级对于反革命汉奸们的专政，它的政体是民主集中制；创造性地提出"人民代表大会"作为人民共和国政权形式的设想，并在党领导的抗日根据地创立了"三三制"民主政权，乃至"豆选"方式；扩大党内民主是巩固与发展党的必要步骤，是党在伟大斗争中生动活泼、胜任愉快、生长新的力量、突破战争难关的重要武器；要在党内实行民主生活教育，推进党内生活的民主化，发展统一战线和民众运动的民主生活。党的七大提出，领导全国人民，把中国建设成为一个独立、自由、民主、统一和富强的新国家。中国共产党提出抗日民主的纲领，在党领导的抗日根据地广泛地发展抗日统一战线民主。1939年，在延安成立陕甘宁边区参议会，通过民主选举建立了边区抗日民主政权。

1949年9月，中国人民政治协商会议胜利召开，这是世界民主政治发展史上的伟大创举。当时，中国是一个人口众多、民族复杂、地域辽阔、经济文化落后的国家，交通信息不畅，发展很不平衡，经过多年战乱，刚刚取得人民解放战争的胜利。中国共产党从这个国情出发，继承中华优秀政治传统，吸收世界政治文明成果，创建了中国人民政治协商会议这个全新的政治民主形式，踏上了建设独立、自由、民主、和平、统一和强盛新国家的征程。通过民主平等、讨论协商，推选中国共产党等各党派、各地区、各阶层、各民族以及国外华侨等660多位代表共商民主建国大计。会议选出了由毛泽东为主席的全国委员会，通过了《中国人民政治协商会议共同纲领》。《中国人民政治协商会议共同纲领》规定了国家的国体和政体、建设发展的根本方针、民族政策和外交政策，成为中国人民的大宪章，起着临时宪法的作用。会议民主选举毛泽东为中央人民政府主席，56人为政府委员，宣告中华人民共和国成立，实现了独立、和平、民主建国的历史伟业，创造了人民当家作主的政治制度，翻开了中国人民民主政治发展的新篇章。我们以人民政协的政治形式，凝聚和动员全国各个党派、民族、团体、阶层和海外华侨人士的意愿和力量，发扬民主、广集民意、制定纲领、建设国家，为世界政治文明提供了中国人的方案和经验，是现代人类民主形态的创新，载入20世纪人类民主政治发展的史册，具有巨大的历史意义与理论价值。

中华人民共和国成立之后，党矢志不渝地带领中国人民发展人民民主政治制度。在实现恢复经济、改善民生、完善治理、巩固政权的基础上，按照中国的情况与经验，1953年在全国范围内开展了第一次空前规模的普选，逐级召开人民代表大会。1954年9月15日，在北京召开了第一届全国人民代表大会。大会通过了《中华人民共和国宪法》，规定中华人民共和国是工人阶级领导的、以工农联盟为基础的人民民主国家。国家一切权力属于人民。人民行使权力的机关是全国人民代表大会、地方各级人民代表大会。全国人民代表大会、地方各级人民代表大会和其他国家机关，一律实行民主集中制。宪法规定，通过社会主义工业化和社会主义改造，保证逐步消灭剥削制度，建立社会主义社会。从此，全国人民代表大会成为国家的最高权力机关，国务院成为国家最高行政机关。在党的领导下，人民代表大会制度作为坚持党的领导、人民当家作主、依法治国有机统一的根本政治制度被确立起来。与此同时，把全国政协建设成为党领导下的多党合作和政治协商制度的重要政治形式和组织形式。从此，由中国共产党领导的、人民当家作主、依法治国有机统一的政治制度，以及新型的中国特色社会主义民主政治正式确立。

1956年9月，中国共产党第八次全国代表大会在北京举行，对党和国家的民主建设进行了新的探索。大会要求继续加强人民民主专政，进一步扩大国家的民主生活，开展反对官僚主义的斗争，加强国内各民族团结，巩固人民民主统一战线，逐步制定完备的法律，建立健全的法制，使党和政府的活动做到"有法可依""有法必依"。要求重视党内的思想教育，坚持党的根本宗旨，发展党内民主生活，健全党的民主集中制，加强对党的组织和党员的监督，坚决执行中央关于反对突出个人和对个人歌功颂德的方针，坚持集体领导和个人负责相结合的制度，使党的民主原则和群众路线在一切方面得到贯彻执行。新党章作出全国代表大会实行常任制的规定，酝酿废除事实上存在的领导职务终身制。大会开得民主、生动、团结，与会代表1026人，除了几位报告人，朱德、陈云、董必武等100多位代表作了大会发言或书面发言。这次党的全国代表大会的宝贵经验，对于今天全面从严治党、发展党内民主都具有重要意义。

上述表明，中国共产党始终高扬人民民主的光辉旗帜，为争得民主、建设人民共和国的目标而奋斗。我们创造了全新的人民民主专政的国家和社会主义民主制度；我们阐明民主的本质就是人民当家作主的政权，它应当在经济、政治、文化、社会各方面代表人民意愿，体现人民利益，保障人民权利，实行人民管理；我们创造的"豆选"、"三三制"民主政权、人民政治协商会议、人民代表大会、民族区域自治等富有中国特色和时代精神的政治形式表明，民主形式应当符合国情、与时俱进、不断创新、丰富多彩。发展党内民主，坚持民主集中制，发展人民民主，是中国共产党作为人民民主核心力量的必要条件。人民民主的实践成果和宝贵经验，丰富了科学社会主义的民主观，推动了中国特色社会主义政治的发展。

党对中国民主政治及其发展逻辑的科学认识，对民主政治制度、形式和发展道路的选择与打造不是一蹴而就的，而是不断摸索、逐步总结、日益完善的。在10年内战时期，我们曾经搬用过苏联人的形式，如"苏维埃""红军"等；在批评蒋介石独裁专制统治中，对西方政治民主理论与模式作过许多研究、界说和肯定，并在实践中创造了"三三制"民主政权、人民民主专政、人民代表大会制度、人民政协制度等中国特色政治制度、体制与形式。有论者对我们党在那个时期的理论思考、纲领完善和形式探索采取一种机械主义史观，主张一成不变、一字不差地照套下来。这种固化阶段性认识，不允许按照国情与时代进步改革创新的观点，违背社会政治发展逻辑，是不可取的。

三、立足今天：努力开拓民主政治的新形态

任何突破前人和别人的思维、创造新制度的道路都是不平坦的。20世纪50年代后期，由于对什么是社会主义没有完全搞清楚，对阶级斗争形势和党内状况的估计出现偏差，发生了忽视民主和法制建设的倾向，乃至出现了"文化大革命"那样极大地破坏社会主义民主法制和民主集中制的严重错误。20世纪80年代末，一些社会主义国家的失败，更使我们痛切地认识到，推进政治改革、发展人民民主和坚

持民主集中制事关社会主义的生死存亡，是中国特色社会主义事业的重要组成部分，需要进一步为开拓民主政治的新形态而努力。

党的十一届三中全会后，我国迈出了政治改革的决定性步伐。首要的是为实现解放思想这个重大政治任务提供了保障条件，坚决纠正"文化大革命"的严重错误，克服它对政治上层建筑的巨大破坏，以适应推进改革开放和现代化建设的需要；从解决权力过分集中、官僚主义、家长制以及领导干部职务终身制问题入手，改革干部人事制度，废除了事实上存在的领导干部职务终身制，推行了干部队伍革命化、年轻化、知识化、专业化改革；实行简政放权，恢复乡镇建制，废除人民公社制度，调动广大人民的积极性，让各级组织焕发生机活力。1982年公布施行新的宪法，明确规定全国各族人民和一切组织都必须以宪法为根本活动准则，任何组织和个人都不得有超越宪法和法律的特权。党的十二大明确提出"政治体制"的概念，破除了对社会主义政治发展的僵化理解；党的十三大确立了社会主义初级阶段理论和基本路线，规划了我国政治体制改革的蓝图；党的十四大阐明我国政治体制改革的目标是建设中国特色社会主义民主政治；党的十五大把"依法治国、建设社会主义法治国家"列入了党的基本纲领；党的十六大明确了"建设社会主义政治文明"的战略目标；党的十七大提出了"人民民主是社会主义的生命"的重大命题，阐明了实现更广泛充分健全的人民民主的发展道路，确定了全面深化政治体制改革的目标、任务、重点和路径。以习近平同志为核心的党中央，适应我国经济发展新常态的形势和全面深化改革开放的需要，作出了政治体制改革的顶层设计，确立了完善和发展中国特色社会主义制度、推进国家治理体系和治理能力现代化的改革总目标，统筹推进"五位一体"

总体布局，协调推进"四个全面"战略布局，确立了坚持和加强党的全面领导，坚持党要管党、全面从严治党的总要求。党在领导伟大社会革命的同时，坚定不移推进党的伟大自我革命，以政治建设为统领，不断推进党的建设新的伟大工程，不断增强全党团结统一和创造活力，不断增强全党执政本领，把党建设得更加坚强、更加有力。党的十八大以来，全党开展了群众路线教育实践活动、"三严三实"专题教育，推进"两学一做"学习教育常态化、制度化，开展"不忘初心、牢记使命"主题教育、党史学习教育，对腐败这个执政党面临的最大威胁展开了系统、深入、持续的坚决斗争，全面部署和推进加强民主政治制度建设，加快政府简政放权、职能转变，建立中央全面深化改革领导小组，推进群团政治改革，加强法治中国建设，从严治党，加强和改善党的领导的基本任务。

党的十八大以来，中国政治改革在以下几个方面取得重大进展：人民代表大会及其常务委员会在依法行使立法、监督、决定、任免等职权上得到极大加强，代表结构更趋合理，代表更加充分行使权利；在党领导的多党合作与政治协商制度不断发展和完备的基础上，独创性地作出社会主义协商民主的创新探索；改革与完善党和国家领导制度与干部人事制度，形成党和国家领导机关正常换届和领导人有序更替的机制；建设了国家公务员和干部人事工作科学化、民主化、制度化的管理体制，按照选贤任能原则制定和完善了干部选拔、培养和考核等比较系统完备的制度、办法和措施；大力推进全面依宪治国、依法治国的基本方针，积极推进社会主义法治国家建设，坚持依法治国和以德治国的密切结合，不断完善中国特色社会主义法律体系；行政管理体制和政府机构改革取得巨大进展，一个职能科学、结构优化、廉洁高效、人民满意的服务型政府在建设之中，特别是大刀阔斧的简政放权、转变职能的改革，为经济社会发展提供了体制支撑；一个对权力运行制约和监督的体系正在建设和健全起来，廉政建设和肃贪反腐工作正在扎实深入、富有成效地进行；以改革创新的精神，全面推进党的建设和从严治党的政治战略，党的领导方式和执政方式在科学、民主、依法的轨道上不断完善，党的领导水平和执政水平在建设学习型、服务型、创新型执政党的进程中不断提高，为党始终成为中国特色社会主义事业的领导核心提供了扎实保障。

党的二十大报告阐明，我国是工人阶级领导的、以工农联盟为基础的人民民主专政的社会主义国家，国家一切权力属于人民。人民民主是社会主义的生命，是全面建设社会主义现代化国家的应有之义。全过程人民民主是社会主义民主政治的本质属性，是最广泛、最真实、最管用的民主。必须坚定不移走中国特色社会主义政治发展道路，坚持党的领导、人民当家作主、依法治国有机统一，坚持人民主体地位，充分体现人民意志、保障人民权益、激发人民创造活力。

习近平总书记指出："我们走的是一条中国特色社会主义政治发展道路，人民民主是一种全过程的民主。"实践充分证明，我国全过程人民民主是全链条、全方位、全覆盖的民主，是最广泛、最真实、最管用的民主，是能够保证亿万人民当家作主、把国家和民族的前途命运牢牢掌握在自己手中的新型民主，全过程人民民主是新时代中国特色社会主义的伟大创造，也是当代中国民主区别于西方民主的显著特征。我们要坚持党的领导，坚持人民主体地位，坚持全面依法治国，充分发挥我国社会主义民主的特点和优势，推动中国特色社会主义民主更好地发挥社会主义民主政治的特点和优势，推进全过程人民民主不断地深入发展，为全面建设社会主义现代化国家、实现中华民族伟大复兴而不断奋斗。

上述表明，中国共产党始终不渝地为完善和发展人民民主政治而探索创新。这一制度，成为经济发展、社会稳定、民生提高、文化进步、公平正义、民族团结、国力增强的有力制度保证和强劲政治动力，显示出独特的优势和巨大的活力，推动中国发展成为世界上最大的新兴市场经济体，国际地位得到空前提高。环顾当今世界，可以说，中国特色社会主义民主政治制度是能够体现人民意愿、对人类和历史负责、富有治国理政效益的现代政治制度和政治形式。

在总结发展民主多方面经验与新的实践成果的过程中，我们党极大地深化了对社会主义民主发展规律的认识，从而形成中国的民主政治观与发展战略。我们阐明，基本经济制度和市场经济体制的发展完善、和谐社会的建设、民生的不断提高、先进文化的发展、公平正义的维护、人民福祉的实现，都需要社会主义民主和法治的支撑和保证。没有民主，就没有社会主义，就没有社会主义现代化，就没有中华民族的伟大复兴。中国的经济体制改革是在党的十一届三中全会果断结束"以阶级斗争为纲"，把党和国家工作重点转移到社会主义现代化建设上来而强劲开展起来的。在党的坚强领导下，当代中国政治发挥了社会主义制度的特点和优势，推动政治文明发展，扩大人民民主，促进经济社会繁荣，维护国家统一、民族团结、人民安康、社会和谐。我们提出坚持党的领导、人民当家作主和依法治国有机统一的治国方略，有利于保障人民当家作主，增强党和国家活力，调动人民的积极性，并为世界民主政治现代化提供中国智慧。

有论者按照西方政治学的观点，把我国实行的民主集中制体制，即由共产党集中统一领导的民主政治体制歪曲成专制独裁体制，以为只有实行多党竞争、三权分立、议会选举的西方政治形式才算得上民主。这种按西方政治逻辑把权威和民主、集中和民主绝对对立起来，从而完全否定中国特色政治制度的人民民主本质、否定社会主义民主与中国政治发展道路的观点，违反了现代社会的发展规律，是很难成立的。马克思主义历来认为，现代化需要权威，社会主义变革和建设需要权威，权威和社会主义、集中和民主在现代化实践中是有机统一的。实践表明，既保持人民民主制度优势又具有集中高效优势的权威体制，是中国改革开放与现代化事业获得成功的法宝。

四、瞻望明天：为世界民主政治现代化提供中国方案

对现代中国民主政治改革的这些回顾和总结，让我们对中国政治改革的未来形成新的视角，获得新的智慧，充满期许和信心。

中国特色社会主义政治制度是人类民主的新形态。在中国，民主已经成为社会生活的实践。按照西方逻辑来讨论政治发展的时代早已一去不复返。中国学人要敢于超越，勇于创新民主制度与形式，不再跟在别人后面走，纸上谈兵，闭门造车，移花接木，脱离中国民主发展进程，而应当以建设性的态度、主体性的思维，吸收世界政治文明最新成果，积极投身于中国人民民主发展的丰富实践，总结它的成果，阐明它的经验，研究它的问题，开掘新的资源，形成新的观点，探索新的答案。

党的十九大阐明，中国特色社会主义政治发展道路，是近代以来中国人民长期奋斗历史逻辑、理论逻辑、实践逻辑的必然结果，

是坚持党的本质属性、践行党的根本宗旨的必然要求。我国社会主义民主政治是维护人民根本利益的最广泛、最真实、最管用的民主，发展社会主义民主政治就是要体现人民意志，保障人民权益，激发人民创造活力，用制度体系保证人民当家作主。要长期坚持、不断发展人民当家作主的制度体系，积极稳妥推进政治体制改革，推进社会主义民主政治制度化、规范化、程序化，保证人民依法通过各种途径和形式管理国家事务，管理经济文化事业，管理社会事务，改革和发展生动活泼、安定团结的政治局面，把人民当家作主的民主政治推向新境界。

我国的政治发展正在正确的道路上顺利前进。我们认识到，它既不会在一个早上完成，也不会一帆风顺。我国社会主义民主法治建设成绩很大，但是与扩大人民民主的任务、同经济文化社会生态建设的攻坚克难、同破解难题的需要还不完全适应；社会主义民主政治在体制、机制、规范、程序以及具体运行上，还存在着不少欠完善、不到位的地方；在保障人民民主权利，发挥人民积极性、主动性、创造性方面，还有诸多的不足；在治国理政的思维、理念、知识和能力上，都有需要补齐的短板，还会遇到难以预料的新情况和新课题。中国化时代化马克思主义的政治理论和发展战略，为我国的政治体制改革指明了正确的目标、发展的规划和前进的道路。解决发展中的复杂艰巨问题，必须坚定不移地按照中央的改革发展战略布局不断开拓新路径、探索新方法，积极稳妥持续地推进社会主义政治发展。

党的十八大以来，以习近平同志为核心的党中央为全面深化政治体制改革的顶层设计、战略部署和组织安排，为改革在各个领域、各个地方的深入积极推进，提供了明晰的路径指引和广阔的创新空间。各地方各部门在具体落实、探索创新中已多有进展。像发展协商民主，广东、福建有"乡贤理事会""村民代表议事制度"，浙江有"乡贤参事会"等创造。一个行动胜过一打纲领。政治改革的一个重要路径，是从各方面更有效地调动广大党员干部的积极性、主动性和创造性，把改革抓在手上，创新理念、机制、方法、手段，及时总结经验，使各项改革真正落地，成为广泛的具体行动，逐步化解改革空转的情况。

必须懂得，中国特色社会主义政治发展的成败进退关键在党。这是20世纪世界社会主义运动的最主要经验。苏共垮台，从根本原因来看，就是党的领导蜕化变质。在今天国内外发展的复杂形势下，面对执政考验、改革开放考验、市场经济考验、外部环境考验，面对党内存在的精神懈怠的危险、能力不足的危险、脱离群众的危险、消极腐败的危险，如果党不能正确坚定地应对，解决党内的突出问题，就会失去执政资格，被历史淘汰。党要管党、全面从严治党，以改革创新精神开展党的建设伟大工程，坚定不移地推进党的伟大自我革命，把党建设得更加坚强、更加有力。党义无反顾地推进了一系列重要工作：信仰缺失是我们高度重视的问题，坚持补足共产党人精神上的"钙"；从中央开始抓好党的作风建设，开展"三严三实"专题教育，推进"两学一做"学习教育常态化、制度化，深入开展"不忘初心、牢记使命"主题教育，把改善民生摆在首位，坚决克服脱离群众、违背立党为公、执政为民要求的不良表现与风气；以长远的全局的眼光规划与打造好一支宏大的高素质干部队伍，建设好一套培养、选拔和管理干部的制度体制，一套治党、管权、治吏的完备制度，实行党内的监督问责制度，解决好把权力关进笼子里的问题，做到公正用权、依法用权、为民用权、廉洁用权；把党的十八大以来进行的重拳反腐败，"老虎""苍蝇"一起打的斗争毫不动摇地进行到底，总结经验教训，研究反腐倡廉规律，探索标本兼治的路子；认真破解党内存在的组织观念薄弱、组织涣散的问题，抓好基层组织，加强纪律建设，严明党的纪律，维护党的团结统一和中央权威，确保全党意志统一、步调一致。全党尤其是党的各级领导，要提高认识、凝心聚力、祛病疗伤、激浊扬清，推进治党的制度化、法治化，开创党的建设新局面。全面扎实完成这项改革任务，是取得全面深化政治改革成功的根本保障和可靠路径。

党是领导我们事业的核心力量。习近平总书记指出，从严治党，关键是要抓住领导干部这个"关键少数"，从严管好各级领导干部。我们党深切地懂得，真正培养和建设一支忠于党、忠于人民、忠于社会主义的现代干部队伍，是一项极其艰巨又必须很好完成的关键核心任务。解决这个问题，必须全面加强制度建设、机构创新、法规完备，还需要抓实学习型政党建设，抓好党员干部治国理政知识与能力现代化提升，拧紧世界观、人生观、价值观这个"总开关"。这是关系党和社会主义事业前途命运的千秋大计，必须警钟长鸣。

要提高贯彻依法以德治国、依规以德治党方针的自觉性。历史上，我国是个吏制完备的国家，吏治文化发达。历代统治集团遵循儒家以文化人、经世致用的传统，坚持人文的、道德礼义和治国理政能力的系统培育和严谨规范，培养出不少贤能兼具、忠诚履职的官吏。要以史为鉴，获取滋养与智慧，弘扬优秀传统，创新现代吏制。在今天，要以一种韧性的战斗精神坚持党的宗旨教育、人民公仆教育、执政为民教育、群众路线教育。这些必须落实于干部教育、培养和考核的体系之中，列入学校和社会的历史观、人生观和价值观的教育之中，从思想文化源头上增强党的自我净化、自我完善、自我革新、自我提高能力。

推进社会主义政治发展改革，实现国家治理体系和治理能力的现代化，是一项具有世界历史意义的社会工程。它是一个各种社会因素和社会人群相互作用的复杂历史过程。只要坚持党的领导，适应经济社会发展改革要求，引领把握时代进程，按照中国政治改革的正确目标、历史逻辑和战略部署渐进有序推进，我们就必将到达成功的彼岸。

第十五讲

坚持依法治国和以德治国的有机结合

　　《中共中央关于全面推进依法治国若干重大问题的决定》依据马克思主义世界观、方法论，总结我们党治国理政的历史经验，继承中华民族政治文明发展优秀成果，借鉴世界政治文明发展的有益东西，鲜明提出坚持走中国特色社会主义法治道路、建设中国特色社会主义法治体系的重大论断，深刻阐明了建设社会主义法治国家的性质、方向、道路和抓手，是中国走向法治国家新的里程碑，为推进全面深化改革提供了政治法制保证，对实现中华民族伟大复兴中国梦具有重大的、深远的意义。

　　党的十九大阐明，"坚持依法治国和以德治国相结合"是坚持全面依法治国基本方略的重要原则。早在2014年10月中共中央政治局第十八次集体学习时，习近平总书记就强调"礼法合治""德主刑辅"这个中国古代治国理政的精髓要旨。这是总结中华民族政治文明优秀成果和中国共产党治国理政全部经验提出的一个治国理政的重要思想，也是中国社会主义民主政治的一大特色和优势。这里谈谈对这个重要思想的几点认识。

一、奉行"礼法合治"是中华民族治国理政智慧的宝贵结晶

中华民族有5000多年丰富的政治文明发展史。我们的先贤不仅创造了郡县制度、官吏制度、科举制度、刑律制度、朝议谏议制度、监察制度等农耕时代比较完备的国家治理制度、体制和法规，而且在长期的丰富实践过程中形成了多姿多彩的治国理政的宝贵思想与文化，创造了许多治国理政的成功业绩，为人类政治文明的发展留下了许多重要遗产。实行法治和德治的有机结合，坚持"礼法合治""德主刑辅"的治国理政要旨，就是古代中国对人类社会治国理政思想文化的独特的创造性贡献。

早在春秋时期，儒家学说创立者孔子就反复论述坚守礼义、道德，礼法结合对治国理政的极端重要性。他说："政者，正也。子帅以正，孰敢不正？"为政要"居之无倦，行之以忠"，"博学于文，约之以礼"。"道之以政，齐之以刑，民免而无耻；道之以德，齐之以礼，有耻且格。""为政以德，譬如北辰，居其所而众星共之。""苟正其身矣，于从政乎何有？不能正其身，如正人何？"战国时代的孟子也反复论述"仁政"的理念，认为"仁者无敌"。"先王有不忍人之心，斯有不忍人之政矣。以不忍人之心，行不忍人之政，治天下可运之掌上。""不信仁贤，则国空虚；无礼义，则上下乱。"可见早在2000多年前，我国政治思想家就阐明了治国理政中礼义、道德的重要力量，"礼法合治"的要义和意义，特别是对帝王和担负立法、执法、司法等的各层次官员提出了治国理政要遵循道德、奉行礼义的明确规制。

在这些丰富的治国理政思想文化的熏染下，我国各朝各代的统

治集团不断地总结治国理政的历史经验与教训，逐步形成一套在坚持法治基础上重视礼义和道德建设，推进依法治国的具体制度。由于历史的、阶级的局限，各朝各代不可能始终很好地坚持这个制度，但不能够忽视它的实际历史作用。有政治史研究者指出，晚清年间，尽管国家吏治腐败严重，可全国还是出现了陶澍、林则徐、张亮基、胡林翼、左宗棠、张之洞等数十位高官保持清正廉洁的业绩。历史事实有力地表明，坚持礼义道德培育在吏治建设中的实际作用是不可忽视的。在农耕时代那样经济文化落后的条件下，一个大国的不少朝代能够持续统治两三百年，甚至更长的时间，与我国比较发达的治国理政文化和相关制度是有着紧密直接关联的。这是我国政治文明发展中值得重视和总结的一个重要成果。

对于我国古代这些治国理政的宝贵文化遗产，我们党一向坚持从推进我国法治建设和党的建设的高度加以总结和继承，并进行创造性的转化和现代的提升，使之成为我国法治国家建设和党的思想政治组织建设的智慧源泉。人们看到，我们党早在革命年代就把思想建设摆在党的建设的首位，坚持用中国化马克思主义这个现代的"礼义"来武装全党，并且坚持建设日益完备的、系统的学习制度和干部培训制度，即现代的"经筵"制度，从而在一个半殖民地半封建国家里建设了一个强大的统一的马克思主义先进政党。这个伟大成就充分证明，中华政治文明的优秀成果是推进当代中国政治发展的重要思想源泉。正如习近平总书记精辟指出的，"中华民族在几千年历史中创造和延续的中华优秀传统文化，是中华民族的根和魂"①。

---

① 《习近平谈治国理政》（第二卷），外文出版社2017年版，第426页。

在全面推进依法治国的进程中，我们更需要很好地开掘这个丰富宝贵的政治思想资源。改革开放以来，我们之所以能够在法治体系还不够完备的条件下成功地推进社会主义市场经济的发展，顺利进行中国特色社会主义基本经济制度的建设，取得举世瞩目的经济文化社会发展成就，一个重要条件，就是我们党在几十年里坚持党的思想建设与学习制度，积累了强大的"礼义"和"道德"的精神财富和思想理论根基。在新时期，我们推进全面深化改革和依法治国，要更加努力地总结、继承、提升和弘扬这些具有世界历史性意义的政治文明成果。

二、坚持法治和德治相结合是全面推进依法治国的重要保证

奉行"礼法合治"，坚持依法治国和以德治国相结合，是中华政治文明的智慧结晶，在今天更是我们实现建设中国特色社会主义法治体系，建设社会主义法治国家的思想的文化的重要保证。

法律是治国之重器，良法是善治前提。依法治国是国家兴旺发达、人民幸福安康、社会长治久安的重要政治保障，是最可靠最稳定的治理。努力建设中国特色社会主义法治体系和社会主义法治国家，树立法治观念和法治权威，让人民具有法治理念，敬畏法律，遵守法律，为经济社会发展提供强大的法律政治保证，具有重大意义。但是又必须深刻认识到，推进依法治国的根本目的是全面建成小康社会，实现中华民族伟大复兴的中国梦，推进全面深化改革，完善和发展中国特色社会主义制度。我们必须从社会主义建设的这个战略全局来认识和推进依法治国，孤军奋战、单兵独进是不能成功的，搞惩办主义、唯法主义也是不可取的。

　　唯物史观阐明，人类社会是一个以现实的人为中心，由经济、政治、思想、文化、道德、法律、社会等多个领域、多种因素构成的、紧密联系的、相互作用的、不断发展变化的社群体系、社会共同体。人类社会发展史证明，成功进行治国理政，一定要从人类社会这个复杂的多层次多领域的有机整体的实际出发，科学全面认识社会的各种资源和因素的地位和相互作用，合理有效地配置各种资源和因素，各归其位，各行其政，充分发挥各种力量的积极作用，才能够有效地稳妥地凝聚正能量，化解多种难题，推动社会的发展、变革和进步。

　　人类社会发展实践告诉我们，在治国理政中，社会道德是一项基础性的、体现着人民群众意志和社会发展规律的、行之有效的社会规范；社会礼义，则是人类社会在长时期治国理政实践中积淀下来的、有效进行社会治理必须把握和遵行的思想理念、价值观念和行动准则，是治国理政的思想观念上的重要保证。因此，我们在推进依法治国的过程中，必须按照唯物史观的观点，遵循人类社会发展规律，代表和维护人民群众的权益，认识和重视道德的和礼义的力量和作用，大力建设崭新的社会主义法治文化。

　　我们要在一个有14亿多人口、50多个民族的世界第二大经济体的社会主义大国里，在党的领导下建设中国特色社会主义法治体系，形成完备的法律规范体系、高效的法治实施体系、严密的法治监督体系、有力的法治保障体系，形成完善的党内法规体系，推进依法治国、依宪治国，依法执政、依宪执政，实现科学立法、严格执法、公正司法、全民守法，促进国家治理体系和治理能力现代化，是一个艰巨复杂的法治建设的系统工程。我们的法治建设是为了人民、依靠人民、造福人民、保护人民。法律的权威源自人民的内心拥护和真诚信仰，人民群众是依法治国的主体和力量源泉。我们不仅要造就强大的、优秀的、高素质的法治工作队伍，更需要全党、全国人民同心同德地努力奋斗。为了保证人民群众依照法律规定，通过各种途径和形式管理国家事务，管理经济文化事业，管理社会事务，让全国人民深刻懂得，法律既是保障自身权利的有力武器，也是必须自觉遵守的行为规范，就需要在党的领导下，对全国人民进行坚持不懈的法治教育，同时坚持加强道德的教化与礼义的培育，即党的基本理论、基本路线、基本方略和社会主义核心价值观的教育，让人民牢固树立起尊法、学法、守法、用法的意识，日益自觉地为了国家的发展和自身的权益掌握、遵守和运用法律。

建设中国特色社会主义的法治体系，作为系统的社会工程，首先需要搞好立法，形成一个完备的、以人为本的、符合社会发展需要的社会主义法律规范体系。建设这个现代的法律体系，要求我们的立法工作者，必须精通法治的专业知识，接受系统的道德和礼义教育，并且在立法过程中严格遵循人类社会发展的规律和社会主义建设的规律，正确把握我国的历史条件和社会主义发展改革的需要，树立和恪守以人为本、立法为民的理念，充分反映人民群众的期待和意志。这样才能够推进科学立法、民主立法，不断完善与时俱进的、符合国家改革发展需要的、维护人民权益的社会主义法律体系。

法律的生命在于实践，法律的权威也在于实践。我们要建设完备高效的法治实施体系，必须在党的领导下，创新执法体制，完善执法程序，推进综合执法，严格执法责任，建立权责统一、权威高效的依法行政体制，让各级政府的全部工作日益走上法治的轨道，加快建设职能科学、权责法定、执法严明、公开公正、廉洁高效、守法诚信的法治政府。完成这样政治的、法治的、文化的、理念的社会创新和变革任务，必须坚持党的基本理论、基本路线、基本经验和基本方略的坚强指导，必须自觉贯彻社会主义核心价值观，弘扬中华民族政治文明发展的优秀成果，也就是坚持"礼法合治"，把德治和法治有机地、有效地结合起来。

公正是法治的生命线。我们必须完善司法管理体制和司法权力运行机制，规范司法行为，加强对司法活动的监督，努力让人民群众在每一个司法案件中感受到公平正义。这就需要完善确保依法独立公正行使审批权和检察权的制度；优化司法职权的配置，健全侦查权、检察权、审判权、执行权相互配合、相互制约的体制机制；坚持以事实为根据，以法律为准绳，推进严格司法；坚持人民司法为人民，依靠人民推进公正司法，通过公正司法维护人民权益。建设和坚持这样公正的法治，全面贯彻党的基本理论、基本路线、基本方略和社会主义核心价值观教育是不可缺少的思想理念保证。

奉法者强则国强，奉法者弱则国弱。实现建设现代法治中国这样史无前例的伟大事业，一项重大任务就是必须在党的领导下，建设一支忠于党、忠于国家、忠于人民、忠于宪法的社会主义法治工作者队伍，必须不断提高他们的思想政治素质、业务工作能力和职业道德水准，还要建设强大的社会主义法学教育和研究基地，源源不断地培养正规化、专业化、职业化，具有高度思想政治素质、职业素养与专业水平的法治人才和后备人才，特别是要建设政治立场坚定、理论功底深厚、熟悉中国国情的高水平法学家和专家团队。实现这项宏大的队伍建设任务，必须坚持礼法结合的科学理念，进行马克思主义中国化时代化最新成果的教育，加强社会主义核心价值观建设，不断提高道德水平和文明素养。

因此，党的十八届四中全会决定十分深刻地阐明，国家和社会治理需要法律和道德共同发挥作用。必须一手抓法治，一手抓德治，既重视发挥法律的规范作用，又重视发挥道德的教化作用，以法治体现道德理念，强化法律对道德建设的促进作用，以道德滋养法治精神，强化道德对法治文化的支撑作用，实现两者的相辅相成、相得益彰。这是对治国理政实践经验的深刻总结，也是对法治和道德在社会发展中历史作用和相互关系规律的科学揭示，还是我们推进依法治国、建设法治国家的一项根本保障。

三、法治和德治相结合是正确解决改革发展重大问题的法宝

历史实践表明，中国人根据自己的宇宙观、历史观、价值观，在国家和社会治理建设中，以经济发展、人民安康为基础，同时充分重视和发挥法律和道德的共同作用，贯彻"礼法合治""德主刑辅"治国理政的方略，符合人类社会发展的规律，是共产党执政规律的一个要求，有利于维护社会发展的正常秩序，对于正确处理社会发展变革中面临的许多复杂问题是一个有效的重要方略。在建设中国特色社会主义的伟大事业中，我们党正在继承和总结这一经验，并结合今天的现代化实践弘扬它、再造它，使其发挥日益重要的作用。

20世纪世界社会主义发展史表明，在经济文化落后的国家建设社会主义，由于生产力发展和社会财富积累都没有达到很高的程度，在较长时期里都不可避免地存在着社会分工和阶层差别。现代社会发展变革的历史进程表明，这种社会分工和社会分层在人类社会一定发展阶段是不可超越的，它在发挥积极推动作用的同时也有消极负面的

作用。脱离社会发展条件马上消灭它，不仅不可能，而且会造成社会发展的某种混乱和停滞。

当代历史告诉我们，对走上社会主义建设道路的国家来说，如何认识和破解这个难题，是一项前所未见的、复杂艰巨的历史性任务。

恩格斯在1891年指出，夺取了国家政权的工人阶级，为了防止政府及其官员由社会公仆变为社会主人，必须采取两项办法：一是把各种公共管理的岗位交给由普选选出的人担任，而且规定选举者能够随时撤换他们。二是对所有公职人员都只付给跟其他工人同样的工资。①历史表明，这是针对欧美发达国家工人政党向社会主义过渡而提出的一种设计。对欠发达的社会主义国家来说，这不能不是一个非常艰难的探索过程。

俄国十月革命胜利后，苏共建立了新型的苏维埃人民政府，成为历史上第一个执政的共产党，党的干部都成了各级政府的官员。最初，苏共比较清醒和自觉，采取了一些防范措施，保持执政党及其官员的社会公仆本质。后来，苏共越来越失去对执政党及其官员发生变质问题的自警自省自律，没有按照恩格斯的要求，在苏共成为执政党的新条件下，从思想道德、制度体制法规和党的建设等各方面进行改革和创新，探索和建设一个社会主义的科学民主、依法执政的国家政治体系和党的领导体系，日益严重地放纵干部利用权力捞取好处，牟取私利，升官发财。几十年下来，不仅国家的经济、政治、文化、社会发展受到抑制，而且党政官员特别是领导层蜕变为一个具有既得利益和各种特权的、高踞于人民头上的官僚统治阶层，从社会公仆变为

---

① 《马克思恩格斯选集》(第3卷)，人民出版社2012年版，第55页。

社会主人。人类历史上第一个社会主义国家失败了。

中国共产党人早在20世纪60年代就看到苏共领导层的官僚化蜕变现象。毛泽东分析了官僚主义者阶层的性质和危害，提醒全党保持高度的警觉，以永远保持社会主义国家政权的"社会公仆"本质。

改革开放以来，在建设中国特色社会主义的道路上，中国共产党人全面深刻总结世界社会主义发展的经验教训、新中国成立以来的历史经验，特别是"文化大革命"的深刻教训，吸收我国古代政治文明"礼法合治"的积极成果，开始了新的历史性探索。

我们严格地遵循人类社会发展的客观规律和社会主义建设的发展规律，既不超越历史阶段去立即消灭社会的阶层划分，也不急于求成地消灭社会管理层与科学文艺体育精英阶层，而是创造性地运用"礼法合治"的治理思维，在制度和法规上保证他们合理的有益于社会进步的权益，同时积极引导他们遵循社会主义的世界观、人生观、价值观，做人民的公仆，积极为人民、为社会主义事业服务。一方面，我们不断地加强制度、体制、法规的建设；另一方面，摸索科学界定干部的权力边界，把权力关进法律和制度的笼子。坚决依据国家法律和党规党纪来反对和清除官僚主义、违法乱纪，严肃查处各种滥用权力、以权谋私、贪污腐败的行为。我们不断加强和完善监督、监察、纪检、反贪机构的建设，完备人民当家作主的社会主义治国理政体系。同时始终坚持和弘扬党的思想政治优势，发挥优良作风传统的强大力量，持续全面地用党的基本理论、基本路线、基本经验和基本方略这些现代的"礼义"来育化和武装全体干部与党员，在全国人民中广泛深入地进行社会主义精神文明建设，开展社会主义核心价值观教育，培育社会公德、职业道德、家庭美德和个人品德。我们把执政党的建设摆在十分突出的位置，创新探索，常抓不懈，形成人民至上、执政为民的价值理念和科学民主依法执政的体制机制。自20世纪80年代以来，在党内先后进行了整党整风的教育活动、"三讲"教育活动、保持共产党员先进性教育活动等。特别是党的十八大以来，扎实深入开展了党的群众路线教育实践活动和"三严三实"专题教育、推进"两学一做"学习教育常态化制度化，在全党开展"不忘初心、牢记使命"主题教育、党史学习教育。在总结教育活动经验的基础上，把活动的重点放在县处级以上的干部，结合新的情况，认真开展领导班子的批评和自我批评，强化整改，让教育实践成果尽快得到落实。同时严肃地、郑重地、毫不留情地开展反腐败斗争，坚定不移地"打虎""拍蝇""猎狐"，不断加强和完备标本兼治的对策，取得了全党全国各族人民齐声称道的成就。所有这些都使党的威信空前提高，党的领导更加坚强有力，国家制度更加完备巩固，中国特色社会主义事业展现出前所未有的灿烂前景，开拓了发展中国家建设、巩固和发展社会主义的新路径。

这些成果极大地丰富和发展了恩格斯关于工人阶级政权建设的理论，极大地彰显了中国共产党人继承前贤"礼法合治""德主刑辅"优秀成果形成的德治和法治相结合的治国理政方略的伟大力量，是世界社会主义政治发展史上没有先例的卓越创举。我们要在迎接具有许多新的历史特点的伟大斗争中，在发展和完善中国特色社会主义，推进国家治理体系和治理能力现代化的伟大革命中，认真学习、贯彻和弘扬我们党关于现代治国理政、依法治国的最新政治智慧与思想成果，坚定推进中国式现代化，全面深化改革，全面推进依法治国，积极实现中华民族伟大复兴的中国梦，为21世纪人类世界政治文明的丰富、发展贡献中国人的智慧。

第十六讲

独创中国特色社会主义制度的重要经验

在一个东方大国建设社会主义是史无前例的事业。中国共产党人带领中国人民成功开拓中国特色社会主义伟大道路绝不是偶然的，是有其理论的和实践的、历史的和现实的、国内的和国际的原因的。中国特色社会主义道路首先是社会主义道路，这是从马克思主义那里来的，同时，博大精深的中华优秀传统文化中朴素的社会主义元素也提供了接受马克思主义的文化基础。我们坚持科学社会主义基本原则，坚持解放思想、实事求是、与时俱进、求真务实，根据时代发展的条件、鲜活的中国实践、丰厚的历史文明，以全新的视野深化了对共产党执政规律、社会主义建设规律、人类社会发展规律的认识，使我们国家快速发展起来，使人民生活水平快速提高起来，不断回答中国之问、世界之问、人民之问、时代之问，形成符合中国实际和时代要求的理论成果——中国特色社会主义的道路、理论、制度和文化。习近平总书记指出："我们的社会主义为什么不一样？为什么能够生机勃勃、充满活力？关键就在于中国特色。中国特色的关键就在于'两个结合'。"[1]

---

① 习近平：《在文化传承发展座谈会上的讲话》，《求是》2023年第17期。

一、坚持把科学社会主义基本原则与本国实际和时代条件结合起来

中国共产党认为，建设社会主义，必须坚持科学社会主义基本原则，把马克思主义基本原理同中国具体实际相结合、同中华优秀传统文化相结合，坚持和运用好党的科学世界观、方法论，正确回答时代和实践提出的重大问题，得出符合客观规律的科学认识，实现马克思主义中国化时代化。

所谓科学社会主义基本原则，就是那些体现人类社会发展规律和社会主义发展逻辑的认识：社会有机体的发展是一个自然历史过程，社会基本矛盾推动人类社会不断由低级向高级社会形态发展，资本主义必然被社会主义所代替；一切民族都将走向社会主义，但走法不会完全一样；东方落后国家可以走与西方不同的发展道路，在特定条件下进入社会主义；社会主义是经常变化和不断改革的社会；社会主义是多样的，不是纯而又纯的，也不是一举完成的，要在实践中不断加深和校正对社会主义的理解和认识；建设社会主义是长期的历史过程，应当在党的领导下，坚持改革开放，利用市场、商品和货币关系，吸收资本主义发展的文明成果和自己的优秀传统文化。就是说，坚持科学社会主义基本原则，不是把它的理论体系的全部结论和公式一句不丢地照搬照办，而是把这些概括出来的理论逻辑和本国的社会发展历史逻辑结合起来，把握其世界观、方法论，推进实践基础上的理论创新，形成符合中国实际与时代要求的系统理论和完备方略。

中国是一个人口众多、历史悠久、经济文化独特的东方大国，没

有经历过发达的资本主义阶段，没有完成现代化的进程，在历史发展和现实条件上，和欧美国家有很大的差别。自鸦片战争失败国势不断衰微以来的180多年里，中国的有识之士在不断思考和讨论中国的救亡发展振兴课题。我们曾经向西方学习，然而西方侵略者总是欺侮中国人。马克思恩格斯根据欧洲的社会发展情况提出科学社会主义，但是没有预想到中国这样的东方文明古国通过人民革命胜利走上了社会主义发展道路。社会主义的苏联模式、斯大林体制存在近70年后崩溃了，一个重要原因就是实行了一套脱离自己的历史条件、文化传统和经济社会实际的制度体制。我们曾经学习苏联体制模式，走了弯路，遭受了挫折。中国共产党人从中国历史文明中、从自己的错误中学习，解放思想，实事求是，打破对经典理论结论和公式的教义化的理解，摆脱对西方制度体制的迷信抄袭，大胆破除阻碍国家和民族发展的一切思想和体制障碍，坚持把科学社会主义基本原则和中国具体实际、历史文化传统、时代发展要求结合起来，植根于中国大地，代表中国人民意愿，提振对中华民族文明的自信力，适应国家发展、人民富裕、民族复兴的需要，既吸收人类文明先进成果，又开掘和弘扬中华民族天下为公、以民为本、自强不息、刚健有为等精神财富和聪明智慧，在实践中不断探索，独创性地建立和实行了一套以共产党领导为最根本特征的社会主义基本制度和相应的制度体制机制，为社会主义添加了很多前所未见的独特的中国的东西。

人类社会发展的历史进程是一个必然性和偶然性、规律性和选择性、客观性和主体性的辩证统一。马克思恩格斯的历史哲学不是教义，而是方法，要求人们按照具体的历史环境来探索各国走向社会主义的道路，没有可以奉为金科玉律的教科书。作为走上现代发展道路的东方落后国家，在西方资本主义国家已经实现现代化的时代条件下，要实现独立、解放、发展，只能够从中国实际出发，开创有中华民族特色的、时代智慧的、人民优势的社会主义新制度新体制。而当代世界政治经济格局剧烈变动，特别是和平与发展成为时代主题、经济全球化迅猛发展、现代化进程顺利推进的新局面，为东方国家的社会主义发展提供了新条件、新环境、新机遇。中国人民在中国共产党领导的社会主义基本制度下，适应现代化发展道路的要求，通过改革创新，建立和发展社会主义基本经济制度，发展社会主义市场经济，实施全方位对外开放战略，推进新型工业化、信息化、城镇化和农业现代化。我们学习吸取世界先进的科学技术、现代经营管理方式方法和经验，利用西方主导的世界经济体系、广阔市场和丰富资源创新中国、发展中国。经过半个多世纪的奋斗，充分发挥制度体制的优势，中国创造了经济快速发展和社会长期稳定两大奇迹，成功推进和拓展了中国式现代化，发展为世界第二大经济体。社会主义的中国，在科技、经济、政治、文化、社会、生态以及国际关系等方面的现代化都发展起来，展现了东方国家发展社会主义的崭新前景。

开拓中国道路和中国制度的奥妙就在于坚持"两个结合"，形成了符合中国实际和时代要求的科学认识和中国特色的理论。党的十八大以来，以习近平同志为核心的党中央，统筹把握中华民族伟大复兴战略和世界百年未有之大变局，坚持"两个结合"，坚持毛泽东思想、邓小平理论、"三个代表"重要思想、科学发展观，适应新的实际和时代要求，对党成立以来，改革开放以来，特别是新时代十多年伟大变革的历史性成就，以及坚持发展中国特色社会主义的基本经验和理论成果，作出了系统、深入的总结。党的十九大、十九届六中全会和二十大阐述的"十个明确""十四个坚持""十三个方面成就""党百年奋斗的十条经验"和"六个必须坚持"是内在贯通、有机统一的，构成习近平新时代中国特色社会主义思想，为丰富和发展马克思主义作出了原创性贡献，为推动人类文明进步事业作出了世界性贡献。

坚持中国共产党的领导是最根本、最重要的经验。中国共产党的核心领导地位，是现代中国社会发展的历史必然，是中国人民在长期历史中坚定的选择，不是任何人能够强加的。这是中国共产党总结与弘扬中华政治文明优秀历史成果创造的人民的、科学的、法治的、民主与集中有机统一的先进的社会主义领导体制，是现代人类政治文明发展史上的一大卓越发明，不是什么西方的"新权威主义"。中国共产党是中国工人阶级的先锋队，同时是中国人民和中华民族的先锋队；以马克思主义为指导思想，以全心全意为人民服务为根本宗旨，严格实行民主集中制，遵循人类社会发展规律和时代进步要求，制定和实行革命、建设、改革开放和现代化建设的纲领路线与战略政策，把人民当家作主视为社会主义的生命，坚持人民民主、依法治国、执政为民、全面从严治党，全面加强党的政治、思想、组织、作风、反腐倡廉建设，成为中国人民建设社会主义现代化国家伟大事业的主心骨和不可取代的坚强领导力量。历史反复证明，没有中国共产党的领导，就没有中国人民的幸福、安康，就没有国家的繁荣、独立、富强、民主、美丽，就没有中华民族的伟大复兴。那种迷信资本主义社会政治理论和实践，攻击中国共产党领导的社会主义政治制度、人民民主制度是什么"专制独裁"，妄图取消中国共产党领导这个中国特色社会主义的最本质特征和最根本保证，是一股要从根本上搞垮中国特色社会主义制度的、极其错误有害的思潮。任何否定和反对中国共产党领导的言论和行为，都是违背中国社会发展进步、损害中国人民根本利益的，必定遭到人民的坚决反对，落得彻底失败的可悲下场。

二、传承与发展中华制度文明遗产，赋予制度体制以中国特色

建设社会主义必须走人类文明发展大道，吸收人类文明的全部先进成果。但是各个国家的历史条件与现实情况千差万别，社会主义的发展道路和体制模式必须适应各个国家的具体发展实际和人民的美好意愿。中国有着古老丰厚的历史文明，在中国建设社会主义现代化国家，必须发挥中华文明民族文化的独特优势，在宽广的社会舞台和丰厚的历史资源上，从我们优秀的传统文化成果中吸吮营养，坚持古为今用、推陈出新，为当代中国的发展创造一个具有中国特色、强大制度优势和追赶时代活力的社会主义制度体系。

在过往的不发达的社会主义实践中，人们曾经把落后国家的社会文化不加区分地一律当作包袱加以拒斥。这是一种形而上学思维。唯物史观阐明，人类社会的发展作为一个自然历史过程，是按其固有的逻辑进行的。人们自己创造自己的历史，但是他们并不是随心所欲地创造，并不是在他们自己选定的条件下创造，而是在直接碰到的、既定的、从过去承继下来的条件下创造的。在社会历史发展中，传统和现代、历史和今天、继承和变革都是相互衔接、辩证统一的，把历史文明和传统文化与建设社会主义脱离开来、对立起来，对历史文明与传统文化采取否定的态度，像"文化大革命"时那样批判和破坏中华传统文化，是十分错误的。社会主义社会不是从天上掉下来的，也

不能从别的国家搬过来，只能从生你养你的乡土家园、从几千年积淀形成的文化传统风尚中建设起来。一种和自己民族历史传统、文化基因和精神风尚完全隔离的制度体制，是不可能在自己的人民中扎根成长，焕发生机活力、创造力，形成社会发展强大力量的。历史发展证明：文化自信是一个国家、一个民族发展中基本的、深沉的力量。中国共产党的成功，从思想文化上说，就在于坚持把马克思主义—科学社会主义和以儒学为标识的中华优秀传统文化历史地逻辑地统一起来、结合起来，创造性地把中华优秀传统文化和中国特色社会主义建设的历史辩证地融为一体，创造出中国形态的科学社会主义及其文化。那种主张全盘照搬欧美政治制度和思想文化的观点，是根本违背历史发展规律的，更是非常有害的。

科学社会主义是19世纪世界进入工业化现代化变革与资本主义发展的时代，站在革命的人民大众的立场上创造的人类社会思想发展的崭新理论。每个国家的工人政党都是在多样化人类文明发展进程中形成发展的，不能割断对自己国家历史和文化的传承，应当历史地、义不容辞地成为它的继承者和弘扬者。马克思恩格斯正是站在19世纪德国的和欧洲的社会思想文化发展的丰厚基础上，通过继承、变革、创新、创造，为人类求解放的伟大事业贡献了卓越的社会思想体系。中国共产党人坚持马克思主义历史观，深刻理解传统和变迁的历史辩证法，科学地认识与对待中华历史文明和文化传统，反对割断历史。中国共产党要学会把马克思列宁主义的理论应用于中国的具体的环境，使之成为伟大中华民族的一部分。而和这个民族血肉相连的共产党员，离开中国特点来谈马克思主义，只能是抽象的空洞的马克思主义。因此，必须使马克思主义中国化。中国在长期的封建社会中，创造了灿烂的古代文化。清理古代文化的发展过程，剔除其封建性的糟粕，吸收其民主性的精华，是发展民族新文化、提高民族自信心的必要条件。中国现时的新政治新经济是从古代的旧政治旧经济发展而来的，中国现时的新文化也是从古代的旧文化发展而来的。因此，我们必须尊重自己的历史，决不能割断历史。但是这种尊重，是给历史以一定的科学的地位，是尊重历史的辩证法的发展，而不是颂古非今，不是赞扬任何封建的毒素。①毛泽东的这些深刻思想，发展了马克思主义唯物史观，是中国特色社会主义发展的重要指导思想。

在改革开放和现代化建设的新时期，我们党总结历史经验和中国特色社会主义的建设实践，特别是我国社会主义精神文明建设、先进文化发展、社会主义核心价值观建设实践，坚定地认为中华历史文明与传统文化是中华民族生生不息、团结奋进的不竭动力和精神家园。习近平同志深刻阐明："中华文化源远流长，积淀着中华民族最深层的精神追求，代表着中华民族独特的精神标识，为中华民族生生不息、发展壮大提供了丰厚滋养。"②"中华优秀传统文化已经成为中华民族的基因，植根在中国人内心，潜移默化影响着中国人的思想方式和行为方式。"③中华民族在几千年历史中创造和延续的中华优秀传统文化，是中华民族的根和魂。在中国建设社会主义，从中华民族创造的精神财富与思想遗产中不断地获取思想智慧滋养和文化精神力量，是中国社会历史发展的必然规律和内在要求。在和平、发展、变革的当今世界，我们成功推进改革开放，建设现代化，全面建成小康社会，实现中华民

① 《毛泽东选集》（第二卷），人民出版社1991年版，第707—708页。
② 《习近平谈治国理政》（第一卷），外文出版社2018年版，第164页。
③ 《习近平谈治国理政》（第一卷），外文出版社2018年版，第170页。

族伟大复兴，必须从人类文明发展的历史高度，坚持面向世界，走世界文明发展大道，不断吸收人类文明的各种发展成果，而系统全面深入批判研究和继承发展中华历史文明和优秀文化成果则是重要的历史前提。这是人类历史发展进步的必然逻辑，也是马克思主义—社会主义发展的历史规律和中国特色社会主义及其思想文化发展的基本要求。

三、发挥中华优秀传统文化优势进行制度体制创新

半个多世纪以来，中国共产党人坚持马克思主义，领导中国人民在创造性转化、创新性发展中华优秀传统文化和推进中国特色社会主义事业的进程中，克服了重重困难，发挥中华优秀传统文化这个独特优势，取得制度体制创新的重大成果和宝贵经验。这是需要很好地进行总结和发扬的。

中华优秀传统文化中包含着朴素的社会主义理想的元素。"社会主义""共产主义"理想，是500年前欧洲人发明的，叫乌托邦社会主义，表达了欧洲资本主义时代人民对美好生活的向往。马克思恩格斯在唯物史观和剩余价值理论的基础上，把那时工人阶级与劳动群众的这种向往和奋斗概括为共产主义，并给出系统阐明与科学论证，把社会主义从空想发展为科学，形成了科学社会主义学说。中国人在五千多年历史中提出了"大道之行也，天下为公"，建设小康社会，追求大同世界的人类社会美好理想，形成了民为邦本、为政以德的思想与观念，革故鼎新、自强不息的变革斗争精神。千百年来，这些理想理念一直是中国人民追求的目标，也体现了社会主义的元素。我们党吸收与创新这个思想，把中国特色社会主义的第一步目标定位为"全面建成小

康社会"，既强有力地激起了中国人民建设社会主义的积极性、主动性、创造性，又使社会主义进程具有鲜明的中国特色，用新的思想丰富发展了科学社会主义理论。我们应当把这种开掘、创造、创新坚持下去，让中国社会主义建设事业与中华历史文明和优秀传统文化更加有机地融会起来，紧密地协调起来，让时代进程和民族特色融为一体，打造一个经济发展、公平正义、生活美好的社会共同体，谱写一个个继承中国传统、具有中国气派、弘扬中国精神、形成中国话语的社会主义新篇章。中国化时代化的马克思主义作为马克思主义发展的最新成果，从来不是狭隘、封闭和停滞的，而是按照开放、包容、发展的理念，反映中国人民追求解放、发展与福祉的意愿，既吸收世界文明的最新成果，也继承中国历史和现今文明的最新成果发展起来的。

中国的传统历史文化也蕴含着十分发达、非常深刻、独具智慧的辩证的思维。《道德经》《孙子兵法》的辩证法思想已在全世界广泛流传。中国共产党领导人的很多著作都反复引述这些成果来阐明中国社会历史发展和现代变革建设的独特规律。在改革开放的历史时期，在和平与发展的时代，人类社会的智慧发展在不断进步革新，道德、包容、责任、和平这些符合人性的观念日益深入人心。儒学一直主张和为贵，和而不同，仇必和而解。就是说，争取人类解放发展的斗争，归根到底，要宽仁包容，和谐合作，建设国家，发展社会，富裕人民。这表明中华文化和马克思主义在许多重要方面是共通的。习近平特别阐明了"讲辩证"和"尚和合"的时代价值，是我们发展中国特色社会主义应当很好研究和继承发展的成果。

我们党吸取中华优秀思想遗产以及人类文明成果，丰富马克思主义世界观、方法论，深化了对人类社会发展辩证规律的认识，在中华民族的大地上创造了一套中国特色社会主义的制度、体制、战略，如公有制为主体、多种所有制经济共同发展，按劳分配为主体、多种分配方式并存，社会主义市场经济体制等社会主义基本经济制度，把建设社会主义与发展市场经济统一起来，实行党的领导、人民当家作主和依法治国有机统一的人民民主制度，把创新、协调、绿色、开放、共享和生态建设有机结合起来的发展理念，繁荣发展艺术和科技的"百花齐放、百家争鸣"的方针，"一个国家、两种制度"的构想和实践，实行全方位高水平的开放体制战略，积极参与西方国家主导的世界经济全球化，在国际关系中弘扬平等互信、包容互鉴、合作共赢，推动构建人类命运共同体等科学社会主义的新理念新思想新战略。我们党的这些历史性独创，都是马克思主义辩证思维和中华优秀传统文化辩证思维融通的智慧结晶，是对人类社会发展辩证法的重大贡献，极大地丰富创新了科学社会主义。

儒学的一个核心价值理念就是以民为本，崇尚仁爱，而科学社会主义的核心观点和价值取向也是坚持人民的主体地位，实现人的解放和自由、全面发展，打造自由人联合体。中国共产党人正是把这些珍贵思想开发继承，融为一体，在革命年代就提出"一切依靠人民，一切为了人民"的根本观点和根本方法。新时期，党坚持人民群众主体地位，确定以人为本、执政为民是检验党一切执政活动的最高标准。习近平阐明，"必须坚持人民至上"，人民对美好生活的向往，就是我们的奋斗目标，"人民是我们党的工作的最高裁决者和最终评判者"①。中国共产党更是为人民服务的伟大实践者。100多年来，中国

---

① 《习近平谈治国理政》（第一卷），外文出版社2018年版，第28页。

共产党人为人民的解放和自由幸福流血牺牲、英勇奋斗。党的十八大以来，我们党扎实开展了一系列群众路线教育实践活动，开展了"三严三实"专题教育，推进"两学一做"学习教育常态化制度化，深入开展以"守初心、担使命，找差距、抓落实"为总要求的"不忘初心、牢记使命"主题教育以及党史学习教育，不断加大办好"顺民意、解民忧、惠民生"实事的步伐，日益落实让发展成果更大更公平惠及全体人民的要求，严厉揭露和惩处那些损害人民利益和党的事业的贪腐者，谱写了彰显以民为本思想巨大威力的历史篇章。重民本是中华民族的优秀传统与道德精神，也是我们党"全心全意为人民服务"的根本宗旨在现代中国放射出的时代光辉。

习近平同志特别阐明"培育和弘扬社会主义核心价值观必须立足中华优秀传统文化"的重要思想。"牢固的核心价值观，都有其固有的根本。抛弃传统、丢掉根本，就等于割断了自己的精神命脉。"[1]中华文化积淀着中华民族最深层的精神追求，代表着中华民族独特的精神标识，为中华民族的发展壮大提供了丰厚滋养；中华传统美德是中华文化的精髓，蕴含着丰富的思想道德资源。我们必须用中华民族创造的一切精神财富，持续深入地加强社会主义核心价值观建设。要研究和阐明中华优秀传统文化的历史渊源、发展脉络、基本走向，中华文化的独特创造、价值理念、鲜明特色，努力开掘和弘扬传统文化的优秀成果和道德精髓，丰富创新中国特色社会主义的思想文化和核心价值观，为实现中华民族伟大复兴提供强大的精神文化力量。

---

① 《习近平谈治国理政》（第一卷），外文出版社2018年版，第164页。

中华思想文化具有丰富珍贵的道德伦理成果、价值观建设与教育的传统，对发展和完善社会主义市场经济体制来说，也是一种积极的正能量。习近平同志阐明："缺乏道德的市场，难以撑起世界繁荣发展的大厦。"也就是说，发展市场经济，也需要用道德的民本的思想来建设。自秦代以来，在贸易经营活动中，我们形成了以义取利、义利相兼、诚信经营的精神传统。我们要弘扬优秀传统文化成果，以文化人，以德育人，塑造有道德、有社会担当的新型企业、新经济人，提升市场主体的全面素质，发展完善社会主义市场经济体制。同时，也要秉持优秀文化道德，积极参与世界经济治理，为建设兼顾效率公平、繁荣兴旺发达的国际经济社会贡献中国智慧和中国方案。

中国历史上就是一个崇尚和平的国家，形成了丰富的促进世界和平、各国友好交往的思想资源与文化传统。比如，一贯倡导讲信修睦、协和万邦，和而不同、以和为贵，与邻为善、以邻为伴，和衷共济、同心同德，国虽大、好战必亡，天下虽平、忘战必危，反对"国强必霸"，等等。继承、弘扬、开掘中华历史文明与传统文化这方面的思想成果、实践经验、优秀传统，对于倡导人类命运共同体意识，建设和平、发展、合作、平等、共赢、包容、绿色的世界，实现维护世界持久和平、推进人类发展进步的共同目标，担负好中国作为负责任大国应尽的义务，发挥着积极的重要作用。

理论和实践都证明，中国共产党人带领中国人民以当代中国马克思主义为指导，以世界历史的时代视野，继承与弘扬、创新与发展中华悠久历史文明和灿烂民族文化，发展中国特色社会主义的道路、理论、制度和文化，是完全正确的思维，是十分成功的实践。我们将坚定不移地坚持这条人类文明发展的必由之路。

四、坚持守正出新、传承发展优秀传统文化，推进新时代中国特色社会主义

当前，中国共产党正带领中国人民，高举新时代中国特色社会主义伟大旗帜，自信自豪自觉地走在推进社会主义现代化、实现中华民族伟大复兴的道路上，谱写着弘扬中国传统、体现中国精神、展现中国风格、充满中国智慧、形成中国话语的社会主义史诗。

我国改革开放发展的成功和成就，与中华民族悠久历史文明和灿烂传统文化是息息相关的。中华悠久历史文明和优秀传统文化，是中国特色社会主义创立与发展的精神动力和智慧源泉，是实现中华民族伟大复兴的源头活水。对于那些片面理解中国特色社会主义这一民族特色，宣扬什么"儒家是永恒至尊天道"，鼓吹什么"儒化中国""儒化社会主义"的错误观点，是不能不认真予以澄清的。

中华历史文明和传统文化是中国人民自强不息、团结奋进的精神基因，是中华民族文化的根和魂。在中华古老大地上、在现代中国人的生活中建设社会主义，不能够割裂和拒绝中华历史文明与文化传统，抛弃传统、丢掉根本，就切断了自己的精神命脉，必须尊重历史，接续传统，打牢根基，大力弘扬。但是我们的目的是在世界历史发展的新阶段追赶时代进步潮流，建设富强民主文明和谐美丽的社会主义现代化强国，发展繁荣中国特色社会主义的先进文化，实现中华民族伟大复兴的中国梦，使中华民族屹立于世界民族之林；绝不是回到过去，也不是颂古非今，更不是照单接受，开历史倒车。在中国共产党的领导下，以中国化时代化马克思主义为指导，给中华历史文明插上现代

翅膀，让传统文化融入时代精神，中国人民走上整体创新的道路，发展中国特色社会主义及其先进文化，实现中华民族的伟大复兴。

那种把儒学等传统思想看成至圣真理，拒绝任何外来先进文明成果和现代的转化与创新，甚至宣称马克思主义不适合中国，鼓吹"儒化中国""儒化社会主义"的提法，完全是一种文化复古主义的错误思潮。我们要以唯物辩证的历史观来认识和对待中华传统文化，固守旧说是行不通的。文明作为人类社会发展的历史结晶，文化作为人类社会的有机组成部分，都是历史地随着社会经济政治发展变革而不断发展变化的。中华传统文化也包含着辩证发展思维。我们的先贤就提出过"苟日新，日日新，又日新""周虽旧邦，其命维新""万物皆化""变动不居""穷则变，变则通，通则久""唯变所适"等发展革新的思想。几千年来，儒学并不是一成不变的，而是随着社会经济发展、政治演进而不断更新进化的。在21世纪科学、技术、经济、政治、社会迅猛变革的时代，我们必须坚持党的基本理论、基本路线、基本方略，紧随世界发展潮流和时代变革进程，焕发中华历史文化的潜力和活力，发展社会主义先进文化，任何复古倒退的思潮都是和中国特色社会主义格格不入的。

在中国特色社会主义伟大实践中，实现中华民族伟大复兴是我们坚定不移的目标，也是不可阻挡的历史进程。中国共产党人有信心、有智慧、有定力让中华历史文明和传统文化在马克思主义中国化时代化的引领下，遵循社会发展的辩证法，适应社会主义现代化建设的需要和时代发展的步伐，有扬弃地予以继承，有鉴别地加以对待，让文明走向现代，使传统焕发活力，创造一种与当代社会相适应、与现代文明相协调的社会主义的中华文明，使之屹立于世界文明发展的先进行列。

坚持党的领导
是我国的根本领导制度

中国特色社会主义最本质的特征是中国共产党领导，中国特色社会主义制度的最大优势是中国共产党领导。这是历史的必然，人民的选择。党是最高政治领导力量。党政军民学，东西南北中，党是领导一切的。坚持党对一切工作的领导，自觉维护党中央权威和集中统一领导。习近平关于马克思主义执政党建设的新理念、新思想、新战略，回答了在21世纪怎样建设政治坚强、思想先进、组织统一、忠于人民的马克思主义强大政党，打造推进现代社会主义变革的领导核心和先锋力量的时代课题和实现路径，开辟了科学社会主义理论和实践发展新前景。打铁必须自身硬。必须毫不动摇把党建设成为始终走在时代前列、人民衷心拥护、勇于自我革命、经得起各种风浪考验、朝气蓬勃的马克思主义执政党。人民群众是党的力量的源泉，要坚持人民至上，始终把人民放在心中最高的位置。执政党建设必须坚持以人为本、执政为民，保持党同人民群众的血肉联系。

第十七讲

维护与加强党的集中统一领导

中国共产党人对马克思主义的最大贡献，是把它成功地运用到一个东方大国，创立了最强大的马克思主义先进政党，领导中国人民夺取了革命、建设和改革的伟大胜利，创立了中华人民共和国，开拓了中国特色社会主义道路、理论、制度和文化，引领中国人民不可逆转地走向中华民族的伟大复兴。坚持和发展新时代中国特色社会主义的根本保证就是坚持党对一切工作的领导。要贯彻党的二十大确定的基本方略，全面从严管党治党，勇于进行自我革命，推进新时代党的建设新的伟大工程。

一、中国共产党的领导是中国特色社会主义的最根本特征和最大的优势

办好中国的事情，关键在党，关键在党要管党、从严治党，勇于自我革命。这是中国共产党总结自身创立100多年、中华人民共和国成立70多年、改革开放40多年、新时代10多年伟大变革的全部历史成就和历史经验得出的最重要结论，揭示了当代中国发展变革进步的

最根本规律。

党的十八届六中全会依据对当代中国历史进程、世界发展变革潮流和党面对的艰巨任务与尖锐挑战的科学分析，适应新的形势与任务要求，深刻总结近年来特别是党的十八大以来全面从严治党管党的成就和经验，对新形势下加强党的建设进行深入讨论和重要部署，并就加强和规范党内政治生活、加强党内监督、营造风清气正的政治生态问题作出重大的决定，深化了对执政党建设规律的认识，把以改革开放创新精神推进党的建设新的伟大工程推向新的阶段。党把"坚持党对一切工作的领导"作为党的第一条基本方略，阐明党政军民学，东西南北中，党是领导一切的。必须增强政治意识、大局意识、核心意识、看齐意识，自觉维护党中央权威和集中统一领导，确保全党在政治立场、政治方向、政治原则、政治道路上同党中央保持高度一致，坚持科学执政、民主执政、依法执政，创新和改进领导方式，完善坚持党的领导的体制机制，坚持稳中求进工作总基调，统筹推进"五位一体"总体布局，协调推进"四个全面"战略布局，提高党把方向、谋大局、定政策、促改革的能力和定力，确保党始终总揽全局、协调各方面的积极性。

我们要在新的历史条件下，依据党的历史经验，发扬党的光荣传统和独特优势，深刻认识一个国家、一个政党，领导核心至关重要。坚决维护党中央权威与领导核心，保证全党团结一致，是党和国家前途命运所系，是全国各族人民根本利益所在。全党必须自觉地在思想上、政治上、行动上同党中央保持高度一致。党的十八届六中全会正式提出"以习近平同志为核心的党中央"的政治定位，是顺理成章、众望所归、党心所向、民心所向，也为坚持和发展党的集中统一领导政治体制提供了新的强大政治保障。这个决策，对于坚持和加强中国共产党的核心领导作用，协调推进"四个全面"战略布局，更好推进中国特色社会主义伟大事业，推进国家治理体系和治理能力现代化，推进党的建设伟大工程，实现中华民族伟大复兴，具有重大的现实意义和深远的历史影响。

维护党中央的权威与领导核心，坚持党的集中统一领导的国家政治体制，是一个具有全局战略意义的、必须完成好的重大政治问题。首先，需要加强党的思想理论教育。全党都要深刻明了，这是我们党所遵循的马克思主义党建理论的基本要求，是统一全党意志、集中全党力量、带领全国人民发展和完善中国特色社会主义伟大事业的根本保证，要树立政治意识、大局意识、核心意识、看齐意识，不断提高自觉性，增强坚定性。其次，必须认真总结和发扬党的建设的历史经验，加强党的制度的、纪律的、组织的建设，坚持和健全民主集中制的根本制度，为维护党中央权威与领导核心地位打好制度的组织的基础。这里，从理论和实践的结合上讲几点认识。

二、维护党中央权威与领导核心，必须坚持党的民主集中制的根本组织和领导制度

我们党遵循马克思主义党建理论，结合党的建设的具体实践，在革命、建设和改革的实践中形成和发展起来的民主集中制，是在民主基础上集中，在集中指导下民主，把民主和集中有机结合起来，使党既生机勃勃又团结统一的根本组织制度和领导制度，是马克思主义政党区别于其他政党的重要标志。

　　党的民主集中制，既可以最大限度地激发全党的创造活力，又能够统一全党的思想和行动，防止和克服分散主义，是科学合理而又有效的制度。实践表明，正是全党自觉地贯彻、始终地坚持这个根本制度，坚决克服违背这个制度的无组织无领导的现象，才保证了党在艰巨复杂的长期斗争中能够协调一体、增强团结、维护统一，成为充满生机与朝气、统一意志与统一行动的马克思主义先进政党。

　　这项基本原则中，最重要的一条是全党服从中央，维护党中央的权威与领导核心。我们党是一个担负着带领14亿多人民去建设富强民主文明和谐美丽社会主义现代化强国、实现中华民族伟大复兴中国梦壮丽使命的执政党。我们的党是拥有9000多万名党员和500多万个基层组织的强大政治先锋队。没有一个坚强的党中央权威和领导核心，没有全党的统一意志、统一行动，就不会形成强大的战斗力量，就不能够面对艰难险阻进行艰苦卓绝的斗争，就会变得软弱无力，成为一盘散沙。必须懂得，我们的党中央是一个用马克思主义先进理论武装起来的、坚持植根中国、以民为本、坚持群众路线的、代表工人阶级和全国各族人民基本利益的、认识世界发展进步潮流与时俱进的先进政治集团。我们的中央委员会、中央政治局、中央政治局常务委员会作出重大决策部署，坚持科学、民主、依法原则，广泛听取各方面的意见和建议，凝聚全党智慧和力量，形成坚强的全党意志行动统一的根本基础。全党必须深刻理解全面贯彻全党服从中央的基本原则的重大意义，不可以有任何的犹疑和动摇。邓小平指出："中央犯过错误，这早已由中央自己纠正了，任何人都不允许以此为借口来抵制中央的领导。只有全党严格服从中央，党才能够领导全体党员和全国人民为实现现代化的伟大任务而战斗。"①

必须明确，维护党中央的权威，有关全党全国性的重大方针政策问题，只有党中央有权作出决定和解释。全党必须严格执行重大问题请示报告的制度。不允许有令不行、有禁不止，不允许搞上有政策、下有对策。任何人不得以各种借口抵制党中央的领导，不允许党员按个人意愿发表违反党的基本理论、基本路线、基本方略和基本经验的错误言论。实践表明，坚持民主集中制的基本原则，贯彻全党服从中央的基本原则，是我们党维护党中央权威，形成强大领导核心，保证全党统一意志、统一行动的根本条件。

维护党中央权威与核心地位，必须贯彻民主集中制关于坚持集体领导、实行集体领导和个人分工负责相结合的制度。坚持集体领导原则，是马克思主义政党的一项根本组织原则，是党的章程和党内法规对领导班子的基本要求。坚持民主集中制，以"四个意识"武装头脑，增强全局观念和担当意识，维护党中央权威，向党中央核心看齐，是每个党的领导集体必须具备的、最重要的政治意识与组织素质。这样，党的委员会才能够坚决贯彻党中央的战略部署，按照集体领导、民主集中、个别酝酿、会议决定的原则，由党的委员会集体讨论，对重大问题作出决定，分头负责执行，才能够有效地凝聚和发挥党组织的实际力量。党内存在的"一言堂"、独断专行、各行其是、各自为政现象，损害党的团结统一，分裂党的组织，必须坚决加以防止和杜绝。维护党中央权威，主要负责同志必须认真落实建设学习型、服务型、创新型执政党的任务，不断提高领导水平和执政水平，

① 《邓小平文选》（第二卷），人民出版社1994年版，第271—272页。

提高拒腐防变和抵御风险的能力，认真学习与贯彻党中央的路线、方针、政策和重大决定，提高政治责任感，加强组织纪律性，发扬民主、善于集中、敢于担责，带领党委会领导班子成员，自觉维护党中央权威和核心。实践表明，坚持好党的委员会集体领导制度，是维护和落实党中央权威与核心领导的重要的制度要求。

维护党中央权威和领导核心，全党必须严格遵守和维护党的纪律。"不以规矩，不能成方圆。""加强纪律性，革命无不胜。"中国共产党之所以能够从只有五十几名党员的政党组织发展到今天这样坚如磐石、无坚不摧、攻无不克的强大的工人阶级执政党，就在于她始终坚持在政治思想高度统一的基础上，用统一的严明的纪律把全体党员、全国的各级组织有机组成为统一指挥、统一行动、团结紧密的政治先锋队。严明党的纪律，把纪律挺在前面，用纪律从严治党、严格管党，是全党统一意志、统一行动，维护党中央权威的一个基本条件。邓小平指出："一个党如果允许它的党员完全按个人的意愿自由发表言论，自由行动，这个党当然就不可能有统一的意志，不可能有战斗力，党的任务就不可能顺利实现。"① 维护党中央权威和领导核心，这是一条最高的纪律。在党内，遵守纪律没有特权，执行纪律没有例外，绝不允许存在不受纪律约束的特殊组织和特殊党员，必须坚决反对自由主义、分散主义和个人主义。党员必须对党忠诚老实、光明磊落，反对搞"两面派"、做"两面人"，不准拉拉扯扯、吹吹拍拍、阿谀奉承，搞团团伙伙，对领导人的宣传要实事求是，禁止吹捧。党的各级组织必须担负起政治组织责任，

---

① 《邓小平文选》(第二卷)，人民出版社1994年版，第271页。

认真解决党的观念淡漠、组织涣散、纪律松弛、管党治党宽松软的问题，这样才能够为维护党中央权威提供组织纪律的严格约束和坚强保证。

维护党中央的权威与核心，必须按照民主集中制原则，积极发展党内民主。党内民主是党的生命。党员是党的细胞，是党的组织基础和力量源泉。只有充分发扬民主，在真正民主基础上实行集中，才能够使广大党员在党中央的领导下去团结广大人民积极自觉地为实现党的路线、纲领和任务而奋斗。因此，维护党中央的权威和发扬党内民主是统一的，不是对立的。我们必须发扬党的民主集中制的传统与优势，遵循党章党规，发扬党内民主，活跃党内民主生活，开展批评和自我批评，健全党内民主制度体系，极大地调动党员的积极性、创造性和主动性，为党中央权威得以广泛扎根打下坚实的基础；必须尊重党员主体地位，畅通党员参与讨论党内事务的途径，拓宽党员表达意见的渠道，营造党内民主讨论的氛围，提高党员的思想政治水平和组织能力，增强维护党中央权威的自觉性、主动性、坚定性；必须依照党的章程，保障党员民主权利，落实党员知情权、参与权、选举权、监督权，提高党员的政治使命感、维护党中央权威的责任心，自觉履行维护党中央权威的义务，对损害党中央权威的现象勇于开展批评、进行坚决斗争。实践表明，发扬党内民主和维护党中央权威互为条件、相得益彰。必须按照党章党规保证党内决策、执行、监督等工作贯彻党的民主原则，使之制度化、规范化、程序化，任何把维护党中央权威和发扬党内民主对立起来、忽视党内民主建设、压制党内民主、破坏党内民主、侵害党员民主权利的做法都是错误的，不能允许的。

三、坚持党对一切工作的领导，自觉维护党中央的权威

实现党对中国特色社会主义的核心领导作用，一个根本的体现和保证，是必须依据党的基本理论、基本路线、基本方略和基本经验，毫不动摇地坚持民主集中制这个我们共和国的国家机构组织运行的指导原则，坚持不断地发展和完善党中央集中统一领导这个独具优势和富有成效的政治体制。

人类社会是一个复杂的人群综合体。社会生活的各个领域、各个层面，从经济、政治、文化、社会正常运行和有序发展，到开放世界的广泛联系和紧密交往，都需要权威和服从。没有权威和服从，人类世界就不能够发展和进步。针对反权威主义观点，恩格斯早就阐明："一方面是一定的权威，不管它是怎样形成的，另一方面是一定的服从，这两者都是我们不得不接受的，而不管社会组织以及生产和产品流通赖以进行的物质条件是怎样的。"反权威主义者是"在散布糊涂观念"，他们"背叛了无产阶级运动"，"只是为反动派效劳"。[①]就是说，科学社会主义认为，现代化的社会需要权威，社会主义变革和建设需要权威。权威与社会主义、集中和民主，在实践中从来是有机统一、不可或缺的。反权威主义与人类社会发展的规律、与社会主义建设的规律，是格格不入的。任何否定权威的观点、否定党的集中统一领导的观点，都是违背人类社会发展进步规律、违背社会主义建设发展规律、违背共产党执政规律的，是错误有害的，必须坚决反对。

---

① 《马克思恩格斯选集》（第3卷），人民出版社2012年版，第276、277页。

中国共产党遵循科学社会主义基本原则，早在革命时期就把民主集中制的组织理念和党的政治发展实践结合起来，在一个经济文化落后的东方人口大国，建立起一个强大的思想政治组织统一的马克思主义先进政党。在党领导的根据地政权建设中，我们继承中华政治文明优秀传统，借鉴人类政治文明成果，创造性地运用民主集中制原则，制定了"从群众中来，到群众中去"的群众路线；在革命政治实践中，不断探索总结，把民主和集中有机地结合起来，建设了一套富有成效的共产党集中统一领导的政治体制。运用这个政治体制，我们在1949年成功地创造了中国人民政治协商会议的政治形式，建立了中华人民共和国。1954年，中华人民共和国的第一部宪法明确规定了党的集中统一领导的根本原则，确立了民主集中制是国家机构组织运行的指导原则，为中国的人民民主制度建设打下坚实的领导体制基础。

我们的人民共和国开创了一种崭新的共产党领导的社会主义基本制度，它的一个鲜明特点和独特优势就是实行共产党集中统一领导的政治体制。这个政治体制之所以强大有力，最重要的一条，就在于确立了党中央的领导权威和核心。70多年来，特别是在改革开放新时期，我们党总结"文化大革命"的深刻教训，适应领导社会主义改革开放与现代化事业的需要，解放思想、实事求是、与时俱进、锐意创新，从建设更带有根本性、全局性、稳定性和长期性领导制度和组织制度的高度，按照"吸收我们可以从世界各国吸收的进步因素，成为世界上最好的制度"①的正确目标，加紧建设、发展、创新和完善这

① 《邓小平文选》（第二卷），人民出版社1994年版，第337页。

个崭新的政治体制。第一，我们坚持把这个领导体制建立在先进的科学理论与战略思想的轨道之上。实行改革开放、实现现代化、建设中国特色社会主义是一个前无古人的伟大创举，没有现成的理论和模式可以照搬。我们党坚持以当代中国马克思主义为指导，深化对共产党执政规律、社会主义建设规律、人类社会发展规律的认识，从中国实际出发，吸收世界文明发展成果和新的科学知识，把科学社会主义理论逻辑和中国社会历史逻辑有机结合起来，创立了邓小平理论、"三个代表"重要思想、科学发展观，创立了习近平新时代中国特色社会主义思想，形成了治国理政的新理念新思想新战略，提出了"创新、协调、绿色、开放、共享"的新发展理念，不断开拓创新改革开放与现代化事业的思想、理念和战略，领导中国人民从胜利走向胜利。第二，我们坚持以人民为中心的发展思想，贯彻全心全意为人民服务的根本宗旨，始终保持同人民群众的血肉联系，把以人为本、执政为民作为检验党一切执政活动的最高标准。坚持人民的主体地位，发扬人民的主人翁精神，紧紧依靠人民群众，引领人民当家作主，最广泛地动员和组织人民投身于改革开放和现代化建设事业，保障人民各项权益，依法积极参加国家的、社会的、经济文化的各项管理事务，充分彰显和落实了我国人民民主制度的本质和优势。第三，坚持全面建设社会主义法治国家与法治体系，贯彻党的领导、人民当家作主和依法治国有机统一的治国方略，全面依宪治国、依法治国，加强党内法规制度建设，从严依规管党治党，坚持依法治国和以德治国相结合，依规治党和以德治党相结合，推进国家治理体系和治理能力的现代化，使党的集中统一领导的政治体制制度化、法治化。这样，一个强大有力的、富有成效的、崭新的社会主义领导制度和政治体制就在中国大地矗立起来，日益发展，不断完备。这是对马克思主义国家学说的继承和发展，也是新时代人类政治文明的发展创新。

实践表明，中国的党的集中统一领导的社会主义政治制度，是一种既发挥社会主义民主制度独特优势，又形成正确、强大、高效的党的领导权威与核心作用的新型政治体制，它能够正确反映全党全国人民的意志，集中全党全国人民的力量智慧，适应发展迅猛、变革剧烈的当今世界国家发展和时代进步的需要，及时有力地应对严峻挑战、攻坚克难，成功地干成关涉国家发展大计的大事、举世瞩目的盛事，是中国改革开放与现代化建设事业取得举世瞩目成就的强大政治武器。

在遭受"文化大革命"十年浩劫之后，在苏联、东欧社会主义完全崩溃的国际环境下，中国共产党坚定不移地带领中国人民开拓了一条前无古人的改革开放和现代化建设的社会主义发展道路，在几十年的时间里取得了举世公认的伟大成就。中国发展成为世界第二大经济体、第一大制造国和贸易国，人民生活水平得到很大提高。中国能够创造这个世界奇迹的根本原因，就在于坚持党领导的社会主义基本制度，特别是我们党有一个坚持中国化时代化马克思主义的坚强的党中央领导集体，党中央领导集体勇于和善于从错误中学习、从挫折中崛起，创立了一套立足中国大地，代表人民意愿，体现科学社会主义基本原则和时代特征，展现中国特色、中国传统、中国精神、中国风格的理论路线和思想方略，把全党全国人民的思想与力量调动起来、凝聚起来、团结起来，开展了改天换地、震撼世界的伟大斗争。这个重要的历史经验是无价之宝，已经为越来越多的世界有识之士所公认。我们必须深刻理解，永远牢记，毫不动摇地坚持。

实践和理论表明，维护党中央的权威与领导核心，实行党的集中统一领导的政治体制，是中华民族政治文明优秀成果与治国理政智慧的光辉结晶，是当代中国马克思主义发展的卓越历史篇章。我们需要用中国人的世界观、方法论来理解它、研究它、总结它，阐明它的本质与逻辑，使之日臻成熟完善，推进中国特色社会主义伟大事业，推进国家治理体系和治理能力的现代化进程，为当代人类世界治理的现代化提供中国方案。

必须指出，有论者按照西方中心论世界观和西方政治学观点观察和评断当代中国社会主义政治制度，宣扬权威和社会主义、集中和民主根本对立的观点，把我们成功实行的共产党集中统一领导的民主政治体制视为"新权威主义""专制独裁体制"，这是毫无根据的、完全错误的。这种观点无视中国人民在历史和现实中作出的正确选择与历史创造，否定我们党中央集中统一领导体制的人民当家作主的民主本质，否定我国政治制度的社会主义性质，否定党的集中统一领导体制的伟大作用和光辉成就，违背现代社会发展规律，违背中国特色社会主义基本理论与基本实践，是十分有害的，中国人民绝对不能接受。

第十八讲

坚持从严管党治党方略与实践

在习近平新时代中国特色社会主义思想的指引下，我们党系统地制定和实行建设"始终走在时代前列、人民衷心拥护、勇于自我革命、经得起各种风浪考验、朝气蓬勃的马克思主义执政党"的理论和方略。习近平同志阐明，勇于自我革命，从严管党治党，是我们党最鲜明的品格。必须以党章为根本遵循，把党的政治建设摆在首位，思想建设和制度治党同向发力，统筹推进党的各项建设，抓住"关键少数"，坚持"三严三实"，坚持民主集中制，严肃党内政治生活，严明党的纪律，强化党内监督，发展积极健康的党内政治文化，全面净化党内政治生态，坚决纠正各种不正之风，以零容忍态度惩治腐败，不断增强党自我净化、自我完善、自我革新、自我提高的能力，始终保持党同人民群众的血肉联系，以党的自我革命引领社会革命。

一、马克思主义党建理论与方略的时代性发展

进入20世纪以来，现代社会主义发展取得广泛的进展和巨大的成就。一批马克思主义政党通过革命的或者非革命的手段陆续执掌国

家公共权力。在欧洲，数十个社会主义工人政党，在和平民主改良的变革斗争中，利用普选权取得执政地位，为劳动人民争取政治、经济、文化、社会的权益，提高社会福利保障，取得很多成就；特别是俄国十月革命胜利后，世界历史上第一个共产党领导的苏维埃政权建立，开辟了不发达国家建设社会主义的新道路，世界社会主义发展形成史无前例的兴旺局面。然而那些社会民主主义政党在时代演进和社会变革面前丧失了生机活力，在内外交困中丧失了执政地位，拿不出有效应对政策，无力持续稳定地推进社会主义渐进变革。尤其是，20世纪八九十年代之交，存在近70年的苏联以及一批东欧共产党执政的社会主义国家崩溃瓦解。

世界社会主义运动遭遇的这些曲折变故和历史失败不是偶然的，也不是由个别人的错误造成的，而是一些共产党人完全背弃《共产党宣言》阐明的伟大使命和创立工人独立革命政党的伟大思想，完全忽视了恩格斯留下的重要警示——"国家再好也不过是在争取阶级统治的斗争中获胜的无产阶级所继承下来的一个祸害"。正如恩格斯所说，它（国家）曾经是以最肮脏的手段用之于最肮脏的目的的"特殊的机关"，执掌国家公共权力的工人政党，必须从理念、制度、体制、法规上采取一切必要的办法，防止国家和国家机关由社会公仆变成社会主人，可靠地防止人们去追求升官发财。[①]苏共在长期执政过程中，在治国理政、建党治党上取得许多成就，但是后来逐渐放松了对这个问题的自警自省自律自查，最后导致党的领导阶层走上蜕化变质的道路，成为盘剥苏联人民的新权贵。我们必须全面深刻总结历史经

---

① 《马克思恩格斯选集》（第3卷），人民出版社2012年版，第55页。

验教训，把理论和实践统一起来，从深化对共产党执政规律、社会主义建设规律和人类社会发展规律的认识中探寻深刻根源，把握事变本质，洞悉发展规律，创新现代社会主义变革发展道路和21世纪马克思主义执政党建设的新方略。

二、勇于自我革命，从严管党治党是我们党最鲜明的品格和一贯要求

中国共产党人坚持马克思主义世界观、方法论，深刻总结经验与失误教训，始终坚持真理、修正错误，敢于面对问题，勇于自我革命，大胆迎接挑战，善于化解风险，全面深入进行执政党建设伟大工程，从中国特色社会主义实践中、从改革开放伟大革命中毅然崛起，开辟了21世纪社会主义执政党建设的新境界。习近平新时代中国特色社会主义思想，从实践和理论上，为打造21世纪推进现代社会主义变革的核心力量与强大先锋贡献了中国智慧和中国力量。

自党的十八大以来，以习近平同志为核心的党中央，不忘初心，牢记使命，居安思危，勇于变革，勇于创新，全面加强党的建设伟大工程，推进党要管党、从严治党的方略。经过不懈努力，党找到了自我革命这一跳出治乱兴衰历史周期率的第二个答案。针对管党治党"宽松软"的状况，推动全党尊崇党章，增强政治意识、大局意识、核心意识、看齐意识，坚决维护党中央权威和集中统一领导，严明党的政治纪律和政治规矩，落实管党治党的政治责任；深入推进党的建设制度改革，开展党的群众路线教育实践活动、"三严三实"专题教育、"两学一做"学习教育、"不忘初心、牢记使命"主题教育、党史

学习教育和学习贯彻习近平新时代中国特色社会主义思想主题教育等，特别是坚定不移"打虎""拍蝇""猎狐"，反腐败斗争压倒性态势已经形成并巩固发展。这些斗争消除了党和国家内部存在的严重隐患，党内政治生活气象更新，党内政治生态明显好转，自我净化、自我完善、自我革新、自我提高能力显著增强，焕发出新的强大生机活力。

特别是在推进党的建设伟大工程中，党形成了系统的、从严治党的新理念、新思想、新方略。把党的政治建设摆在首位，思想建党和制度治党同向发力。中国共产党的领导是中国特色社会主义最本质的特征。没有中国共产党的领导，实现人民幸福和民族复兴都必然是空想。打铁必须自身硬。深刻认识党要管党、全面从严治党的长期性、复杂性和艰巨性，清醒认识党面临的执政环境和时代条件，深刻认识执政考验、改革开放考验、市场经济考验、外部环境考验的长期性和复杂性，认识精神懈怠危险、能力不足危险、脱离群众危险、消极腐败危险的尖锐性和严峻性，保持管党治党的战略定力，不断增强自我净化、自我完善、自我革新、自我提高的能力，勇于直面问题，敢于刮骨疗毒，消除一切损害党的先进性、纯洁性的因素，一切侵蚀党的肌体的病毒，自觉推动全面从严治党向持续纵深发展，永葆党的旺盛生命力和强大战斗力。

人心向背决定党和国家的前途命运，必须始终拧紧世界观、人生观、价值观这个总开关，从政治、思想、制度、作风、文化上，全方位地矢志不渝地保持党同人民群众的血肉联系。恩格斯阐明，分工的规律就是阶级划分的基础。只要劳动还占去社会大多数成员的全部或几乎全部时间，这个社会就必然划分为不同的阶级。在这被迫专门从事劳动的大多数人之旁，形成了一个脱离直接生产劳动的阶级，它掌管社会的共同事务：劳动管理、国家事务、司法、科学、艺术等等。[①]作为世界上最大的发展中国家，我国处于发展不平衡、不充分的阶段，中国没有阶级对立，但是贫富差别、脑力劳动和体力劳动差别、管理者与劳动者差别、干部和群众的差别是客观存在的，必须正确认识和对待。要教育全党坚守来自人民、植根于人民、服务人民的本质与宗旨，自觉增强群众观念，坚持走群众路线。人民群众反对什么、痛恨什么，我们就要坚决防范和纠正什么，不断厚植党的群众基础，使伟大斗争、伟大工程、伟大事业、伟大梦想获得源源不竭的强大力量。

当今时代，科技创新一日千里，发展变革日新月异。我们党要带领全国人民从富起来走到强起来，实现人民幸福、民族兴旺，不仅要政治坚强，还必须建设马克思主义学习型政党，不断掌握新知、增强本领。用战略思维、创新思维、辩证思维、法治思维、底线思维武装头脑，紧跟时代、总揽全局，集聚人才、精选干部，处理复杂矛盾、战胜艰难险阻，引领中国人民实现伟大梦想的航船胜利驶向光辉的彼岸。

综上所述，习近平总书记关于马克思主义执政党建设的新理念新思想新战略，回答了在21世纪怎样建设政治坚强、思想先进、组织统一、忠于人民的马克思主义强大政党，打造推进现代社会主义变革的领导核心和先锋力量的时代课题和实现路径，开辟了科学社会主义理论和实践发展新前景。让我们高高举起习近平新时代中国特色社会主义思想伟大旗帜，永远和人民同呼吸、共命运、心连心，为更好实现人民对美好生活的向往而不懈奋斗。

---

① 《马克思恩格斯选集》(第3卷)，人民出版社2012年版，第813页。

第十九讲

马克思主义群众观在党的建设中的发展

人民群众是党的力量的源泉，人民立场是党的根本立场。坚持人民至上，始终把人民放在心中最高的位置，始终全心全意为人民服务，始终为人民利益和幸福努力工作，是我们党的根本观点和基本实践。从2013年7月起，中国共产党自上而下地积极地开展了以为民务实清廉为主要内容的党的群众路线教育实践活动。这是中国共产党在新的时代条件下，总结新的经验，坚持党的根本观点和群众路线，推进执政党建设的伟大创举和党的群众观发展的重要成果。

一、改革开放新时期更要根据新实际新经验贯彻群众观点和群众路线

中国共产党的全部理论和实践表明，人民性是马克思主义的本质属性，党的根基和血脉在人民，党的力量和智慧在人民，党的成败进退也在人民。党始终坚持用马克思主义历史观、群众观指导自己的思想和实践，结合中国具体实际，形成"一切为了群众，一切依靠群众，从群众中来，到群众中去"的根本工作路线和优秀工作作风。坚

持马克思主义群众观，走群众路线，是党带领中国人民取得革命胜利、建立人民民主新国家的根本保证。

走改革开放社会主义之路是史无前例的艰巨事业。新情况层出不穷，新难题不断涌现，新挑战相当严峻。老祖宗没有留下现成答案，苏联人失败了，别人的经验和做法不能照搬。人民群众才是逢山开路、遇水架桥、攻坚克难的历史动力。所以，改革开放之初邓小平就强调："毛泽东同志倡导的作风，群众路线和实事求是这两条是最根本的东西。"[①]在新实践中，党只有紧紧地依靠群众，密切地联系群众，随时听取群众的呼声，了解群众的情绪，代表群众的利益，才能形成强大的力量，顺利完成各项任务。邓小平告诫说，必须防止机关官僚化的危险，教育引导党员干部深入实际、基层和群众，接地气、通下层。群众是力量的源泉，群众路线和群众观点是我们的传家宝。他总结改革开放新发展阐明，农村改革见效很快，商品经济、乡镇企业异军突起，不断产生好东西好经验，都是基层的创造、群众的发明。我们一定要把权力下放给基层和人民，发扬这个最大的民主，坚持概括群众新创造新发明来制定方针政策，指导推进工作。

进入新世纪，以江泽民同志为核心的党的第三代中央领导集体提出"三个代表"重要思想，以新的认识成果丰富发展了党的群众观点和群众路线。"三个代表"重要思想阐明，党在新的实践中，必须最广泛、最充分地调动一切积极因素，不断增强党的阶级基础，扩大党的群众基础，与时俱进地把党的性质表述为：中国共产党是中国工人阶级的先锋队，同时是中国人民和中华民族的先锋队，是中国特色社

---

① 《邓小平文选》（第二卷），人民出版社1994年版，第45页。

会主义事业的领导核心，代表中国先进生产力的发展要求，代表中国先进文化的前进方向，代表中国最广大人民的根本利益。提出在改革开放中出现的新社会阶层是需要团结和保护的中国特色社会主义事业的建设者的重要论断。强调我们党的最大政治优势是密切联系群众，党执政后的最大危险是脱离群众；党在任何时候任何情况下，都必须坚持群众路线和为人民服务的宗旨，把实现人民群众的利益作为一切工作的出发点和归宿。

党的十六大以后，以胡锦涛同志为主要代表的中国共产党人，团结带领全党全国各族人民，深刻认识和回答了新形势下实现什么样的发展、怎样发展等重大问题，形成了科学发展观，强调坚持以人为本、全面协调可持续发展，着力保障和改善民生，促进社会公平正义。

以习近平同志为核心的党中央，根据新的时代条件和实践经验，阐明党的一切奋斗和工作都是为了造福人民；要始终把实现好、维护好、发展好最广大人民的根本利益作为党和国家一切工作的出发点和落脚点，尊重人民主体地位，发挥人民首创精神，保障人民各项权益，走共同富裕道路，促进人的全面发展，做到发展为了人民，发展依靠人民，发展成果由人民共享。强调要坚持为人民服务和群众路线，真诚倾听群众呼声，真实反映群众愿望，真情关心群众疾苦，多为群众办好事、办实事，做到权为民所用、情为民所系、利为民所谋。"必须坚持人民主体地位"是在新的历史条件下夺取中国特色社会主义新胜利必须牢牢把握的基本方略，执政党建设必须坚持以人为本、执政为民，始终保持党同人民群众的血肉联系，把它作为检验党一切执政活动的最高标准。全党要站稳人民立场、把握人民愿望、尊重人民创造、集中人民智慧，形成为人民所喜爱、所认同、所拥有的理论，带领人民进行伟大社会革命。这些新的认识成果，把我们党的群众观点和群众路线提到一个新的境界。

上述表明，坚持党的群众观点和群众路线，推进了改革开放事业和执政党的建设，并不断得到丰富和发展。让我们很好地学习和掌握这个强大思想武器，保证党的群众路线教育实践活动顺利达到目标。

二、社会主义道路和制度必须体现人民主体地位，发挥人民首创精神，保障人民群众权益

恩格斯说，在高度发达的人类文明基础上建立的社会主义社会，"人终于成为自己的社会结合的主人，从而也就成为自然界的主人，成为自身的主人——自由的人"①，那是一个人们"完全自觉地自己创造自己的历史"②的时代。这是历史的必然走向，也是资本主义时代的人民群众——工人阶级的历史使命。人民群众是历史创造者。人民的解放事业只有依靠人民群众自己的智慧和力量，通过自觉的奋斗、创造和管理，才能够取得成功。党是人民解放事业的引路人，绝不是要包打天下，把社会主义恩赐给人民，更不可以实行命令主义，指手画脚，让群众干这干那。违背这个社会发展规律的政党必定要受到历史的惩罚。苏联、东欧社会主义垮台的一个重要历史教训，就是执政党推行命令体制，主观地教条地构建和坚持忽视人民主体地位与基本利

---

① 《马克思恩格斯选集》(第3卷)，人民出版社2012年版，第817页。
② 《马克思恩格斯选集》(第3卷)，人民出版社2012年版，第815页。

益的社会模式，压抑了群众的积极性、主动性、创造性。这也是我们发生某些失误的一个重要原因。

我们党从历史经验中懂得，"中国特色社会主义是亿万人民自己的事业"。要动员和团结全国各族人民解放和发展生产力，实现共同富裕，成功开拓社会主义新道路，就必须从制度体制建设完善到经济政治文化社会发展变革，坚持人民主体地位，发挥人民群众首创精神，保障人民群众的权益。我们把科学社会主义与中国实际和时代特征结合起来，建立了人民代表大会制度——社会主义国家的根本政治制度，建立和完善了中国共产党领导的多党合作和政治协商制度，民族区域自治制度以及基层群众自治制度，公有制为主体、多种所有制经济共同发展，按劳分配为主体、多种分配方式并存，社会主义市场经济体制等社会主义基本经济制度。我们坚持为人民服务、为社会主义服务的方向，坚持"百花齐放、百家争鸣"的方针，坚持贴近实际、贴近生活、贴近群众的原则，建设民族的、科学的、大众的社会主义文化。从维护最广大人民根本利益的高度，以保障和改善民生为重点，解决好人民最关心、最直接、最现实的利益问题，努力让人民过上更好的生活，推进了社会主义和谐社会建设。这个新制度的建设、新道路的开拓，翻开了人民群众在社会主义建设中自觉创造历史的光辉篇章，展现了马克思主义历史观、群众观的新辉煌。

中国社会主义建设事业取得的历史性成功和强大的优势告诉我们，必须在新的实践中更加自觉地贯彻马克思主义的群众观和党的群众路线，自始至终坚持依法治国这个党领导人民治理国家的基本方略，最广泛地动员和组织人民依法管理国家事务和社会事务，管理经济和文化事业，积极投身社会主义现代化建设，更好地保障人民权益，更好地实现人民当家作主，把党建设成为中国特色社会主义事业的坚强领导核心，坚定地带领人民群众实现自己的解放和发展的事业，开辟人民群众创造历史、改变世界的新局面。

三、执政党建设必须坚持以人为本、执政为民，保持党同人民群众的血肉联系

历史表明，欠发达社会主义国家执政党始终面临一个特殊难题，就是由于社会分工长期存在而形成的社会阶层差别对党同群众血肉联系的深刻冲击。

按照唯物史观，在欠发达的社会主义国家，由于不具备消灭社会分工的条件，在很长的历史时期里，不可避免地会存在不同的社会阶层，存在一个管理国家社会事务的特定阶层。如果执政的共产党不能够正确认识和处理这种社会阶层差别，让自己脱离群众、高高在上，从社会公仆变为社会主人，就必定会落得垮台的下场。苏联共产党土崩瓦解的根本原因就是在这个问题上的失误、失策和失警，没有从思想、制度、体制、政策上，特别是强大政党建设上始终一贯地做出有效的工作和防范，结果党的领导阶层蜕变为具有既得利益的高踞群众之上的官僚特权阶层，从社会公仆变为社会主人，最终把苏共埋葬，使苏联的社会主义毁于一旦。

我们党深刻总结苏共垮台的历史教训，针对党内少数干部不能正确对待自己的地位和权力，宗旨意识淡漠，脱离群众，高高在上，乃至堕落为贪腐分子，严重损害党同人民群众的血肉联系，影响党的执政地位的情况，提出必须坚决地、始终一贯地贯彻党的群众观点和群

众路线，把坚持为人民服务作为党的根本宗旨，把保持党同人民群众的血肉联系作为执政党建设长期坚持的重要指导原则。要把以人为本、执政为民作为检验党的一切执政活动的最高标准。任何时候都要把人民利益放在第一位，始终与人民同呼吸、共命运、心连心，始终依靠人民推动历史前进。要坚持开展党的群众路线教育实践活动，完善党员干部联系群众制度，坚持问政于民、问需于民、问计于民，从人民群众伟大实践中汲取智慧和力量，坚持实干富民、实干兴邦，多干让人民满意的好事实事。必须坚决反对形式主义、官僚主义、享乐主义和奢靡之风，确保中国共产党始终是中国工人阶级的先锋队，中国人民和中华民族的先锋队，坚定不移地带领全国人民实现国家富强、民族复兴、人民幸福的中国梦。

中国共产党的这些实践开拓和理论创新，在马克思主义政党发展史上和社会主义执政党建设史上都是史无前例的，极大地丰富和发展了马克思主义群众观，让它在当代中国焕发无限生机与活力。

坚守中华文化立场，铸就新时代社会主义文化新辉煌

马克思主义指出，人类社会是一个有机共同体。社会的思想、法律、文化、道德是在一定经济基础上形成发展起来的，它们相互联系、互相作用，又具有相对的独立性。社会主义社会作为一个独立的经济社会形态，必然形成自己的文化社会形态。每个国家的社会主义建设，都不能脱离世界和世界文明成果，同时也不能够割断自己的历史，而要植根于民族的社会沃土，传承优秀历史文化，守正出新，再造民族文明。恩格斯说过，后发国家可以以自己国家的人民风尚作为强大手段来大大缩短向社会主义过渡的进程，并避免在开辟道路时所不得不经历的大部分苦难和斗争。中国共产党人高举发展社会主义先进文化的光辉旗帜，坚持中华文化立场，激发全民族文化活力和自信，创造性转化、创新性发展中华优秀传统文化，发扬革命文化，不断铸就中华文化的新辉煌。我们走中国特色社会主义道路，吸吮着5000多年中华民族漫长奋斗积累的文化养分，具有无比深厚的历史底蕴。这是独创性中国道路成功的雄厚历史文化基石，也是对中国特色社会主义具有坚定文化自信的强大源泉。

第二十讲

中华传统文化与马克思主义

党的十八大以来，以习近平同志为核心的党中央，高度重视中国特色社会主义文化的发展，坚持唯物史观，适应中国具体实际和时代发展要求，开启了对中华传统文化进行研究、创新和弘扬的新航程。党的二十大以来，习近平总书记阐明，只有把马克思主义同中华优秀传统文化相结合，全面深入了解中华文明的历史、它的突出特性和社会主义元素，在新时代，才能推动中华优秀传统文化创造性转化、创新性发展，让马克思主义在中国牢牢扎根，建设中华民族现代文明。

一、马克思主义与中华传统文化都是人类文明的历史成果

有一种观点，把以儒学为标识的中华传统文化和马克思主义完全对立起来，和中国的社会主义运动分割开来，排斥于世界文明发展史之外，否定中华优秀传统文化是中国共产党理论基础的一个基本来源。这是一种不符合人类文明多样化发展历史实际的虚无主义。

习近平总书记依据马克思主义本质要求和发展规律阐明："只有植根本国、本民族历史文化沃土，马克思主义真理之树才能根深叶

茂。"这就是说，我们应该运用马克思主义历史观，从人类文明文化发展史上搞清楚中华传统文化与马克思主义、社会主义实践的关系。

马克思恩格斯的学说是19世纪人类世界进入工业化、现代化时代，人类社会思想发展的伟大成果和崭新高峰。它是革命的工人阶级的思想体系，也是人民实现自身解放的思想体系，是工人阶级实现其解放全人类历史使命的强大理论武器。恩格斯在晚年又从人类文明发展史的层次上进行界定，指明他们的世界观是"关于现实的人及其历史发展的科学"①，"德国的工人运动是德国古典哲学的继承者"②。

在恩格斯看来，德国社会主义政党的思想理论和德国传统思想文化是一脉相承的；每个工人政党都是在人类文明多样化发展进程中形成发展的，不能与自己国家的历史文化割断，应当是它的继承者和弘扬者。马克思恩格斯正是站在人类思想文化发展的最高点上，在19世纪德国的和欧洲的社会思想文化舞台上进行变革创新，为人类多样性文明发展贡献了伟大的社会思想体系——马克思主义。遵照这一思维框架和历史逻辑，以儒学为标识的中华传统文化，是人类文明多样化发展在更早历史阶段、在世界东方形成的重大文化成果，和马克思主义不是互相脱离的、对立的，而是相通相融的。中国共产党作为中国工人阶级的先锋队、中国人民和中华民族的先锋队，以马克思主义作为指导思想的理论基础，以中华优秀传统文化作为党的思想理论的重要来源，当然是中华优秀传统文化的继承者和弘扬者。

唯物史观认为，一定的思想文化体系是人类社会一定发展阶

① 《马克思恩格斯选集》(第4卷)，人民出版社2012年版，第247页。
② 《马克思恩格斯选集》(第4卷)，人民出版社2012年版，第265页。

段上人们生活条件、社会关系和社会存在在思想观念上的反映和表现。2014年4月在布鲁日欧洲学院的演讲中，习近平同志精辟阐明："2000多年前，中国就出现了诸子百家的盛况，老子、孔子、墨子等思想家上究天文、下穷地理，广泛探讨人与人、人与社会、人与自然关系的真谛，提出了博大精深的思想体系。"[①]这有力地证明了中华传统文化思想体系在人类文明发展史上的地位。2000多年前，这些思想家对那时华夏大地的人类生活条件、社会关系和社会存在从思想观念上作出概括与阐述，是人类文明发展在中国农耕时代的必然产物和珍贵成果。显然不能够按照西方中心论否定这些思想家的学术成果和历史地位。在那个时代，思想、文化、学术还没有现代学科的理念，没有什么哲学、法学、史学、经济学之类的划分。但是，和马克思恩格斯学说有一个共同点，儒学等也是研究与回答自己时代华夏大地上现实的中国人如何生存、交往和发展的基本问题的。世事洞明皆学问。儒学等是反映那个时代人类生活和世界发展的学说，大体也可以看作历史科学。

儒学体系和马克思恩格斯学说都以现实的人为研究对象，都是关于人的生存、交往和发展的学问。一个形成于公元前华夏大地的农耕社会，一个形成于18、19世纪工业革命时代的西欧资本主义社会，这中间相差2000多年，可是我们看到，在长期发展积淀中它们还是形成了一些表述话语不尽相同的共同理念和共同追求。马克思主义是人类文明在19世纪取得的最先进思想文化成果，而中华传统文化几千年发展不辍，概括了那时人类社会生活真谛，成为全人类共同的文

---

① 《习近平在布鲁日欧洲学院的演讲》，新华社，2014年4月2日。

化财富。那种认为二者完全对立、互不相干、不可以融通的观点，无异于否定马克思主义和社会主义的科学性、真理性和普世价值。那些掌握优秀传统文化成果的先进中国人，成功地把马克思主义吸收过来、运用起来，和中国的社会发展实践结合起来，建设中国化的马克思主义，指导中国革命、建设和改革开放事业不断取得胜利，就是一个最好的证明。那种认为中华传统文化不是人类思想文化一种基本形态的观点，不懂得人类文明的多样性，是肤浅的、狭隘的，是违反人类社会历史发展实际的。

马克思主义作为人类解放和发展的科学，其形成发展是立足于宽广的深厚的多样化人类文明成果基础之上的。因而当代中国马克思主义和21世纪马克思主义，不是狭隘的、封闭的，而是开放的、多元的，是放眼世界、放眼未来的。毛泽东早就阐明，中国共产党指导思想的文化理论基础，除了共产主义思想方法，还有中国文化遗产、非马克思主义的外国思想。中国现时的新政治新经济是从古代的旧政治旧经济发展而来的，中国现时的新文化也是从古代的旧文化发展而来的，我们必须尊重自己的历史，决不能割断历史。在实现中华民族伟大复兴中国梦的新实践中，习近平同志强调，我们必须坚持科学社会主义基本原则，继承中华优秀传统文化，吸收世界文明有益成果，以这样一种时代精神，才能够以更加自信、更加自强的姿态屹立于世界民族之林。中国共产党人百年奋斗实践表明，我们成功的一条经验，就是用科学的宇宙观研究儒学、道家、墨家、佛教等全部传统文化成果，进行继承和弘扬、批判和开掘，汲取思想智慧养分，用涵盖浩瀚的世界知识，充实马克思主义的思想体系，让马克思主义伟大成果的真理之光激活中华文明的基因，推进生命更新和现代转型，实现从民本到民主，从九州共贯到中华民族共同体，从万物并育到人与自然和谐共生，从富民厚生到共同富裕，这些传统到现代的伟大跨越，推动马克思主义中国化时代化的伟大创造，中国化马克思主义成为中华文化和中国精神的时代精华，为推进中国特色社会主义的发展，推进当代中国马克思主义、21世纪马克思主义发展奠定了丰厚的源源不断的思想文化基础。

在今天的世界，我们要推进改革开放、中国式现代化，实现中华民族伟大复兴的中国梦，就必须站在人类文明发展的历史高度，坚持走世界文明发展大道，采取开放的包容的态度，首先对五千多年中华文明史中的优秀文化成果进行系统、全面、深入的批判研究和继承发展，同时认真吸收人类文明的各种优秀成果。这是人类历史发展进步的必然逻辑，也是马克思主义、社会主义发展的历史规律。无论以什么名义忽视、排斥和拒绝自己民族传统文化的观点和态度，都是不可取的。

综上可见，中国共产党的伟大创造就是，遵循辩证唯物史观，在一个历史悠久的东方文明古国里，通过马克思主义的理论创新，在革命、建设和改革的历史实践中，创造了人民革命文化、社会主义先进文化，使独具特色、博大精深的中华文化发展壮大。人类社会不是由许多可以拆卸的零部件组装起来的机器，而是一个由现实的人构成的综合创新发展的社会有机体。人们吃下去的是米饭馒头、肉鱼蛋菜，经过咀嚼消化吸收，成长为人的骨肉血脉，而不是长出一个个馒头、一块块肉蛋。中国人民革命文化、中国特色社会主义文化，和各种人类文化一样，也是在综合创新中成长起来的精神文化有机体。它是中国人几千年来一代一代地植根于自己的思维、生活、社会活动之中，和各种文明的相互交流，包括吸收马克思主义思想体系，经过不断地去芜存菁、筛选洗磨、洋为中用、精心滋养、辛勤耕耘而在华夏大地形成发展起来的具有鲜明中国特色、中国风格、中国气派和中国话语的社会主义的思想文化体系，是从中国人的社会生活和心灵世界里生长建设起来的精神家园。"中华民族在几千年历史中创造和延续的中华优秀传统文化，是中华民族的根和魂"[1]，也是中国特色社会主义及其文化的"根和魂"。在中国特色社会主义新时代，中国共产党人将坚持马克思主义的指导，运用习近平文化思想，为中华传统文化的创新发展、为人类文明的发展作出新贡献。

二、中华传统文化包含人类生活与世界发展逻辑的世界观

哲学作为对世界和人类社会生活观念形态的表现，在不同时代、不同地区不能不形成多种不同的学术形态。我国现代哲学教研曾搬用苏联人的教科书，对中华传统的哲学成果有所忽视和否定，还发生了对儒学大规模的极端主义的批判和摧残。有研究者按照西方学术传统，至今不敢把儒学定义为哲学，不认同中华传统文化在人类哲学发展史上的地位。这不是一种辩证唯物的历史观。

社会科学作为学术认知体系，本来就是对整个世界与人类社会的本质和发展规律进行研究的学说。历史地看，在我国古典农耕社会官僚君主制度下，受生产方式落后、社会交往不畅、文化形态简陋所限，那时中国人对思维活动、生活方式和社会关系的观察和研究都有

---

[1] 《习近平谈治国理政》（第二卷），外文出版社2017年版，第426页。

历史局限，不够宽广深入，不能不形成巨大差别。所以，不能把中国古代学术套到西方学科分类的思维和现代西方哲学那种观念体系之中。我们的先贤对那时中国人的生存、思维、活动、交往方式等进行了广泛的、深刻的、独特的思考与概括。儒学提出以"仁学"为核心的关于人生和世界发展的认知体系，阐明孝悌忠信礼义廉耻这个中华民族精神的基因和历史观、国家观、社会观、价值观体系，同时不断吸收融入域外的思想文化成果，不断丰富发展，并从格物、致知、诚意、正心、修身、齐家、治国、平天下等许多方面给出相当周密的持续的研究与阐述，包含着诸多对于宇宙世界和人类生活本质与规律的睿智的深邃的认识成果。所以老子、孔子、墨子、慧能等都是中国古典形态的思想家、哲学家。

在现今时代，总结与继承中华传统文化，运用现代科学思维与方法，开展比较研究、互鉴创新，是完全必要的。但是不能够把古代当成现代，把中国当成欧洲，我们既不可以用现代文化学术水准去苛求前人，也不能够把马克思主义降低到2000多年前古代文化学术的水平。但是，以西方中心论思维，照搬现代西方学术传统，来评断中国哲学思想的历史地位与世界意义，把儒学限定为伦理科学，阉割和矮化中国传统文化的学术地位、独特创造和历史意义，是中国人不能够接受的。

哲学在西方历史上曾经被理解成人类知识发展的最高产物，是对世界总看法的"太上科学"。德国古典哲学家黑格尔就据此肆意贬斥中国哲学。进入20世纪以来，随着人类对世界认识与研究的深化拓展，关于哲学的界定也出现了重大变化。法国现代哲学家德里达说过，世界观不是去历史的客观思维，而是一种特定时空的"个人的声音"。金岳霖先生留学英国剑桥大学时说过："哲学是概念的游戏。"
所以在欧美国家里，一百个哲学家就会有一百种世界观。中国人对哲
学一直有自己独到的深邃的理解。冯友兰先生的《中国现代哲学史》
一书中总结中国学人的认识成果，认为哲学是人类精神的反思，是对
人生系统反思的思想，对人类起着提高精神境界的建设性深远重大的
作用。所以冯先生特别把宋代大儒张横渠的立言"为天地立心，为生
民立命，为往圣继绝学，为万世开太平"作为此书的总结。这是多么
高尚的人生精神境界和激昂的历史责任感！人们从中国共产党人的信
念、理念和奋斗实践中不难窥见其思想基因和精神光芒。我们要从世
界文明发展互动融合的维度来总结和开掘、继承和弘扬中国传统文化
体系的哲学思想真谛。

　　要摆脱虚无主义的态度和形而上学的思维，具体地、历史地认识
与评价传统文化的学术地位和思想价值，坚定学术独立自主、自强不
息的精神。20世纪，中国的许多哲人顶着巨大的阻力，开展了富有
成效的工作。20世纪90年代中期，党和国家领导人就向学界提出用
中国人的哲学思维成果和话语来阐明辩证唯物主义原理的学术任务。
20多年来，我们取得了不少的成绩，但是还要更加努力，把这个艰巨
的理论课题做好。今天，以习近平同志为核心的党中央，在带领中国
人民为实现中华民族伟大复兴中国梦的奋斗中，从发展当代中国马克
思主义、21世纪马克思主义的高度，高瞻远瞩地强调固本开新中华优
秀传统文化的任务：要研究和阐明中华优秀传统文化的历史渊源、发
展脉络、基本走向，中华文化的独特创造、价值理念、鲜明特色。我
们学术界要完成好这个中国学术发展的重要课题。

　　以习近平同志为核心的党中央还带头进行继承、开掘和弘扬中

华优秀传统文化的思想精华和道德精髓的工作。习近平同志提出，要"深入挖掘和阐发中华优秀传统文化讲仁爱、重民本、守诚信、崇正义、尚和合、求大同的时代价值"。2014年10月在文艺工作座谈会上的讲话中，他对上述概括作出更加完备的表述："崇仁爱、重民本、守诚信、讲辩证、尚和合、求大同。"这里他特别补充强调了中国人"讲辩证"的重要思想，意义重大深远。我们的先哲们几千年来通过持续不断的思考与求索而积淀的丰富思想文化遗产，是取之不尽的思想宝库和智慧源泉。今天我们应当向党中央看齐，联系历史实践、适应现实需要，努力开掘和弘扬优秀传统文化的思想成果和道德精髓，丰富创新中国特色社会主义的先进文化，为实现中华民族伟大复兴提供强大精神力量。

中国共产党人走的是一条返本开新之路，而不是某些人说的什么"儒化中国"。比如，中华民族传统哲学思想里就包含着社会主义理想的基因。"社会主义""共产主义"是500年前欧洲人发明的，表达了欧洲人民对美好生活的向往。马克思恩格斯在唯物史观和剩余价值理论的基础上，把那时劳动群众的这种向往奋斗概括为共产主义，并给出系统阐明与科学论证，创立了科学社会主义学说，成为马克思主义的核心组成部分。中国的儒学，早在2500多年前就提出人类未来的美好社会应当是"大道之行也，天下为公"，追求小康社会，实现大同世界的思想，这些都体现了中国人关于社会主义本质的理解。我们党吸取与创新这个思想成果，把中国特色社会主义的第一步目标定位为"全面建成小康社会"，既鼓舞、激励了中国人民建设社会主义的积极性、主动性和创造性，又用新的思想丰富发展了科学社会主义理论。我们应当总结这些经验，把创造创新深入下去，让社会主义历史地、实际地与中华传统文化衔接起来，建设将时代进程和民族特色融为一体的、实践人民对美好生活向往的社会共同体。

再比如，在人类的辩证思维方面，中华文化和马克思主义在根本上是一致的。过去跟着苏联人的教科书，只讲德国人黑格尔的辩证法定律，而不研究和教授中国传统哲学思想中十分发达、智慧深邃、独具特色的辩证思维遗产。人们看到，春秋战国时代《道德经》《孙子兵法》的辩证法思想已被翻译成几十种文字，在世界广泛流传。这些年的研究总结又有很多新的开掘。习近平同志特别强调"讲辩证"和"尚和合"的时代价值，很需要结合历史和现实来深入研究与阐明。在发展成为中心任务的历史时期，在和平与发展成为世界主题的时代，有论者还固守对立统一规律是你死我活斗争的理解，仇必仇到底。人类社会的发展历史不是这样的。儒学一直主张和为贵，和而不同。张横渠说过："仇必和而解。"就是说，斗来斗去，最后大家还是要宽仁包容、妥协合作，建设国家、发展社会、富裕人民。马克思阐明："两个相互矛盾方面的共存、斗争以及融合成一个新范畴，就是辩证运动。"[1]这表明，就辩证思维方面而言，中华文化和马克思主义在根本上是一致的。我们党正是依据马克思主义世界观，吸取中华优秀思想遗产以及人类文明成果，正确深刻把握运用人类社会发展的辩证运动规律，创造了诸如实行多种所有制经济共同发展的基本经济制度，各种资源按贡献参与分配的原则，坚持全面开放政策，充分利用国内国际多种资源、各种市场发展中国，党领导的民主协商、多党合作的制度，建设和谐社会的战略，贯彻"双百方针"繁荣发展科技艺

---

[1] 《马克思恩格斯选集》（第1卷），人民出版社2012年版，第225页。

术的政策，"一个国家、两种制度"的构想和实践，国际关系中弘扬平等互信、包容互鉴、合作共赢，构建人类命运共同体等前无古人的新思维、新理念、新战略。我们党在新时代的这些历史性独创，让中华文化讲辩证、尚和合等的卓越思想绽放出更加绚丽的光芒，丰富发展了当代中国的马克思主义，推动着中华民族的复兴大业和协同构建人类命运共同体的进程。

实践表明，我国传统哲学思想遗产是极为丰富的，具有巨大的时代价值。面对大发展大变革大调整的当代中国与世界，我们要提高认识，打开视野，解放思想，扎实工作，在运用马克思主义与借鉴西学的基础上，通过创造性转化和创新性发展，去创建弘扬中国传统、体现中国精神、充满中国智慧、形成中国话语，面向世界、面向未来的世界观、历史观和价值观。

三、中华优秀传统文化是推进中国特色社会主义的不竭动力

过去很长一段时间，人们对中华传统文化的历史作用缺乏充分认识，乃至视而不见，至今还有论者认为继承和弘扬传统文化是为落后反动的思想文化招魂扬帆，是为复辟封建主义摇旗呐喊。这完全违背我们党一贯坚持的唯物史观和历史主义，是对当代中国马克思主义、中国特色社会主义的根本否定。

中国共产党人早在20世纪40年代就已经深刻阐明，我们是马克思主义的历史主义者，必须尊重自己的历史。这种尊重是给历史以一定的科学的地位，是尊重历史的辩证法的发展，并不是颂古非今。在新时期，我们党更加充分认定中华优秀传统文化是中华民族生生不

息、团结奋进的不竭动力。习近平同志精辟阐明："中华文化源远流长，积淀着中华民族最深层的精神追求，代表着中华民族独特的精神标识，为中华民族生生不息、发展壮大提供了丰厚滋养。""蕴育了中华民族的宝贵精神品格，培育了中国人民的崇高价值追求。自强不息、厚德载物的思想，支撑着中华民族生生不息、薪火相传，今天依然是我们推进改革开放和社会主义现代化建设的强大精神力量。""中华优秀传统文化已经成为中华民族的基因，植根在中国人内心，潜移默化影响着中国人的思想方式和行为方式。"①我们一定要踏实深入地工作，让与时俱进的中华文化活跃思维、丰富精神、推动学术、增进教育、滋养素质，更好地成为发展和完善中国特色社会主义的强大精神力量和思想智慧。

认识儒学的历史地位与作用，必须遵循人类社会发展的历史逻辑。经济社会形态发展是一个自然史过程。每一历史时代的经济生产以及必然由此产生的社会结构，是该时代政治的和精神的历史基础，并在社会发展进程中发挥其应有的作用。中华传统文化有其历史的阶级的局限性，但是不能简单地给它贴上一个封建主义标签而完全否定。它是中国人几千年来的文明积淀和智慧积累，是我国的独特优势，要使它与当代文化相适应，与现代社会相协调，把跨越时空、超越国界、富有永恒魅力、具有时代价值的文化精神开掘与弘扬起来，成为伟大的历史力量。

中华传统文化巨大的历史作用，在现代的一个显著表现，就是成为中国共产党创立与发展中国化马克思主义的重要思想来源和文化滋

① 《习近平谈治国理政》（第一卷），外文出版社2018年版，第164、158、170页。

养。100多年来，中国共产党之所以能够成功带领中国人民夺取新民主主义革命胜利，建立人民共和国，进行社会主义建设和改革开放事业，开拓中国特色社会主义的新道路，用几十年时间把中国发展成为当今世界第二大经济体，一个根本原因，就是始终植根于中华民族的肥壤沃土，继承和弘扬优秀传统文化并吸取世界文明成果，以现代最先进的思想理论——马克思主义为指导，创造了一套代表中国人民意愿，具有中国特色、中国气派和中国风格的当代中国马克思主义理论、路线、方针、政策，这套理论、路线、方针、政策成为中国共产党领导中国人民争取解放、发展、改革开放的强大思想法宝和精神力量。

这个客观的社会历史事实已经为愈来愈多的国际朋友所理解、所认同。1988年联邦德国著名政治家、社会民主党原主席、政府前总理施密特先生访华，与邓小平讨论中国改革开放、现代化为什么能够取得成功。施密特实际上认为，中国发展的成功，从思想文化、精神道德上说，在于中国共产党领导中国人民忠诚地继承和弘扬了中华文明最优秀的成果。

美国著名国际战略学家布热津斯基也持有类似看法。他认为，在中国，多少个世纪以来，一种相当深奥的大众哲学曾经起着十分重要的聚合作用。儒家思想深深地渗透和牢牢地扎根于中国社会，植根于人们的思想。中国领导人可能给中国带来一场真正的文化革命：把人们的传统价值观与现代文化观融为一体。①

美国著名国际政治学家基辛格（Henry Alfred Kissinger）在《论

---

① ［美］兹·布热津斯基：《大失败——二十世纪共产主义的兴亡》，军事科学院外国军事研究部译，军事科学出版社1989年版，第219—220页。

中国》中写道，周恩来"讲起话来像孔圣人那样自然优雅，极富智慧"。中国共产党领导人的包容心和道德使命感，使中国社会在经历重大挫折之后仍能重回正轨，并勇于创新，及时吸收外部先进技术成果和发展经验。如果中国共产党能够继续扩展自身的包容性，使社会更具活力，那么中国的发展模式无疑会取得更大的成就。

欧美高层人士的评价，也是一种从世界看中国的途径。这些评价是依据历史事实和现实实践而独立做出的。既然传统文化的威力、智慧与作用连一些外国高层人士都直言不讳地谈论和认同，那么中国人为什么要妄自菲薄、视而不见，甚至不许研究、宣传和弘扬呢？这是很不应该的。我们一定要响应党中央的号召，秉持唯物史观，坚持求真求实的态度，敢于说出真话、道出真相，这样就能够使自己更加自尊、更加自信、更加自觉，把中华传统文化的学术研究提高到新水平。

比如，儒学的一个核心价值理念就是以民为本、崇尚仁爱，而科学社会主义的核心观点和价值取向，也是实现人的解放、自由、全面发展，打造自由人联合体。中国共产党人正是把科学社会主义的核心价值和中华传统文化这些珍贵遗产开发继承、融为一体，在革命年代创造性地提出一切依靠人民、一切为了人民的根本观点和根本路线。党的十八大阐明，坚持和发展中国特色社会主义第一条基本原则就是坚持人民群众的主体地位，确定以人为本、执政为民是检验党一切执政活动的最高标准。习近平进一步阐明："人民对美好生活的向往，就是我们的奋斗目标。"党的十八大以来，我们党扎实开展了群众路线教育实践活动等一系列工作，加大了办好顺民意、解民忧、惠民生实事的步伐，日益落实让发展成果更大更公平惠及全体人民的要求。这增强了人民对党的信赖，焕发了人民创新创业的热情、攻坚克难的智慧、迎接挑战的勇气，充分彰显了以民为本这个思想利器的威力与活力。在这一基础上，党的十八届五中全会进一步总结提出"必须坚持以人民为中心的发展思想，把增进人民福祉、促进人的全面发展作为发展的出发点和落脚点"的指导原则。实践表明，重民本是中华民族的优秀传统，翻译成今天的语言，就是我们党的全心全意为人民服务的宗旨。这是贯穿我们革命、建设和改革伟大实践的一条红线，是我们取得成功的最根本保证，是马克思主义历史观时代的民族的伟大创造。

习近平同志阐明："缺乏道德的市场，难以撑起世界繁荣发展的大厦。"这就是说，中华思想文化注重道德伦理、价值观建设与教育的传统与成果，对发展和完善社会主义市场经济体制来说，也是一种不可缺少的力量和智慧。时代发展表明，发展市场经济，更需要道德操守。各国学人都大声疾呼，新时代企业家需要提升伦理道德水平，增强社会责任心，政府和社会都要落实以民为本，推进包容性发展。这就是说，需要一种道德的民本的市场。中国自秦代以来，有统一的疆土、货币、文字、交通、度量衡，商品货币经济一直比较发达。儒家针对商业经营活动实际，提出开展道德礼义、君子喻于义的教育，倡导以义取利、义利相兼的精神，对商品经济发展起到积极作用。在21世纪，我们要弘扬优秀传统文化的伦理观与价值观成果，去建设和完善社会主义市场经济体系，繁荣经济，发展社会，推进公正，造福人民，同时秉持优秀文化道德，积极参与世界经济治理，塑造符合人性道德和社会担当的新型企业和新经济人，为建设兼顾效率公平、繁荣兴旺发达的国际经济社会大厦作出中国人的奉献。

儒学创造并坚持推行的政治哲学和行政伦理教化在政治历史上也

发挥了积极作用。儒学坚持对皇家和官宦的道德教化和礼义培育，自宋代以来，更是逐步制度化，形成对官吏管理与考核的重要规范。尽管在古典君主政治下难以贯彻始终，但不能忽视其吏治方面的历史遗产。以某些自诩孔孟之徒说的仁义道德，干的丑行劣迹，来完全否认儒学仁义礼智信教育的意义和作用，严重违背了实事求是的原则。对这些经验应当重视总结。我们党在马克思主义指导下创造和建设的干部学习培训制度、党校与干部学校教育制度等，和儒家倡导与秉持的吏治制度在文化上是一脉相承的。在新时期，应当殷鉴历史经验，适应今天的情况，不断加以完善创新，把依法治国与以德治国结合起来，把以德治党和以规治党结合起来，为推进国家治理体系与治理能力现代化、发展社会主义政治文明、全面从严治党提供历史智慧资鉴。

中华民族历史上就是一个崇尚和平的民族，形成了丰富的促进世界和平、推动各国友好交往的思想资源与文化传统。比如，一贯倡导讲信修睦、协和万邦，和而不同、以和为贵，与邻为善、以邻为伴，和衷共济、同心同德，国虽大、好战必亡，天下虽平、忘战必危，反对"国强必霸"，等等。当今世界，和平与发展是时代的主题，科技革命孕育新突破，政治多极化、经济全球化、社会信息化、文化多样化成为显著的时代特点，构建人类命运共同体，建设和平、发展、合作、平等、共赢、包容、绿色的世界，日益成为人类社会追求的共同目标。作为当今世界最大的发展中国家和全球第二大经济体，中国一定要从世界发展和人类进步的高度，认识与开掘、传承与弘扬中华传统文化这方面的优秀思想成果、实践经验、优秀传统，为维护世界持久和平、推进共同发展担负好应尽的义务，作出更大的贡献。

第二十一讲

增强中华文化自信，推进中华民族复兴

习近平同志提出，文化自信是一个国家、一个民族发展中更根本、更深沉、更持久的力量。必须提高对中国特色社会主义文化的认识和自信，坚持以马克思主义为指导，坚守中华文化立场，立足当代中国现实，结合当今时代条件，不忘本来、吸收外来、面向未来，更好构筑中国精神、中国价值、中国力量，为人民提供精神指引，铸就中华文化新辉煌，坚持和发展伟大的中国道路，推进中华民族的伟大复兴。

一、坚持马克思主义，推进中华优秀传统文化创造性转化创新性发展

习近平同志阐明，中国特色社会主义文化源自中华民族五千多年文明历史所孕育的中华优秀传统文化，要以马克思主义为指导，深入挖掘中华优秀传统文化蕴含的思想观念、人文精神、道德规范，结合时代要求继承创新，让中华文化展现永久魅力和时代风采，成为推进中华民族伟大复兴的精神力量。这是中国共产党人在中国特色社会主

义伟大实践中，坚持马克思主义，传承中华优秀传统文化，推进中华文化发展的一个创造。

人们知道，马克思主义的理论，创立于19世纪40年代欧洲工业革命的时代，高扬全人类求解放、实现人的全面自由发展的大旗。马克思恩格斯晚年时，通过深入阐明人类文明发展的多样性和人类历史发展的丰富性，批评了西方中心论历史观，主张各国马克思主义政党在建设社会主义的过程中，要领导人民坚持和发展自己民族和国家的优秀文化成果。

在中国，以儒家思想为主要代表的中华传统文化，形成于两千多年前的华夏大地农耕时代，那个时代的中国思想家们广泛地探讨了人与人、人与社会、人与自然的关系问题，形成了中国古典的关于现实的人的生存、交往和发展的学问，集中表达了中国人思想观念、精神追求、生活方式、风俗习惯、情感样式的观念形态，成为那个时代人类思想文明发展的一种基本形态。历史表明，马克思主义和中华优秀传统文化都是人类文明多样化发展在不同历史时期和不同地域的重大成果，具有一些表述不尽相同的共同理念和共同追求。中国共产党人的重大创造，就是用马克思主义的伟大思想，推进中华优秀传统文化的创造性转化与创新性发展，开拓了中华民族文化发展的新天地，丰富了科学社会主义学说。

马克思恩格斯创立的科学社会主义思想，之所以能够深深扎根于中国的社会土壤里并取得伟大成果，重要的一点，就在于中华优秀传统文化包含着社会主义理念的基因。

社会主义思想产生于500年前的欧洲社会，是人类对美好生活的追求这一亘古理想的现代表达。中国人早在2500年前就提出了建设

"中国人民所喜好"的"甘其食、美其服、安其俗、乐其业"的小康社会，实现大同世界的美好理想。千百年来这一直是中国人追求的理想目标。其中体现的社会公平正义、人的全面发展、实现共同富裕等理念，正是科学社会主义的根本价值。中国共产党自信自立地认定，"吸吮着五千多年中华民族漫长奋斗积累的文化养分"，我们走中国特色社会主义道路，具有无比深厚的历史底蕴，具有无比强大的前进定力。

党的十九大科学界定：我国社会主要矛盾已经转化为人民日益增长的美好生活需要和不平衡不充分的发展之间的矛盾，为中国特色社会主义进入新时代奠定了社会历史依据。这一重要论断体现的中国人的民本思想与发展智慧，既源于中华优秀传统文化，也同马克思恩格斯的"辩证方法和共产主义世界观"一脉相承，是运用科学社会主义理论逻辑阐明中国社会发展历史逻辑的重大理论成果。

那些掌握中华优秀传统文化的中国社会先进分子——中国共产党人，成功地将马克思主义思想吸收过来，运用起来，和中国人民的解放斗争恰当结合起来，在一个半殖民地半封建的国家里，创建了马克思主义的中国共产党，党领导中国人民夺取革命胜利，建立了中华人民共和国，开创了中国特色社会主义道路、理论、制度和文化，不断推进马克思主义中国化时代化。习近平新时代中国特色社会主义思想就是马克思主义中国化的最新成果。中国共产党领导中国人民，让中华民族迎来了从站起来、富起来到强起来的伟大飞跃，展现了实现中华民族伟大复兴的光明前景。所有这些不仅彰显当代中国马克思主义的伟大力量，让科学社会主义焕发出强大的生机活力，更表明博大精深的中华优秀传统文化是中国特色社会主义道路的丰厚历史滋养，是我们坚定文化自信的深厚社会基础。

二、坚持固本出新、经世致用，增强中华文化自信

文化是一个民族的精神命脉。文化兴则国运兴，文化强则民族强。没有高度的文化自信，没有文化的繁荣兴盛，就没有中华民族伟大复兴。我们要以习近平新时代中国特色社会主义思想为指导，坚持以文化人、以文育人、以文培元，坚定中华文化自信。

唯物史观阐明，人类社会是由现实的人构成的综合创新发展的社会有机体。中国特色社会主义先进文化也是在综合创新发展中成长起来的精神文化的有机体。我们的先进文化，是中国人几千年来一代一代地植根于自己的生活、劳动、思维、交往的活动中，和世界各种文明的互动交流中，进而接受马克思主义的指导，不断地去芜存菁、辛勤耕耘、精心滋养，把中华民族五千多年来积淀下来的崇高精神追求、宝贵价值共识、深邃思想智慧和丰富治国理念熔铸一炉，造就的当代中国人社会生活和心灵世界的高尚精神追求和丰富文化家园。这个在中华大地上发展建设起来的具有鲜明中国特色、中国风格、中国气派、中国话语的社会主义思想文化体系，成为中华民族强大崛起、中国道路奇迹创造的思想智慧与精神根基。这充分表明，文化是社会发展中一种更基本的、更深沉的、更持久的力量。

我们要坚持以文化人、以文育人，从历史的和现实的实践中积极提振中华文化的坚定自信。中国共产党人，早在20世纪50年代中期就开始突破苏联人的僵化思维和社会模式，去探索建设社会主义的新路子，进而开拓出改革开放推进中国式现代化的伟大道路，打开中华民族伟大复兴的新局面。近年来，习近平同志坚持以人民为中心的

发展思想，阐明了永远与人民同呼吸、共命运、心连心的要求，提出了"创新、协调、绿色、开放、共享"的新发展理念，提出了"一带一路"的倡议，推动构建人类命运共同体，把中国特色社会主义推向新时代，让中华民族以崭新的姿态屹立于世界东方，就在于解放思想，实事求是，深刻把握中华文明连续性、创新性、统一性、包容性、和平性的突出特性和历史张力，且有坚定的文化自信。我们要坚持中华文化立场，固本出新、经世致用，从中华优秀传统文化积累的讲仁爱、重民本、守诚信、崇正义、尚和合、求大同等这些治国理政文化、社会思想智慧和辩证发展思维中获取养分和启迪，深入认识国情、把握历史规律、跟上时代发展，不断提出具有中国人主体性、独创性的马克思主义理论成果，展现出习近平中国特色社会主义思想的强大力量。

历史实践告诉我们，建设社会主义，一定要不断增强民族文化自信。没有对中华优秀传统文化的传承和坚守，不读懂吃透中国特色社会主义文化，就不能够深刻把握中国特色社会主义成功的奥秘，就不能够增强中国特色社会主义道路、理论和制度的坚定自信和历史定力。

三、铸就中华文化新辉煌，为人类发展贡献中国文明成果

放眼世界，我们面对的是百年未有之大变局。当今世界正处在大发展大变革大调整中。政治多极化、经济全球化深入发展，社会信息化、文化多样化持续推进，各国相互联系与依存不断加深，国际格局日趋均衡，和平发展大势不可逆转。同时，人类世界面对的挑战与风险层出不穷。经济全球化遇到困难，贫富分化日益严重，兵戎相见时

有发生，冷战思维和强权政治阴魂不散，面对世界不断增加的和平赤字、发展赤字、生态赤字和治理赤字，我们作为一个社会主义大国，要担负起自己的责任，为建设持久和平、普遍安全、共同繁荣、开放包容、清洁美丽的世界贡献中国的力量和智慧。

2001年联合国主持的人类文明对话年会上提出，在当今世界，需要开发与创新文明，推进文明对话，缓化对立、对抗和冲突，化解人类困境。与会的瑞士哲学家孔汉思率先提出，中国儒家的"仁道"（己欲立而立人，己欲达而达人）和"恕道"（己所不欲，勿施于人）可以成为全球伦理道德的基本原则，引发广泛的议论。自古以来，中华民族就积极开展对外交往通商，而不对外侵略扩张。和平、和睦、和谐的追求深深植根于中国人的精神世界之中，溶化在我们的血脉之中，发源于中华文化的"德性之知""以和为贵""天下太平""协和万邦"等理念世代相传。适应世界发展的要求，开拓和优化中华传统文化中那些具有时代世界价值的成果，也是我们推动人类世界的和平发展进步事业的重要使命。

21世纪，人类世界的发展变革，要求开展文明的创新发展和相互交流。欧美国家开启的科技创新、工业革命创造了新的文明，推动了世界历史的进步。但是今天的世界，西方发达国家的社会制度、体制、机制以及他们倡导的思潮和理念，比如个人主义、自由主义、消费主义、丛林法则、扩张主义、强权政治等，经过几百年的发展，正在落伍于时代变化，弊端不断显现，并日益陷入困境。需要适应世界发展潮流、经济变革趋势以及文化多样发展要求，推进文明创新，促进文明互鉴，推进发展变革。

习近平总书记关于构建人类命运共同体的理念，得到愈来愈多国际友人的共识，已经被纳入联合国的安全决议，充分证明国际文明交流的作用、意义和中国文化世界影响力的提升。

著名哲学家、哈佛大学教授杜维明指出，美国现在已经意识到经济资本的储备不能解决21世纪面对的困境。在全球化信息化时代，人类文明需要创新提升，各种文明之间需要交流、对话、倾听。人们需要理性、权利、个人、自由和法律，同时不可以没有同情责任、群体、公义、礼义和道德。在这些方面，开掘和弘扬中华文化对人类世界发展进步具有重要意义。

第二十二讲

坚持中国特色文化发展道路，建设社会主义文化强国

中国特色社会主义崛起的精神文化根基，源于中华民族五千多年历史所孕育的优秀传统文化，熔铸于党领导人民在革命、建设和改革中创造的革命文化和社会主义先进文化，立基于中国特色社会主义伟大实践。发展中国特色社会主义文化，是中国共产党人践行为中国人民谋幸福、为中华民族谋复兴初心和使命的历史要务。2023年10月召开的全国宣传思想文化工作会议上首次提出"习近平文化思想"。习近平文化思想，明体达用、体用贯通，明确了新时代文化建设的路线图和任务书，为做好新时代宣传思想文化工作、担负起新的文化使命提供了强大思想武器和科学行动指南。要以习近平新时代中国特色社会主义思想为指导，坚持中国特色社会主义文化发展道路，建设社会主义文化强国，为中国人民提供强大的精神支撑和丰富的文化生活。

一、深化对文化发展规律的认识和把握

马克思主义阐明，社会主义作为独立的社会形态，是由经济、政

治、文化构成的社会有机体。文化是其经济政治发展在观念形态上的表现。社会文化一经形成，就具有相对的独立性、历史的传承性、鲜明的民族性和纷呈的多样性，成为人类社会的重要组成部分和发展的力量。传统文化是一个民族的精神标识和社会认知的积淀，优秀传统文化是一个民族文化的根脉。历史表明，文化自信，是一个民族发展中更基本、更深沉、更持久的力量。一个民族、一个国家，割断历史，抛弃传统，贬损自己的文化，无异于自我毁灭。每个民族都要学习其他民族的优秀文化成果，但是不能完全照搬照抄、囫囵吞枣，必须独立自主地进行鉴别、消化和吸收，融入自己民族文化的有机体，才能够推进自己民族文化的创新、发展与繁荣。

中国共产党人一贯坚持马克思主义科学历史观，重视社会文化的发展，坚信中华优秀传统文化的历史力量，相信随着经济社会的巨大发展，必然形成社会主义文化的大发展。毛泽东早在人民共和国成立时就十分坚定地指明："伟大的胜利的中国人民解放战争和人民大革命，已经复兴了并正在复兴着伟大的中国人民的文化。这种中国人民的文化，就其精神方面来说，已经超过了整个资本主义的世界。"[1]在改革开放新时期，把发展作为党的第一要务的同时，我们始终坚持社会主义精神文明建设，代表中国先进文化的前进方向，让中华民族的文化活力在改革开放现代化建设中更加充分地迸发出来。党的十八大以来，为深化对文化历史地位和社会作用的认识，我们把建设先进文化列入"五位一体"总体布局的一个基本组成部分，强调坚定文化自信对于坚持发展中国特色社会主义的重大意义。我们党站在中国特色

---

① 《毛泽东选集》(第四卷)，人民出版社1991年版，第1516页。

社会主义新时代的高度，以极大的文化自觉和坚强的文化担当指明，文化是一个国家、一个民族的灵魂。文化兴则国运兴，文化强则民族强。没有高度的文化自信，没有文化的繁荣兴盛，就没有中华民族伟大复兴。要以习近平新时代中国特色社会主义思想为指导，坚定文化自信，提高文化自觉，坚持走中国文化发展的独创道路，激发全民族文化创新创造活力，建设社会主义文化强国。

坚持走中国特色社会主义文化发展道路，就是以马克思主义为指导，牢固树立共产主义远大理想和中国特色社会主义共同理想，不断增强意识形态领域主导权和话语权，坚守中华文化立场，立足当代中国现实，结合当今时代条件，发展面向现代化、面向世界、面向未来的，民族的科学的大众的社会主义文化，推动社会主义物质文明和精神文明协调发展。要坚持为人民服务、为社会主义服务，坚持"百花齐放、百家争鸣"，坚持创造性转化、创新性发展，不断铸就中华文化新辉煌。

党的二十大阐明"中国式现代化是物质文明和精神文明相协调的现代化"。全面建设社会主义现代化国家，必须坚持中国特色社会主义文化发展道路，增强文化自信，围绕举旗帜、聚民心、育新人、兴文化、展形象建设社会主义文化强国，发展面向现代化、面向世界、面向未来的，民族的科学的大众的社会主义文化，激发全民族文化创新创造活力，增强实现中华民族伟大复兴的精神力量。

二、弘扬社会主义核心价值观，加强培根铸魂的精神建设

培育和践行社会主义核心价值观，推动社会主义物质文明和精神

文明协调发展，是新时代坚持和发展中国特色社会主义及其文化的一个基本方略。

我国社会主义核心价值观的形成，不是偶然的，是以马克思主义为指导，植根于中国特色社会主义的伟大实践，继承和弘扬中华优秀传统文化的精神追求，凝结着革命文化和社会主义先进文化的丰厚成果，是科学社会主义理论逻辑和中国社会发展历史逻辑有机结合创造的时代思想精神财富，具有重大的实践与理论意义。

新中国成立以来，中国共产党领导中国人民以科学社会主义的价值理念为指导，进行社会主义建设和改革开放，为推进人的全面发展和人类的解放事业不懈奋斗。以共产党领导为最本质特征的社会主义基本制度的建立和发展，基本经济制度的建立与发展，社会主义市场经济的发展，党的领导、人民当家作主和依法治国有机统一的人民民主制度与法治国家建设的推进，以马克思主义为根本指导思想的社会主义意识形态的巩固发展，为社会主义核心价值观的形成奠定了充分的政治前提、经济社会基础、思想文化条件，而坚持和完善中国特色社会主义制度，推进国家治理现代化和治理能力现代化的磅礴历史进程，更呼唤社会主义核心价值体系建设的精神引领和思想支撑。适应中国特色社会主义发展的需要，党的十八大依据唯物史观，总结我国社会主义价值体系建设的成果，对我国的社会主义核心价值观作出了完整系统的概括：在国家层面，倡导富强、民主、文明、和谐；在社会层面，倡导自由、平等、公正、法治；在个人层面，倡导爱国、敬业、诚信、友善。于是，一个社会主义核心价值观的精神大厦就在世界东方的中国耸立起来。这是社会主义国家意识形态建设的伟大独创，深化了对社会主义建设规律、人类社会发展规律的认识，发展了中国特色社会主义的理论、路线和方略。

社会主义核心价值观，是社会主义本质在价值层面的生动体现，是现代中国人理想信念、精神追求和道德风范的集中表达，为我国社会主义的经济、政治、文化、社会和生态建设发展提供了不竭的精神动力。

中国是一个有14亿多人口、56个民族的社会主义大国。我们面临着落实"五位一体"的总体布局、"四个全面"的战略布局，不断解决人民日益增长的美好生活需要和不平衡不充分的发展之间的矛盾这个新时代主要矛盾，促进人的全面发展、全体人民共同富裕，推进国家现代化和中华民族伟大复兴，在21世纪中叶建成富强民主文明和谐美丽的社会主义现代化强国的极其艰巨复杂的任务，需要全国各族人民，凝心聚力，同心同德，团结奋进。社会主义核心价值观，深刻地回答了我们要建设什么样的国家、打造什么样的社会、培育什么样的公民的基本问题，凝结着全体人民共同的价值追求与精神境界，为我们团结一心、披荆斩棘、攻坚克难，推进新时代中国特色社会主义提供了思想保证和强大动力。

21世纪的人类世界，正处于百年未有的历史大变局。世界多极化、经济全球化、社会信息化、文化多样化深入发展。和平与发展是时代主题，但是我们的世界并不太平。发展不稳定性不确定性突出，世界经济增长动能不足，贫富分化日益严重，地区热点问题此伏彼起。在这样一个充满希望又充满挑战和风险的世界，中国作为一个发展中的社会主义大国，既要推进国家发展改革开放和谐，又要担负自己的世界发展责任，这就需要发挥全国各族人民共同认同的核心价值观的思想优势和精神力量，齐心协力、迎接挑战、破解风险，和各国人民一道，推动人类命运共同体建设，创造人类美好未来。

推进新时代中国特色社会主义，需要新的时代思想武装人们的头脑。改革开放的伟大社会变革，使我国社会结构发生深刻变化，社会生活丰富多彩，社会关系日趋复杂，社会矛盾、社会思潮多元多样多变；在全面开放融入世界的过程中，外国的各种思潮、观念、话语乃至低俗、腐朽、颓废的东西都会通过各种渠道流入进来，影响甚至侵蚀我们的一些人群。面对这样国内国外发展多变的复杂情况，坚持社会主义核心价值观的培育和践行，我们就能够以正确的世界观、人生观、价值观育人铸魂，让志向高远、情怀高尚、品德良好、开拓进取、变革创新、求真务实成为社会表率和时代风尚，为社会主义的科技创新、经济发展、体制改革、人才成长、对外开放、政治建设、社会和谐、文化繁荣、国际交往提供有力的思想指引和巨大的精神力量。

培育和践行社会主义核心价值观，是新时代一项重大的精神文化战略工程，要以培养担当民族复兴大任的时代新人为着眼点，强化教育引导、实践养成、制度保障，要发挥社会主义核心价值观的引领作用，使之融入国家社会发展的各个方面，转化为人们的情感认同和行为习惯。要坚持全民行动，干部带头，从家庭做起，从娃娃抓起，让社会主义新时代的思想观念、人文精神、道德规范蔚为风尚，展现出中华文化的永久魅力和时代风采。

社会主义核心价值观建设要和加强思想道德建设结合起来，坚定不移推进社会主义精神文明建设。要不断提高人民的思想觉悟、道德水准、文明修养、社会素质和文明程度，广泛开展理想信念教育，深化中国特色社会主义和中国梦宣传教育，引导人们树立正确的历史观、民族观、文化观，深入实施公民道德建设工程，推进社会公德、职业道德、家庭美德、个人品德建设，加强和改进思想政治工作，弘扬科学精神，开展移风易俗、弘扬时代新风行动，抵制腐朽落后文化侵蚀，不断提高全社会的文明程度。

三、发展学术，繁荣文化，开拓中国特色社会主义文化新篇章

社会主义文化是一个丰富多彩的、不断发展创新的体系。文化艺术、哲学社会科学起着培根铸魂的重要作用，繁荣文化艺术、发展学术是社会主义文化建设的重要工作。

科学有自然科学和社会科学之分。自然科学也属于文化，它的主体部分是第一生产力。哲学社会科学是人们认识世界、改造世界的重要工具和思想成果，对推动历史发展和社会进步有重要作用。习近平同志阐明，人类社会每一次重大跃进，人类文明每一次重大发展，都离不开哲学社会科学的知识变革和思想先导。在新时代，哲学社会科学要担负起启迪思想、陶冶情操、温润心灵的重要职责，承担好以文化人、以文育人、以文培元的使命。

当代中国的哲学社会科学区别于其他哲学社会科学的根本标志，是坚持马克思主义的指导。马克思主义是人民实现自身解放的伟大思想体系，迄今仍然具有强大的生命力，依然占据着真理和道义的制高点。我国的哲学社会科学研究与教学，一定要自觉坚持马克思主义的立场、观点、方法，否则就会没有灵魂，失去方向，一事无成。我们要掌握马克思主义中国化时代化最新成果，保持清醒的理论自觉、坚定的政治信念、科学的思维方法，继承和弘扬我们党坚持理论与实践

紧密结合的优良传统，坚持以人民为中心的立场，增强问题意识，聆听时代的呼唤，立足中国特色社会主义伟大实践，把坚持马克思主义和发展马克思主义统一起来，坚持理论创新，不断提出中国人具有自主性、独创性的理论观点。

努力构建中国特色的哲学社会科学，是时代赋予我们的历史重任。自中华人民共和国成立以来，我们党坚持解放思想、实事求是、与时俱进、独立自主，以人民为中心，把科学社会主义理论逻辑和中国社会发展的历史逻辑结合起来，成功开创了中国特色社会主义的道路、理论、制度和文化，推动我国经济实力、科技实力、国防实力、综合国力进入世界前列，推动我国国际地位实现前所未有的提升，中华民族的面貌发生了前所未有的变化，正以崭新姿态屹立于世界的东方。中国特色社会主义进入新时代。所有这些时代性的变化创造，都呼唤我国哲学社会科学工作者，以习近平新时代中国特色社会主义思想为指导，从我国改革发展的实践中挖掘新材料、发现新问题、提出新观点，深刻解读其内在逻辑、时代特点、道路理论制度文化优势和世界历史意义，构建具有中国特色、中国风格、中国气派的哲学社会科学的学科体系和学术体系，更好地用中国学术理论解读中国实践，为党和人民继续前进提供强大精神激励和学术支撑，增强我国哲学社会科学研究的国际影响力。

文艺是社会发展变革的号角，引领着时代的风尚。实现中华民族的伟大复兴，需要坚忍不拔的伟大精神，需要振奋人心的艺术精品。我国社会主义文化艺术的发展改革，在党的领导下，在举旗帜、聚民心、育新人、兴文化、展形象等方面取得了显著的成就，发挥着重要作用。近年来我国文化建设呈现一片繁荣发展景象，文化事业、文化产业蓬勃发展，文化体制改革广泛推进，文化基础设施不断完善，群众文化生活日益丰富多彩，文化软实力和中华文化的影响力大幅提升。2022年，全国规模以上文化及相关产业企业实现营业收入121805亿元；2023年，全国规模以上文化及相关产业企业实现营业收入129515亿元。目前，中国电视剧和图书年产量稳居世界第一，电影产量高居世界第二。这都极大地丰富了人民的文化生活和精神世界，彰显了建设社会主义先进文化的巨大力量。

社会主义文艺是人民的文艺。在中国特色社会主义新时代，必须坚持以人民为中心的创作导向。人民是创作的活水源头，是创作取之不尽用之不竭的源泉。要发扬我国文艺的优良传统与特色优势，在深入生活、扎根人民中进行无愧于时代的艺术创造。要坚持思想精深、艺术精湛、制作精良的统一，积极承担记录新时代、书写新时代、讴歌新时代的光荣使命，勇于回答时代课题，从当代中国的伟大创造中发现创作主题，捕捉创新的灵感，深刻反映我们这个时代的历史巨变，描绘我们这个时代的精神图谱，为时代画像、为时代立传、为时代明德。让我们的时代，成为文艺既见"高原"又见"高峰"的时代，艺术精品力作不断涌现的时代，德艺双馨的名家大师不断辈出的时代。

中国特色社会主义新时代，掀开了中国文化艺术发展创新、繁花似锦、繁荣兴盛的新篇章。

后　记

　　中国人民在中国共产党的领导下，以中国化时代化的马克思主义为指引，开拓出一条具有中国特色的人民实现自身解放发展的伟大道路。这是党和中国人民实现中华民族伟大复兴、促进人类社会发展进步的必由之路，也是人类社会解放的伟大思想——马克思主义在中国发展的大事情。笔者1960年自中国人民大学毕业留校任教，一直从事马克思主义—科学社会主义理论与实践的教学与研究，按照党中央关于坚持以中国的理论和实际问题为中心进行马克思主义研究的方针，特别潜心于中国特色社会主义的学术理论研究，扎实把握党的基本文献的理论、思想、观点和话语体系，不套搬别人的现成公式，努力总结新成果，回答新问题，进行新阐述。

　　在山东出版传媒股份有限公司总编辑丁莉和山东人民出版社领导的关心下，适应深入学习与研究习近平新时代中国特色社会主义思想，坚持和发展中国特色社会主义事业的需要，经马洁、胡桂生的精心编辑，让一位毕生从事马克思主义研究的学人，有机会把自己的成果成书问世，为广大读者奉献一本雅俗共赏的理论读物，在这里致以衷心的感谢。本书的编辑出版得到了秦宣、陶文昭、王心富、郑自文以及王海玲、张翠吉等诸位朋友和学生的热心帮助，深表谢忱。

奚广庆

2024年4月